西夏紀事本末

浙江文叢

〔清〕張　鑑　著
龔世俊　王偉偉　點校

浙江古籍出版社

圖書在版編目(CIP)數據

西夏紀事本末 /（清）張鑑著；龔世俊，王偉偉點校. —杭州：浙江古籍出版社，2015.8(2024.3 重印)
（浙江文叢）
ISBN 978-7-5540-0681-8

Ⅰ.①西… Ⅱ.①張… ②龔… ③王… Ⅲ.①中國歷史—西夏—紀事本末體 Ⅳ.①K246.304.4

中國版本圖書館 CIP 數據核字(2015)第 206761 號

西夏紀事本末

（清）張鑑 著　龔世俊　王偉偉 點校

出版發行　浙江古籍出版社
（杭州市體育場路 347 號　郵編：310006）
網　　址　https://zjgj.zjcbcm.com
責任編輯　路　偉　劉　蔚
封面設計　劉　欣
責任校對　余　宏
責任印務　樓浩凱
照　　排　浙江時代出版服務有限公司
印　　刷　浙江新華數碼印務有限公司
開　　本　710mm×1000mm　1/16
印　　張　23
字　　數　236 千
版　　次　2015 年 10 月第 1 版
印　　次　2024 年 3 月第 5 次印刷
書　　號　ISBN 978-7-5540-0681-8
定　　價　150.00 圓(精裝)

ISBN 978-7-5540-0681-8
01>
9 787554 006818

前言

張鑑，字春冶（一作『春治』），一字荀鶴，號秋水。浙江湖州烏程縣人，一説歸安縣人。生於清乾隆三十三年（一七六八），卒于道光三十年（一八五〇）。嘉慶九年（一八〇四）副榜貢生；道光二十六年（一八四六），授武義縣（今屬浙江金華）教諭。

張鑑早年家境貧寒，曾以賣畫自給。然而處身于乾嘉濃鬱的學術氛圍，沾溉于吴越豐饒的文化資源，他篤志求學，博覽群書，汲取了醇厚的知識甘泉。如其自述：『余自知有書癖，而所歷之地，天亦嘗不靳其求。計三十歲以前，我鄉劉氏疏雨，積書八九萬卷，大半出余所評置。及薄遊京洛，往來吴越，如諸城之劉、揚州之阮，收貯亦不少。又嘗東渡曹江，登鄞縣范氏之天一閣，撥寒灰，窮蠹穴，搜求放失，幾二十年。吾黨之士，若嚴氏久能、袁氏壽階、何氏夢華、江氏鄭堂，未嘗不握手訂交，宛轉商榷。』（張舜徽《清人文集别録》下）其中提及的人物均爲清朝知名藏書家，如劉疏雨（劉桐）、劉喜海、阮元、何夢華（何元錫）、江鄭堂（江藩）等即屬清代藏書史中的知名者，而范氏天一閣則是清朝著名的江南四大藏書樓之一。在與藏書家的交往和訪書過程中，張鑑的學識與日俱增，學術視野不斷拓寬，自步算、樂律、音韻、六書，乃至經濟、歷史、地理、水利等無不通曉，且工于詩文，尤精于考據與經學。

卷首二卷，僅次於吴廣成的《西夏書事》四十二卷。在記敘歷史内容上，時間長而涵蓋面廣。起自唐僖宗中和年間（八八一—八八五）西夏遠祖拓跋思恭居夏州，迄宋理宗寶慶三年（一二二七）蒙古滅西夏。在勾勒西夏歷史進程中，不僅反映治亂興衰，而且還兼及典制（官制、兵制、服制和禮制）和經濟、宗教、文化、習俗等方面。將西夏前後三百五十年間的史事裁併爲三十六專題，每專題以事件標目，圍繞中心條分縷析，各篇又以時間爲序進行編排，體現了『文省于紀傳，事豁於編年』（章學誠《文史通義·書教下》）的特點。爲後人瞭解西夏歷史梗概、研究西夏史提供了極大幫助。

作爲紀事本末體西夏專史，張鑑的《西夏紀事本末》繼承袁樞所創體制而不乏新的建樹，從而形成其自身的特色。

首先，我們應當肯定其在歷朝紀事本末體系列史書中不可或缺的重要史學地位。

其次，《西夏紀事本末》不可能像《通鑑紀事本末》、《宋史紀事本末》那樣採用鈔撮一書的基本編纂方法，因爲此前尚無西夏專史可供取資，所以張氏效法於谷應泰《明史紀事本末》『廣稽博采，勒成一編』（《明史紀事本末自序》）的編纂方式，即『網羅舊聞，薈粹群説』（本書《徐序》）。縱觀《西夏紀事本末》，其取材廣泛，主要包括：

紀傳體正史：《宋史》、《遼史》、《金史》、《元史》等。

編年史：《續資治通鑑長編》（宋李燾）、《宋元資治通鑑》（明薛應旂）、《續資治通鑑》（清畢沅)等。

別史、雜史:《東都事略》(宋王偁)、《南宋書》(明錢士升)等。

紀事本末體史書:《宋史紀事本末》(明陳邦瞻)。

宋代類書、政書:《册府元龜》(王欽若)、《古今合璧事類備要》(謝維新),《建炎以來朝野雜記》(李心傳)等。

兩宋筆記:《夢溪筆談》(沈括)、《涑水紀聞》(司馬光)、《容齋三筆》(洪邁)、《揮塵前録》(王明清)、《苕溪漁隱叢話》(胡仔)、《孔氏談叢》(孔平仲)、《嘉祐雜誌》(江休復)、《天中記》(陳耀文)、《括異志》(張師正)等。

其他尚有《范文正公文集》(宋范仲淹)、《宋大詔令集》等。

由此可見,張鑑編著此書的『提要鉤玄之功』(梁啟超《中國歷史研究法·過去之中國史學界》),以及史料價值和編纂學價值都很高。

再次,其創新體式尤其在於圖表的應用。《西夏紀事本末》在正文之前另附《卷首》上、下兩卷,包括《西夏紀事年表》、《西夏堡寨》(附圖)、《歷代疆理節略》和《職方表》,以之與正文紀事相配合。在此前的紀事本末體史書中是没有的,可謂發凡起例之舉。《西夏紀事年表》雖分宋、西夏、遼金元共三列,但以記西夏一朝大事爲主,分年繫事。而宋、遼金元則主要記涉及西夏的朝廷大事,餘皆以記各自改元事爲主。如此安排,既突出西夏之事,又便於以簡馭繁,縱横兼顧。不過，張氏以宋紀年爲『正統』，説明其仍未能突破傳統史家對西夏史的偏見。

值得關注的是《西夏堡寨》所附二圖，並不限於軍事堡寨，涵蓋内容相當廣泛。所繪西夏地理，包括人文地理和自然地理的内容。而人文地理是附圖最主要的内容，諸如西夏府、州、軍、縣等政區劃分，定期集市貿易之會，儲糧之倉與産鹽之池亦有標注。特別詳細繪有宋至夏及夏至契丹的交通路綫，某些路綫所經之驛站名，水路注明渡口數處，山路則注明山口處。西夏界内各州、軍間的交通綫在地圖中也有繪製。自然地理方面，繪有夏、宋、契丹、達靼、回鶻、西蕃等界内的山川河流，以夏宋境内的爲主。由於張鑑將《范文正公文集》所附之圖收入己作，使之大行於世，無疑更便於學者參考研究。

此外，《西夏紀事本末》在史料編纂中，間出按語，考訂史實，提升其學術價值，使之成爲博采群書與學術研究相結合的史學著作。

兹將本次整理校點的具體做法説明如下：

一、由於金陵本相對而言内容更爲完整，故本書校勘以金陵本爲底本，主要用江蘇本和半厂本兼及其他版本加以對校比勘，採用上述諸史、通鑑、紀事本末三類史籍和《宋大詔令集》爲主要他校書，兼以有關類書、實録、筆記、文集和吴廣成《西夏書事》、戴錫章《西夏紀》作爲參證用書。

二、古人著述，對引文原本不甚嚴謹，而多有增減竄改，故本書校勘訂正範圍則一般爲時、地、人、物、數字、專用詞、關鍵詞語及史實等，而不强求與所引資料語言文字完全一致。對夏、遼、金、元及党項、吐蕃等古代民族的部族名稱和人名，因音譯而異者，凡不屬脱衍字，亦不作校正。

三、校勘中，凡文有脱、衍、訛、倒之誤而確有所據者，則加以訂誤，並出校；凡疑似有誤而證據不足者，則只出校識疑；凡兩通之異文而是非難定者，亦出校考異。

四、原書所用異體字爲保持原貌，均不作更改，如于、於二者的使用，原書即比較隨意，故一般從底本。凡明顯易誤的錯字如己、已、巳，人、入、八，戊、戍、戌之類，則徑改不出校。校勘記中，對校本用簡稱，參校各書名嚮有簡稱者則沿用，並標明卷次、篇名。

五、斷句標點悉依古籍整理現行通例。一般不用省略號，可用破折號者代之逗號或句號。括弧不用於正文，僅用在校勘記中。

六、全書除將原書徐鄗《序》由目録前移置書後附録外，編次一仍其舊。書中按語原作行中低一字以區別於正文，今改爲同正文而以不同字體相區分。夾註原作小字雙行，今仍用小字而改爲單行。正文分段原書以年另起行，並大多在月前空一字。本次整理校點則將自然段劃分改爲以年、月時間爲主，以日爲輔，兼顧内容。其目的在於方便今人閲讀，提高讀史效果。

在本書整理校點中，國家圖書館王偉偉承擔了第三十一卷至三十六卷的校點等工作。南京財經大學新聞學院領導給予熱情指導與大力支持，在此謹致謝忱！

龔世俊

甲午仲秋於玄武湖畔

紀年	宋	西夏	遼金元
甲戌	改元景祐。	夏景宗元昊開運元年，又改廣運元年。《宋史·夏國傳》亦作廣明〔四〕。 元昊反，寇環慶。 元昊進毒弑母衛慕氏。	
乙亥		夏改大慶或在此年。	
丙子		夏改元大慶。	
丁丑		夏改天授禮法延祚或在此年。	
戊寅	改元寶元。 范雍爲鄜延環慶安撫使。	趙元昊稱帝于夏州，改元天授禮法延祚，更名曩霄〔五〕。	
己卯	夏人寇保安軍，狄青擊敗之。	元昊遣使告宋即位，宋削元昊賜姓、官爵。	
庚辰	改元康定。 貶范雍知安州。 命韓琦安撫陜西，琦薦范仲淹知永興軍。 以范仲淹兼知延州。 鄜州將种世衡城青澗。	元昊寇延州，劉平、石元孫戰没。 元昊陷塞門諸砦。 元昊寇三州，韓琦使任福攻其白豹城，克之。	

紀年	宋	西夏	遼金元
辛巳	改元慶曆。　貶韓琦知秦州。　范仲淹坐與元昊通書，貶知耀州。　分秦鳳、涇原、環慶、鄜延爲四路，以韓琦、王沿、范仲淹、龐籍兼經略安撫使。	元昊寇渭州，任福與戰于好水川，敗死。	
壬午			契丹遣使求關南地。
癸未		元昊上書請和。	
甲申	范仲淹宣撫陝西、河東。	册元昊爲夏國主〔六〕。	
乙酉			
丙戌			
丁亥			
戊子		元昊被弒，子諒祚嗣。	
己丑	改元皇祐。	夏毅宗諒祚延嗣寧國元年。	

紀年	宋	西夏	遼金元
辛酉			金改元皇統。
壬戌			
癸亥		夏改人慶或在此年。	
甲子		夏改元人慶。	
乙丑			
丙寅			
丁卯		夏改元天盛〔一一〕。	金及蒙古和。
戊辰			
己巳		夏改天盛或在此年。	金海陵王天德元年。十二月改。
庚午			
辛未			
壬申			

紀年	宋	西夏	遼金元
癸酉			金遷都于燕，改元貞元。
甲戌			
乙亥			
丙子	欽宗崩于金。		金改元正隆。
丁丑			
戊寅			
己卯			
庚辰			
辛巳			金世宗大定元年。十月改。
壬午	六月，禪位于太子眘。		
癸未	孝宗隆興元年。		
甲申			

紀年	宋	西夏	遼金元
乙酉	改元乾道。		
丙戌			
丁亥			
戊子		夏改乾祐或在此年。	
己丑		夏改元乾祐〔一二〕。	
庚寅			
辛卯		夏改乾祐或在此年。	
壬辰			
癸巳			
甲午	改元淳熙。		
乙未			
丙申			

紀年	宋	西夏	遼金元
丁酉			
戊戌			
己亥			
庚子			
辛丑			
壬寅			
癸卯			
甲辰			
乙巳			
丙午			
丁未	高宗崩。		
戊申			

紀年	宋	西夏	遼金元
己酉	二月，禪位于太子惇。		
庚戌	光宗紹熙元年。		金章宗明昌元年。
辛亥			
壬子			
癸丑		夏仁孝卒，子純祐嗣。夏改天慶或在此年。	
甲寅	六月，孝宗崩。光宗疾，太子擴即位	夏桓宗純祐天慶元年。	
乙卯	寧宗慶元元年。		
丙辰			金改元承安。
丁巳			
戊午			
己未			

紀年	宋	西夏	遼金元
庚申	光宗崩。		
辛酉	改元嘉泰。		金改元泰和。
壬戌			
癸亥			
甲子			
乙丑	改元開禧。		
丙寅		正月，夏襄宗安全廢純祐自立。應天元年。	蒙古太祖元年。
丁卯		夏改應天或在此年。	
戊辰	改元嘉定。		
己巳		蒙古入靈州，夏主李安全降。	金衛紹王大安元年。
庚午		夏改元皇建。	

紀年	宋	西夏	遼金元
辛未		夏改皇建或在此年。又，改光定亦或在此年。	金使人求和于蒙古，蒙古不許。
壬申		夏安全卒，族子遵頊嗣〔一三〕。夏改光定或在此年。	金改元崇慶。
癸酉		夏神宗遵頊光定元年。	金改元至寧。宣宗貞祐元年。八月改。
甲戌		夏人請會師伐金，不報。	
乙亥		夏人取金臨洮。	蒙古入金燕京。
丙子			
丁丑		蒙古圍興州，夏主遵頊出奔。	
戊寅			金求和于宋，不納。
己卯		夏人請會師伐金，許之。　孟宗政敗金人于棗陽。	
庚辰			

紀年	宋	西夏	遼金元
辛巳			
壬午		夏改乾定或在此年。	金改元元光。
癸未		夏主遵頊傳位於其子。獻宗德旺乾定元年。	
甲申		夏改乾定或在此年。	金哀宗正大元年。
乙酉	理宗寶慶元年。	蒙古伐夏，取甘、肅、西涼、靈州、鹽州。	
丙戌		夏德旺以憂卒，弟子晛嗣。夏改寶慶或在此年。	
丁亥		夏主晛寶慶元年[一四]。 蒙古太祖滅夏。 是歲六月，夏亡。自元昊至是，一百九十五年。	

按：本繫年表原在同一條中分述多事，則用○號分隔。在此改爲空一格標明。

校勘記

〔一〕《長編》卷一一、《宋史》卷四八五《夏國傳》繫李繼筠卒而弟繼捧嗣於太平興國五年，與此異。

〔二〕獻銀夏綏宥四州　《東都事略》卷一二七《西夏傳》作「獻銀、夏、綏、宥、静五州」，《宋史》卷四《太宗紀》、《長編》卷二三、《薛鑑》卷五《宋紀》同本書。

〔三〕銀夏麟州蕃内附　「麟州」原作「靈州」，「靈」乃「麟」之訛。據《宋史紀事本末》卷一四《西夏叛服》、《薛鑑》卷六《宋紀》改。

〔四〕宋史夏國傳亦作廣明　《宋史》卷四八五《夏國傳》前作「改元開運，踰月」，「乃改廣民」；後作「改元開運一年，廣運二年」。《長編》卷一一五、《東都事略》卷一二七《西夏傳》作「廣運」。

〔五〕更名曩霄　據《宋史》卷四八五《夏國傳》、《長編》卷一三九及卷一五三、《薛鑑》卷二一《宋紀》、《續通鑑》卷四五《宋紀》所載，元昊更名曩霄在慶曆三年而不在稱帝之年。張氏誤。

〔六〕册元昊爲夏國主　「主」原作「王」，據《宋史》卷一一《仁宗紀》、卷四八五《夏國傳》、《長編》卷一五三、《薛鑑》卷二三《宋紀》、《續通鑑》卷四七《宋紀》改。

〔七〕宋夏交换俘、地事，《宋史》卷一七《哲宗紀》作「元祐五年二月己亥」，卷四八六《夏國傳》作「四年六月」，紀、傳互異。《長編》卷四二九、卷四三五、卷四三八分别載交涉、議定、歸還於「四年六月丁巳」、「四年十一月壬辰」、「五年二月己亥」。

〔八〕宋師取銀州　《長編紀事本末》卷一四〇、《薛鑑》卷四九《宋紀》繫「取銀州」於崇寧四年三月。

〔九〕夏人圍丁星原　《東都事略》卷一二八《西夏傳》載此事於徽宗政和七年。

〔一〇〕大將劉法戰没　《宋史》卷二二《徽宗紀》、卷四八六《夏國傳》繫此役於次年即宣和元年，《東都事略》同本書。

〔一一〕夏改元天盛　據《宋史》卷四八六《夏國傳》及中華書局本校勘記〔二四〕〔二五〕，此改元當在紹興十九年（一一四九）。

〔一二〕夏改元乾祐　據《宋史》卷四六《夏國傳》載：『四年，改元乾祐。（任）得敬以謀篡伏誅。』則較此繫年早一年。《夏國傳》之《仁孝傳》末云：『天盛二十一年，乾祐二十四年。』據上條校勘記推算則當在宋乾道六年改元乾祐。又據《金史》卷六《世宗紀》、卷一三四《西夏傳》載，誅任得敬在金大定十年，即宋乾道六年，恰與上述推算相符。則當可證張氏此條繫年有誤。

〔一三〕夏安全卒族子遵頊嗣　據《宋史》卷四八六《夏國傳》載，『嘉定四年八月五日安全殂』，又遵頊『嘉定四年七月三日立』，則較此條繫年早二年。按，同上書云：安全『在位六年，改元「應天」四年，「皇建」二年。』則以嘉定四年上推其即位當在宋開禧二年、金泰和六年，而同上書與《金史》卷一三四《西夏傳》恰在是年安全『廢其主純祐自立』。又，同上書云：遵頊『改元「光定」十三年』，其於嘉定十六年退位傳予其子德旺，是年改元爲『乾定』。再自嘉定四年下推十三年，恰相合。故疑此條繫年有誤，當依《宋史·夏國傳》。

〔一四〕夏主晛寶慶元年　此年號乃宋理宗年號，時爲宋寶慶三年，似不當有此巧合。未知張氏何所據，存疑。

卷首下

西夏堡寨 見《范文正公集》并地圖二

蓮花堡，在鎮戎軍西南，與德勝堡相連。又，定川砦、諸葛亮城皆在鎮戎界，嘗有蕃賊至此，公遣張建侯往救應。

長武寨，在涇州西。賊寇邊，公與都監張肇部領軍馬，離邠州取長武路往涇州策應。後又聞賊分軍回奔保安軍上面，公又差巡檢宋良、蕃部巡檢趙明部領蕃漢軍馬往長武把隘。

萬安鎮，去保安軍八十里。初，延州有一將軍馬在保安軍駐劄，費用糧草供應不辦。公乞將保安軍所駐軍馬抽退，於萬安鎮就食糧草，卻將萬安鎮一將軍馬抽退延州，亦只八十里。

馬鋪寨，通近後橋、白豹寨。每有賊馬出來。公修此砦時，兵馬不多，只是據河西山坡，特重下砦，不與追逐。其砦城十日内泥築并泥飾了當〔二〕。

木波寨，在環州。正當賊夾大川路，惟賴諸寨蕃部熟户同共防托。公恐熟户二心，未可倚仗，遂保舉种世衡知環州，以牢籠蕃部。

定邊砦，在環州。公嘗令劉貽孫至此相度葫蘆泉一帶立寨，接連鎮戎軍去處。

明珠、滅臧二族，在環州之西、鎮戎之東。二族之北，有葫蘆泉。公併兵於其地，修起城砦，招撫二族。

華池、鳳川、平戎三寨，皆在慶州東。平戎去延州德静砦七十里，華池去德静一百一十里，鳳川去德静一百二十里。公指揮慶州并諸寨並擁住，入中白米，卻告示客旅，並令於東路延州接界平戎鎮，添價入中白米。

慶州路有美泥、虐泥、大拔城等處小砦。公只差兵士百十人防托，如賊馬大段入寇，便令歸側近大城寨内一處防守，所貴不致枉陷軍民，人心稍安。

薄家莊，在嵢嵐軍、火山軍之間。公以火山軍城中無水，兼地窄狹難守，奏乞於中路薄家莊擇地共修城砦。

東關城，在嵢嵐軍水砦外。公以嵢嵐城小，將東關城築作大城，檢計到土工五十二萬七千九百四十五工。

神堂堡、銀城寨，在麟州南五十里。公令經略司相度興修，令人户耕種住坐。續修神樹寨并堡子。府州於鞋斜谷端正平等要害處，置大寨兩坐，又置堡子三坐。

篳篥城，在秦州。田況嘗請修築，公乞依田況所奏，早賜指揮。

佛空平，明珠等族所居。公嘗令蔣偕燒蕩其地族帳。

金明城，在延州。公奏議：近重修金明城，且托得北面。又，東北廢卻承平、南安、長寧、白草等寨後，東西四百里更無藩籬可以禦寇，候金明城了，方修寬州，以禦東北。

鳳川寨，在慶州東。城被山坡直下臨注，或有西賊圍閉，矢石入城，禦捍不下。公牒李丕諒、宋良同往鳳川相度，得本寨東烽火臺，山上四面牢固，及山腳下有好水泉，可以置砦。令弓箭手、兵士等寅夜興工，山上只築女牆，四面削崖，近下低處築城，圍入水泉。續又牒本州通判范祥相度，令新修砦城，分擘街巷，修蓋軍營、倉房、草場、廨署，及城上皆安置敵樓。

唐龍鎮，與契丹對岸，在府州之北，豐州之東，其南火山軍對岸。公奏乞招誘唐龍口七族人口。

故寬州，在延州東北三程。公言昨廢卻承平、塞門等砦，惟此一處最爲控扼蕃賊。牒監修官相度，一併下手修築。後又奏乞以寬州城爲青澗城。

鄜城縣，在鄜州。南至同州、河中府各四程，北至鄜州兩程，至延州五程。公乞朝廷建鄜城縣爲軍，以康定爲名，管鄜城縣，并於同州割一縣爲之屬，建倉敖、營房，所有同、華、河、府苗税，於此送納。後，公又令知鄜州李丕諒相度。丕諒差劉襲禮將帶匠人往鄜城修展，城牆高一丈，底闊四尺五寸，面收一尺五寸；蓋馬棚、瓦舍三百閒，繫得馬二百匹，安下得兵士四千五百人；兼修露圈二十八箇，計度到二萬九百九十五工。

延川城〔二〕，在寬州東南四十里。公嘗請於朝，乞以延川縣爲延川城，云彼中人煙不少，更有井泉，勝於寬州城。

肅遠、馬嶺、定邊、永和、安塞等砦，在環州界。初，諸寨城牆低下，壕塹淺狹，公牒環州那廂兵軍士及和雇人夫修築。

細腰城，公令蔣偕等所築。公又勘會：本城至環州定邊砦三十七里，西至鎮戎軍乾興寨八十里，南至原州柳原鎮七十里，量其地界遠近，所修城寨地土并側近蕃部。元屬環州，兼本是環慶路擘畫修建，兼細腰城東北板井川是西賊來路。在細腰城、定邊寨之閒，係屬環州地分，緩急若有奔衝，即須定邊砦與細腰城互相救援，就環州節制甚順。奏乞朝廷撥屬環州。

萬安寨，在延州西北往保安軍路中。路舊無城砦，公差周美、郭慶、揚麟部領延州、膚施兩縣人户并廂軍修築，計度到六萬一千六百五十七工，并修築敵樓、戰棚。

豐林縣，地在延州東二十五里，就崖爲城。青化鎮，在延州東六十里。公差陳永圖部領臨真、豐林兩縣人户修築，計二萬六千五百五十二工。

甘泉縣城，在延州南八十里。公差任世京部坊州、丹州人夫修築，計六萬五千三百四十五工。

承平砦，在延州東北二百里，在青澗城西八十里，把截得承平川大路。寨北大里河約六十里，自來蕃族在大里河北居住。公嘗請復修此砦以遏蕃賊，不使過河。云初修之時，則部署司那兵馬大爲之備，畢工之後，只銷得二十人駐劄。

南安寨，在延州東北二百七十里，在青澗城正北七十里，北至綏州四十里，去無定河二十里。公嘗欲修之，以其去水泉稍遠。朱吉、种世衡欲於青澗城北四十里商館鋪、南安寨中路創修一山寨。

栲栳砦，在延州北十里。嘗爲賊所破，公相度舊砦南五里、地名龍平口興置一寨，把截安

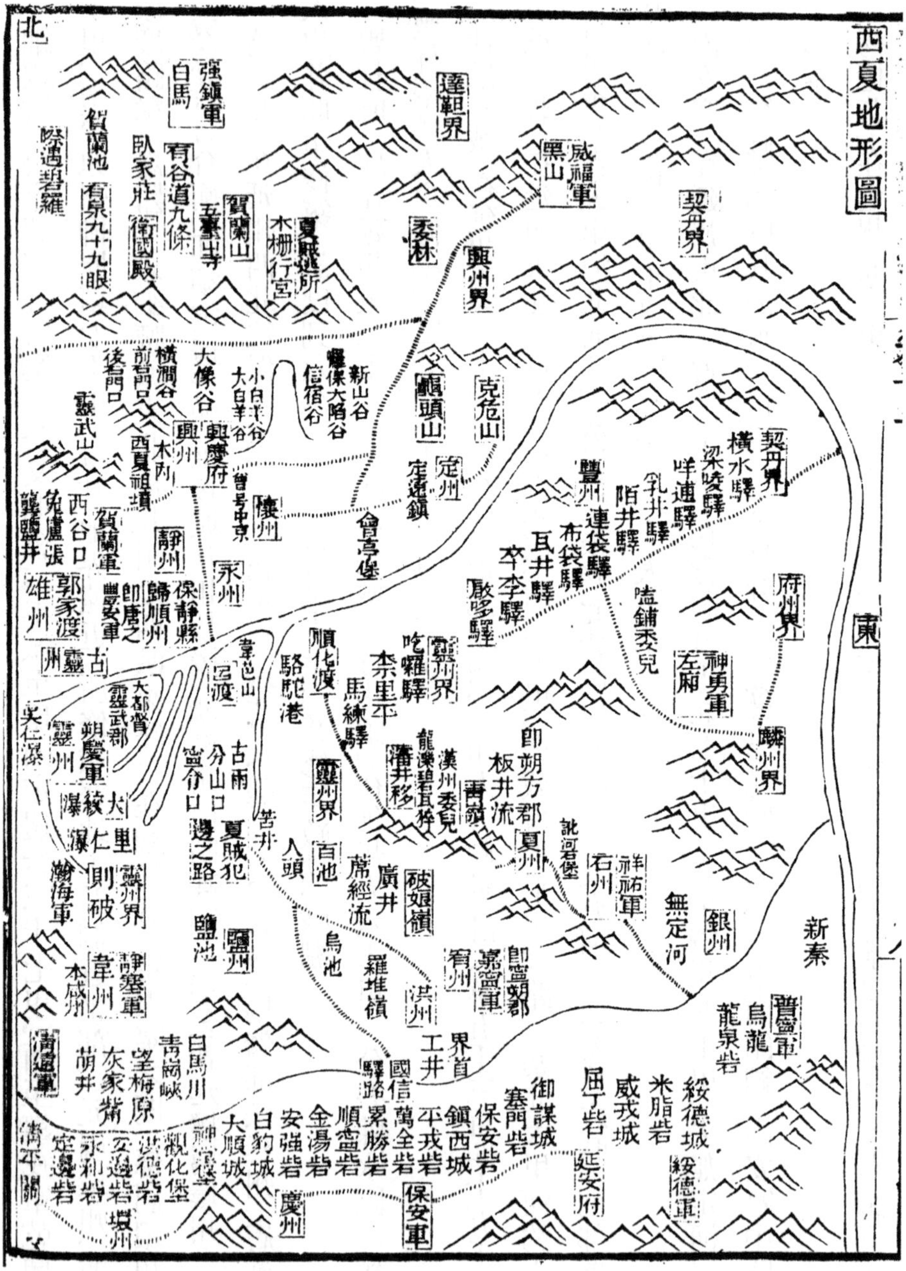
北
東
達靼界
黑山
威福軍
契丹界
興州界
委林
賀蘭山
強鎮軍
白馬
賀蘭池
有泉九十九眼
臥家莊
衛國殿
有谷道九條
克危山
定州
定遠鎮
懷州
興慶府
興州
靜州
永州
保靜縣
歸順州
雄州
郭家渡
賀蘭軍
西谷口
順化渡
駱駝港
馬練驛
靈州界
鹽州
鹽池
夏州
石州
銀州
無定河
新秦
祥祐軍
神勇軍
左廂
府州界
麟州界
延安府
保安軍
慶州
清遠軍
清平關
威戎城
綏德城
綏德軍
烏龍
龍泉砦
保安砦
鎮西城
平戎砦
順寧砦
金湯砦
安強砦
白豹城
大順城
洪州
宥州
廣井
烏池
橫水驛
連袋驛
布袋驛
瓦井驛
西夏地形圖

達靼界
回鶻界
玉門關
敦煌郡
沙州
鎮燕軍
黑水
雞山
肅州
新運山
甘肅軍
甘州
瓜州
平西軍
德光城
光野城
神武
三危
西
和南軍
卓囉城
西蕃界
北公
贊山鋪
零波山
保泰軍
永壽
碧林口
白正
右廂
朝順軍
涼州
勒雞會
鳳凰城
興州界
南山九澤
鵠嵺羅漫
鈿會
白沙會
葉子川會
黑漆北方
阿羅磨娘
碧囉山
麥塊囉娘
天豐倉
鳴沙縣
妹祀山
獨孤
殺牛嶺
小青山
大青山
六猪嶺
靈州界
錢哥山
蕭關
蘭州
天都山
臨川
會州
西安州
石門
葫羅河
白塔子山
熙寧砦
天聖砦
鎮戎軍
乾興砦
通遠砦
懷德軍
勝羌砦
靖安砦
原州
興平城
綏寧砦
土橋堡
南

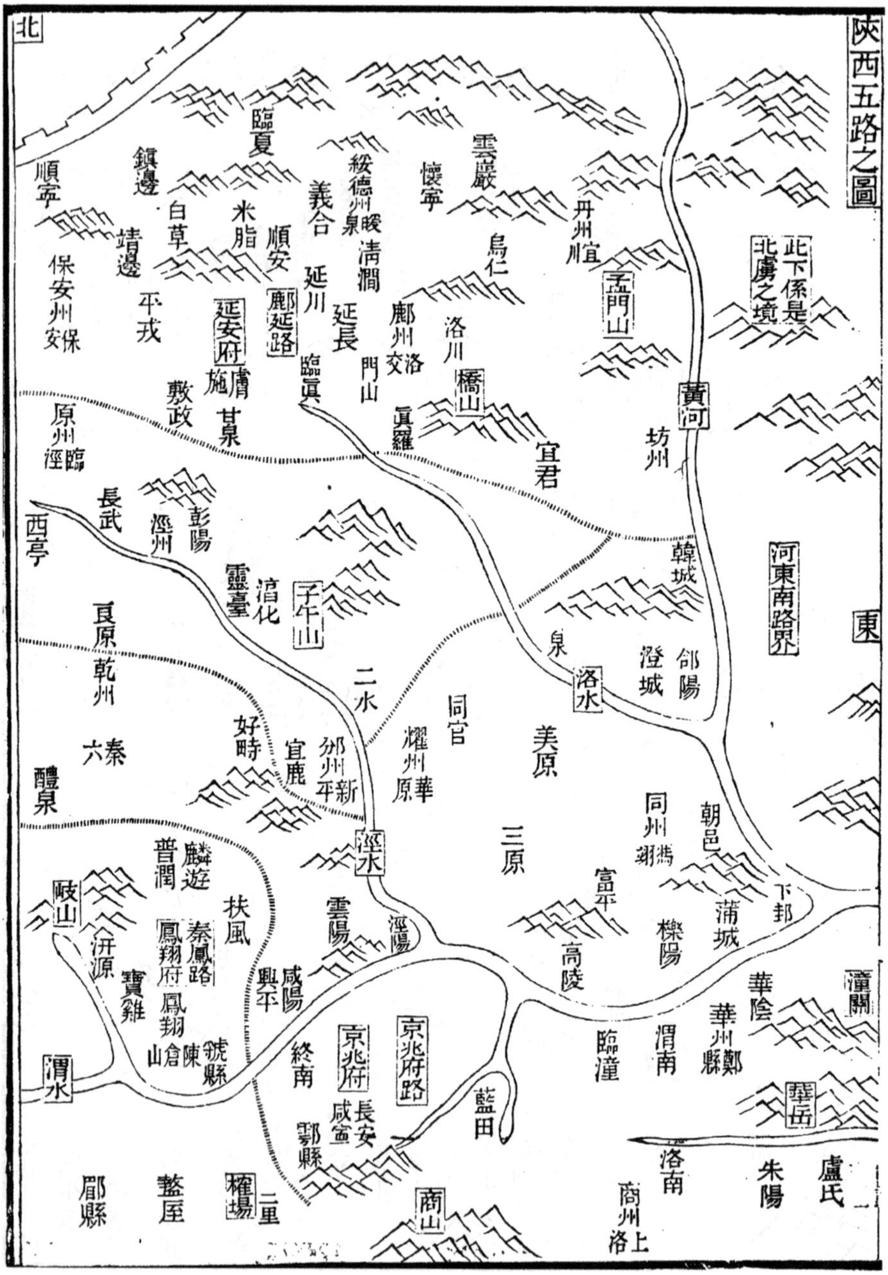
陝西五路之圖
北
東
此下係是北虜之境
河東南路界
黃河
洛水
涇水
渭水
鄜延路
延安府
京兆府路
京兆府
秦鳳路
鳳翔府
子午山
橋山
岐山
商山
潼關
臨夏
鎮邊
順寧
白草
米脂
義合
綏德州
懷寧
雲巖
靖邊
保安州
順安
延川
清澗
延長
平戎
敷政
臨真
宜君
坊州
原州
長武
彭陽
西亭
靈臺
韓城
澄城
郃陽
乾州
同官
美原
三原
同州
朝邑
富平
高陵
蒲城
櫟陽
咸陽
雲陽
扶風
麟遊
普潤
汧源
寶雞
興平
華陰
華州
渭南
臨潼
終南
長安
咸寧
鄠縣
藍田
洛南
朱陽
盧氏
商州
郿縣
盩厔
醴泉
好畤

德靖
權場
華池
柔遠
慶原路
慶陽府
安化
平西
會安
環州
平遠
定邊
會州
會川
崆峒山
烏龍
彭原
合水
權場
通安
開遠
鎮戎州
三川
羌
合龍谷
西
潘源
崇信
武亭
平涼州
平涼
大聖
六盤山
瓦亭
化平
華亭
九羊
通峽
飛泉
鞏州
定西
河州
南川砦
臨洮府
熙河路
通谷
隆德
得勝
懷遠
太白山
德順州
威戎
中安
治坊
三陽
積石州
大通
循化
當川
康樂
南川堡
洮州
秦安
秦州
成紀
甘谷
弓門
靜邊
通邊
水洛
祁山
權場
朱圉山

遠、塞門、龍口川賊馬來路。

胡家川寨，在延州。初，胡繼諤乞修鷂子城，公差殿直揚麟興工。麟州申稱計七萬四千工，恐難了當。公遂差推官何涉與胡繼諤相度，於胡家川莊北面書按山上修築作一砦，計三萬三千餘工。下面川口是德靖砦、保安軍來路，地勢委是要害。只差本族熟户人工，官給口食，并差廂軍三百人往彼助工。

三關城，在延州。公牒招討那撥諸州差到兵士五千人興修。

義莲鋪，在延州。康定三年四月，公差使臣趕殺西賊抵此，奪得人馬、駱駞、牛騾。

牢山驛、新店驛，在麟州至延州一百六十里閒。嘗因朝臣上言減廢。公嘗與明鎬至此，軍馬疲乏，無支請草料去處。公言鄜延路最是屯兵去處，日有軍馬及使命過往，遂牒延州修補二驛。每有過往使命、軍馬，或遇晴明，直到中路甘泉縣，即支給一日口糧等物。若遇雨雪及山河水漲，即於新店、牢山止宿。

葫蘆泉，在環州定邊砦與鎮戎軍乾興寨相望八十里之閒。爲義渠、朝那二郡之阻，其南有明珠、滅臧之族。公嘗言：能進兵據葫蘆泉爲城壘，北斷賊路，則二族自安，宜無異志。後竟於此地築城，招服明珠、滅臧二族。

永洛城，在朝那之西、秦庭之東。公嘗奏言：策應軍馬，由儀、渭二州十程始到。如能進修永洛城，斷西賊入秦庭之路，其利甚大。非徒通諸路之勢，因以張三軍之威者也。

校勘記

〔一〕其砦城十日内泥築并泥飾了當　『并泥飾』原作『井泥飾』，『井』乃『并』之形訛。『泥飾』意爲粉刷，『泥築』指土坯建砦城，二者并舉，故據江蘇本與《范文正公集》改。

〔二〕延川城　『延川』原作『延州』，『州』乃『川』之形訛。按上文『故寬州，在延州東北三程』，此作『在寬州東南四十里』，顯繫兩城，而非延州。又，延州非堡寨，故據下文『乞以延川縣爲延川城』改正。

歷代疆理節略

馬端臨《地理通志》〔一〕，震澤沈華植增輯本。

宋太宗太平興國七年，李繼捧來朝，得州四縣八〔二〕夏、銀、宥、綏。雍熙元年，復以四州授繼捧，自後不領于職方。

至道三年，分天下爲十五路，五曰陝西路，府三州二十五軍四監三太平興國二年，分陝西轉運爲陝西河北、陝西河南兩路；又有陝府西北路，後併焉。咸平五年，靈州、清遠軍皆陷。

熙寧始務闢國。未及改元，种諤先取綏州；韓絳繼取銀州，王韶取熙河，章惇取懿、洽，謝景温取徽城，熊本取南平，郭逵取廣源；最後李憲取蘭州，沈括取葭蘆、米脂、浮圖、安疆等寨。雖嘗以河東邊界七百里地乞遼人，而當時王安石議曰：『吾將欲之，寧姑予之。』

逮元祐更張，舉葭蘆等四寨給賜夏人，而分畫久弗能定。

紹聖遂罷分畫，督諸路各乘勢攻討進築。自三年秋八月，訖元符二年冬，凡陝西、河東建州一軍二關三州安西，軍晉寧，綏德，關龍平、會寧、金城〔三〕，城九安西、平夏、威戎、興平、定邊、威羌，以及金湯、白豹、會川等處也，寨二十八平羌、平戎、殄羌、暖泉、米脂、克戎、安疆、横山、綏遠、寧羌、靈平、高平，與夫新泉、蕩羌、通峽、天都、臨羌、定龕谷〔四〕、大和、通泰、寧河、彌川、寧遠、神泉、烏龍，堡十開光、通塞、石門、通會、大河、通泰，以及寧河、彌川、寧川、三交也，又取青唐鄯、邈川湟、寧塞廓、龍支宗哥等城，武節赫然見矣。

建中靖國悉還吐蕃故壤，稍舒民力。

崇寧亟變前議，專以紹述爲事，訖於重和，既立靖夏涇原、制戎鄜延、制羌西寧三城。雖夏人寖衰，而吾民力亦弊。西事粗定，北事踵起。

宣和五年十一月，初，金人納夏羌之請，割拓跋故地雲中二千里遺之，止以朔、武二州歸與我。至是，夏人舉兵侵朔、武地界，譚稹禦之，不退。

遼神册元年，征党項諸部，俘户甚衆。　五年，征党項，俘獲二千六百口。攻天德軍，拔十有二栅，徙其民。　天贊三年，西征党項等國，俘獲不可勝計。　德光立，東朝高麗，西朝夏國。

金之壤地，北自蒲與路之北三千餘里，火魯火疃謀克地爲邊〔五〕，右旋入泰州婆羅火所浚界壕而西〔六〕，經臨潢、金山，跨慶、桓、撫、昌、净州之北，出天山外，包東勝，接西夏，逾黄河，復西歷葭州及米脂寨，出臨洮府、會州、積石之外，與生羌相錯。

元起朔漠，併西域，平西夏，滅女真，臣高麗。

校勘記

〔一〕馬端臨地理通志　疑『地理通志』即《文獻通考·輿地考》，待考。

〔二〕太平興國七年李繼捧來朝得州四縣八　『七年』原作『四年』，『四』乃『七』之訛。據本書卷一及《宋史》卷四《太宗紀》、《東都事略》卷一二七《西夏傳》、《長編》卷二三、《文獻通考》卷三二二《輿地八》改。又『州四』，《東都事略》、《文獻通考》作『五州』，《宋史》、《長編》同本書。

〔三〕金城　原作『金地』，『地』乃『城』之訛。據《宋史》卷一八《哲宗紀》、《長編》卷四八五改。

〔四〕臨羌定龕谷　據《宋史》卷一八《哲宗紀》、《長編拾補》，『臨羌』似爲治平四年賜名新寨『臨夏』；其後之『定』字疑衍。又，寨名有脱文，似當補治平四年所築『葭蘆』、熙寧元年所築『九羊』等。

〔五〕火魯火疃謀克地爲邊　下一『火』字原作『大』，形近而誤。據《金史》卷二四《地理志》改。

〔六〕右旋入泰州婆精羅火所浚界濠而西　『浚』原作『後』，形近而誤。按，『所後界濠』文義不通，據《金史》卷二四《地理志》改。

職方表

陝西關内道	沿革	屬州	屬縣	衛所
西安府 東至山西蒲州黄河界三百五十里，北至延安府宜君縣界三百五十里。	宋永興，元安西。元改奉元。	商州 同州宋定國軍 華州 耀州 乾州宋醴州 武功 永壽	長安 咸陽 藍田 高陵 涇陽 盩厔 富平 醴陵 渭南 三原	潼關
陝西關西道				
鳳翔府	宋秦鳳路	隴州	麟遊	鳳翔所 鎮羌所

陝西關西道	沿革	屬州	屬縣	衛所
平涼府	宋涇原	固原州宋鎮戎軍 涇州宋彰化軍 靈臺 静寧州宋德順軍 莊浪 隆德俱宋涼州	平涼 鎮原宋平涼郡	
陝西河西道				
慶陽府	宋慶陽	寧州宋興寧軍	環縣宋又名環慶路	環縣所 寧州所

陝西西寧道	沿革	屬州	屬縣	衛所
	《禹貢》雍州之域；漢，月支國地，武帝時置酒泉、武威、張掖；北涼沮渠蒙遜都此。張掖，即甘州，前涼張茂都；肅州，即燉煌地。宋甘州，李元昊改鎮夷郡，後置宣德府。			甘州 肅州 永昌宋西涼府 涼州同上 鎮蕃 莊浪 西寧 鎮夷所 古浪所

山西冀寧道	沿革	屬州	屬縣	衛所
太原府	宋河東，又太原府。	忻州 　定襄 代州 　五臺 　繁峙 　崞縣 岢嵐州 　嵐縣 　興縣 保德州	陽曲 太原 榆次 大谷 祁縣 清源 徐溝 交城 文水 壽陽 盂縣 静樂 河曲	

校勘記

〔一〕李德明置興慶府　『興慶府』原作『興義府』，江蘇本作『新義府』，『義』乃『慶』之訛。據《宋史》卷四八五《夏國傳》、《長編》卷一二〇改。

卷一

得姓始末

西夏，本魏拓跋氏之後，其地則赫連國也。當唐僖宗時，遠祖拓跋思恭爲夏州偏將。以中和元年與太原節度使鄭從讜討黄巢有功，受賜姓曰『李』。又與河中節度使王重榮、義武軍節度使王處存、鄜延節度使李孝章〔二〕，爲朔方軍節度使，分京城四面都統，拜夏州節度使。世有銀、夏、綏、宥、静五州之地。思恭卒，以其弟思諫爲節度使。自唐末天下大亂，興元、鳳翔、邠寧、鄜坊、河中、同華諸州之兵四面並起而交争，獨靈、夏未嘗爲唐患，亦無大功，故其世次功過不顯。

梁開平三年，思諫卒，軍中立其子彝昌爲留後，尋起復，正授旄鉞，拜節度使。明年，其將高宗益作亂，殺彝昌。時有李仁福者，爲蕃部指揮使，軍中乃迎仁福立之。不知於思諫爲親疏也。四年七月，劉知俊攻偪夏州，誘沙陁振武大帥周德威、涇原帥李繼鸞合步騎五萬大舉，欲俯拾夏臺。仁福兵力俱乏，以急來告。會供奉官張漢玫、國禮使杜廷隱率州民、防卒與仁福部分固守，晝夜戮力。踰月，及鄜延援至，九月夏州圍解。仁福奉梁正朔，拜節度使、中書令，封朔方王。《册府元龜》一百九十六：梁末帝乾化三年三月制：進封夏州節度使李仁福爲隴西郡王。

後唐長興四年三月，仁福遣押衙賈師温奏事，稱疾甚，以次子彝超權知軍州事，乞降正命。乃遣供奉官齎延州留後官告賜彝超，促令赴任，仍以其叔思瑶爲夏州行軍司馬，兄彝殷爲節度副使，彝超爲延州留後。五月丁丑，供奉官崔處訥自夏州迴，彝超附表奏：『奉詔除留後，已授恩命訖，三軍百姓擁隔，未遂赴任。伏乞更容臣周歲。』帝遣閤門使蘇繼顔齎詔促彝超赴任，而以安從進爲夏州節度使〔二〕，命師進攻夏州。州城即赫連勃勃故城，父老傳勃勃蒸土築之。王師數道攻擊，爲地道至其城基，如鐵石攻鑿不能入。彝超兄弟登城，謂從進曰：『孤弱小鎮，不勞王師攻取，虚煩國家餉運，得之不武。爲僕聞天，乞容改圖。』而又党項部族萬餘騎薄我糧運，而野無芻牧，關輔之人運斗粟束藁，動計數千，窮民泣血，無所控訴，復爲蕃部殺掠。明宗聞其若此，乃命班師。十月己巳，進馬五十匹。清泰二年，彝超卒，弟彝興立。彝興以中原多故，有輕傲之志。每藩鎮有叛者，常陰助之，邀其重賂。朝廷知其事，亦以恩澤羈縻之。

周太祖時，爲中書令，封西平王。《册府元龜》一百廿九：周太祖顯德元年正月，以定難軍節度、夏綏銀宥觀察等使〔三〕、檢校太師、中書令、隴西郡王李彝殷封西平王。世宗加太保，恭帝加太傅。顯德二年，以折德扆爲永安軍節度使。永安，故府州也。彝興既與折德扆同爲節度使，以土壤相接，惡其與己並爲藩鎮，乃扼塞道路阻絵使臣。帝因問宰臣如何，宰臣以夏州地處邊徼，朝廷向來常與優卹，府州甚爲褊小，近建節旄，得之何利，失之無害，且宜撫諭彝興。帝曰：『德扆之數年竭盡心力，禦捍劉崇，如何一旦棄之度外。且夏州雖産羊馬，傳易資貨悉在中原，儻與阻絶，何能爲者？』乃命使齎詔書，責其悖慢，諭以安危。彝興果俯伏聽命。

宋太祖建隆元年，遼之應曆十年也，加彝興太尉。春三月初，北漢劉承鈞誘代北諸部侵掠河西。詔諸鎮會兵以禦之。是月，定難軍節度使李彝興言，遣都將李彝玉進援麟州，承鈞引衆去。彝興即彝殷，避宣祖諱改爲『興』。

鑑案：《册府元龜》三百八十九：長興四年，隰州刺史劉燧凝言於帝曰：『臣聞李仁福有二子，彝超乃次子也。長子彝殷爲夏州留後，彝超徵詔赴闕，則諸蕃歸心矣。』據此，則又當以彝超繼彝殷，未知孰是。

二年夏四月，以彰武節度使趙贊屯延州。姚内斌守慶州，董遵誨屯環州，王彦昇守原州，馮繼業鎮靈武，以備西夏。

三年夏四月，定難節度使李彝興遣使貢馬三百匹。帝方命玉工治帶，召其使問彝興腹圍幾何。使對彝興腰腹頗大，如合抱之木。帝曰：『汝帥真福人。』即遣使齎帶賜之。彝興感服。

乾德元年夏四月甲辰，夏州李彝興遣使來貢。

五年秋九月庚子，定難節度使、西平王李彝興卒，追封夏王，以其子行軍司馬克叡權知州事。冬十二月戊辰，以權知夏州克叡爲定難節度使。

太宗太平興國三年夏五月壬寅，定難軍節度使李克叡卒，贈侍中，以其子繼筠襲位。帝征太原，繼筠遣將渡河掠寇境，以張軍勢。

四年春三月乙巳，夏州李繼筠乞帥所部助討北漢。秋七月戊子，定難軍留後李繼筠卒，弟繼捧嗣〔四〕。繼捧初爲牙内指揮，至是嗣繼筠爲留後。

七年夏五月己酉，夏州留後李繼捧來朝，獻其所領銀、夏、綏、宥之地，凡州四縣八〔五〕。六月乙亥，繼捧弟繼遷叛走地斤澤。初，夏州自思恭以來未嘗親朝中國。前月，繼捧率其族入朝，帝甚嘉之，賜賚甚厚。繼捧自陳其國諸父、兄弟多相懟怨，乞納其境中夏、綏、銀、宥四州，留京居之。帝爲遣使如夏州，護繼捧緦麻以上諸親赴闕，以曹光實爲四州都巡檢使。時繼捧入朝，其族弟繼遷留銀州，年十七〔六〕，勇悍有智謀。開寶七年，曾授定難軍管内都知蕃落使。不樂内徙，聞使至，乃詐言乳母死，出葬於郊，遂與其黨數十人犇入番族地斤澤，距夏州東北三百里。出其祖彝興像以示戎人，戎人皆拜泣，稍稍歸附。詔書招諭，繼遷不出。冬十一月己酉，以李繼捧爲彰德節度使。帝嘗問繼捧曰：『汝在夏州用何道以制諸部？』對曰：『羌人鷙悍，但羈縻而已，非能制也。』閏十二月辛亥，詔赦銀、夏等州常赦所不原者。

八年冬十二月壬午朔，詔綏、銀、夏等州官吏招誘没界外民歸業，仍給復三年。靈州來貢馬、牛各二，距之。

雍熙元年春三月丁巳，帝謂宰相曰：『夏州蕃部强悍難制者，皆委身歸順，凡得種族五萬餘帳。朕亦慮轉餉勞擾，止令齎茶於蕃部中貿易，以給軍食，未嘗發民輸送也。』壬申，帝幸含

〔七〕秋九月　《宋史》卷四《太宗紀》、《太宗實録》卷三二載此役於十月庚寅，《長編》卷二五云：「蓋據奏到之日耳，當移見九月。」又，《夏國傳》載于太平興國八年（未詳月日），《宋史》紀、傳不合。

〔八〕焚四百餘帳　《宋史》卷四《太宗紀》、《稽古録》卷一七作「俘千四百餘帳」，《夏國傳》、《長編》卷二五、《薛鑑》卷六《宋紀》同本書作「焚四百餘帳」，《宋史》紀、傳互異。

〔九〕端拱元年夏五月　原作「於是」，而接雍熙元年秋九月事連敘，誤以李繼捧得趙姓歸鎮繫於該年月。此乃原文抄録畢氏《續通鑑》卷一二致訛，且與下卷端拱元年復職歸鎮事相舛復。今據《宋史》卷五《太宗紀》、《太宗實録》卷四四、《長編》卷二九、《薛鑑》卷七《宋紀》補正。

〔一〇〕保忠至鎮數月　「數月」原作「數日」。此據《宋史》卷四八五《夏國傳》、《宋史紀事本末》卷一四《西夏叛服》改。繫年舛誤同上條校勘記所述。

〔一一〕洛苑使　原作「西南巡檢使」，此據《宋史》卷五《太宗紀》、卷四八五《夏國傳》、《薛鑑》卷七《宋紀》改。繫年舛誤同本卷校勘記〔九〕所述。

〔一二〕後唐明帝天成四年二月丁亥　「天」原作「大」，《册府元龜》卷一六六《帝王部·招懷》亦作「大」，誤。江蘇本作「天」。按，「大成」乃北周宣帝年號，後唐明帝則有「天成」、「長興」年號，今據江蘇本改。

〔一三〕分折聞奏　「折」原作「析」，形似而誤。此據江蘇本改。

〔一四〕先既懷之以恩　「既」原作「必」，與下句「必示之以信」成並列句式，但上下句兩用「必」則相雷同，此處在於强調「示之以信」。故據江蘇本改。

〔一五〕一百六十七　原此條引文未列卷數，使人誤解爲與上條引文同出於第一六六卷，今據《册府元龜·

帝王部》補。

〔一六〕周太祖廣順三年正月　「正月」原作「五月」，此據《册府元龜·帝王部》改。

〔一七〕河東界僞麟州刺史楊崇訓以蕃部攻圍　「楊崇訓」原作「楊仲訓」，《册府元龜》同。《通鑑》卷二九一「廣順二年」條《考異》曰：「『崇訓』或作『崇勳』。《世宗實録》原作『崇訓』。後因避恭帝柴宗訓名諱，改作『重訓』。按『仲訓』亦當屬避諱。今據改。下文『勅書』中人名亦從改。

〔一八〕拒夏州節度使李彝殷奏得　「拒」，《册府元龜》同。疑音近而誤，依文義當作「據」。

〔一九〕一百七十八　同本卷校勘記〔一五〕，原無卷數。今據《册府元龜·帝王部》補。

〔二〇〕充定難軍節度　「難」原作「南」，《册府元龜》同。此據《舊五代史》卷一三二《李彝超傳》、《宋史》卷四八五《夏國傳》改。

〔二一〕彝敏知事不濟　「彝敏」原作「尋敏」，此據歷朝本、《册府元龜》卷九四三《總録部·不誼》改。

卷二

夏臺復入

雍熙元年，趙繼捧之言繼遷悔過也〔一〕，其實繼遷無降心，復誘戎人爲寇。

二年春二月乙未，夏州李繼遷誘殺汝州團練使曹光實，遂襲銀州據之。繼遷自地斤澤敗，轉徙無常，漸以彊大。西人以李氏世著恩德，多歸之。于是率衆攻麟州，使人紿曹光實曰：『我數奔北勢窘，願講甥舅之禮。期日會於葭蘆川納降。』光實信之，且欲擅其功，故不與人謀。至期，繼遷設伏，止領數十人近城迎光實。光實從百騎赴之，繼遷前導，北行至葭蘆川，忽舉手揮鞭，伏兵盡起，光實被害。光實從子曰克明〔二〕，尚幼，曉兵法，善騎射。光實没，祕不發喪，使人傳光實命回兵銀州，乃與其僕潛入虜中，獲光實尸還，葬京師。繼遷既殺光實，遂襲據銀州。

三月，遣知秦州田仁朗等將兵討繼遷。

夏五月，副將王侁擊繼遷，走之。初，繼遷既殺曹光實，遂圍三族砦。砦將折遇乜殺監軍使者，與繼遷合。田仁朗行次綏州，請益兵，留月餘俟報。時繼遷乘勝進攻撫寧砦，仁朗聞之喜曰：『戎人常烏合寇邊，勝則進，敗則走，不可窮其巢穴。今繼遷嘯聚數萬，盡鋭以攻孤壘，撫寧小而固，非浹旬所能破。我俟其困，以大兵臨之，分遣强弩三百邀其歸路，虜成擒矣。』部署已定，仁朗欲示閒暇，縱酒摴蒱，佚等因媒蘖之。帝聞三族已陷，大怒，徵仁朗還，特貸死，竄商州。是月，佚等出銀州北，破悉利諸砦，梟其代州刺史折羅遇。麟州諸蕃皆請納馬贖罪，助討繼遷。佚遂舉所部兵入濁輪川〔三〕，斬賊首五千級，繼遷及遇乜遁去。時詔郭守文與佚同領邊事，守文復與知夏州尹憲擊鹽城諸蕃，焚千餘帳。由是銀、夏、麟三州蕃一百二十五族悉内附，户萬六千餘。

四年春三月，安守忠及李繼遷戰于王亭鎮〔四〕，敗績。

夏五月，李繼遷數寇邊。或疑繼捧泄中朝事于繼遷，乃出繼捧爲崇信軍節度使，徙其弟克憲爲道州防禦使，遣克文歸博州。

端拱元年春二月，以李繼捧爲感德軍節度使。

夏五月，朝廷數以敕書招諭李繼遷，繼遷終不肯降，益侵盜邊境。趙普建議，欲復委繼捧以夏臺故地，令圖之。繼捧時任感德節度，即召赴闕。壬申，授定難節度使，所管五州錢帛、芻粟、田園並賜之。壬午，保忠辭之鎮，錫賚甚厚，命右衛第二軍都虞候王杲送之，且謂之曰：『若繼遷歸款，當授以官也。』及杲還，保忠以土物爲贐，杲拒而不納。

冬十二月辛未，以夏州蕃落使李繼遷爲銀州刺史，充洛苑使。

二年秋九月，定難節度使趙保忠加同平章事〔五〕。

淳化元年夏四月，夏州敗李繼遷，尋又敗之於安慶澤、於王庭鎮。

二年春正月丙子，遣商州團練使翟守素帥兵援保忠于夏州。

秋七月，李繼遷請降，以爲銀州觀察使，賜姓名。丙午，詔曰：『王者推赤心以待天〔六〕，鑒丹書而念舊。疆埸之事，雖守在於四夷，勳烈之家，固賞延於十世。銀、夏等州蕃落使李繼遷，馳聲沙漠，襲慶旌旂。頃者因獻提封，偶懷疑懼，流寓邊塞，綿歷歲時。式微之詠既深，在宥之恩宜及。賜之國姓，俾預於宗盟；授以廉車，用綏於夷落。爾其體匿瑕之旨，堅效順之誠，使兄弟以如初，保公侯之必復。欽若明命，勉思令圖。可特授金紫光禄大夫、檢校太傅、兼御史大夫、銀州管内觀察使，封天水郡侯，食邑一千五百户，賜姓趙，名保吉。仍放朝謝，許便之官。』先是，保忠與繼遷戰於安慶澤，繼遷中流矢遁去，轉攻夏州。保忠因奏繼遷誘蕃戎入寇，乞濟師禦之。乃遣翟守素帥師屯夏州以助之。至是，聞守素至，繼遷恐懼歸款，奉表謝罪，遂有是命。且以其子德明爲管内蕃落使、行軍司馬。保忠又薦其親弟繼沖，帝亦賜姓，改名保寧，授綏州團練使。保忠遣使來獻鶻，號海東青。太宗詔曰：『朕久罷畋遊，盡放鷹犬，卿地控邊塞，時出捕獵。今還以賜卿，可領之也。』鑑按：此條見王明清《揮麈前録》，作三年，疑誤〔七〕。

九月癸卯，王顯徙知延州，時夏臺益部寇擾。顯上疏曰〔八〕：『閒歲以來，戎事未息。李繼遷負恩於靈夏，王小波干紀於巴邛，河右坤維，並興師旅。而繼遷翻然向化，遣弟入覲〔九〕，願脩職貢。陛下曲加容納，許其内附，示以德信，伸以恩錫，所以綏懷之者至矣。然而狼子野心，未可深信。所宜謹屯戍，固城壘，積芻糧，然後遴選才勇，付以邊任。縱有緩急，則備禦有素，彼又奚能爲患哉！』

然繼遷至是漸大，自此傳十二世，幾三百載。據夏、銀、綏、宥、静五州，緣邊七鎮，其東西二十五驛，南北十餘驛。

冬十月，趙保忠降於契丹，契丹封爲西平王，復姓名曰李繼捧。

校勘記

〔一〕雍熙元年趙繼捧之言繼遷悔過也　據上卷校勘記〔九〕可證此繫年舛誤。又『悔過』原作『悔禍』，形近而誤。此據《宋史》卷四八五《夏國傳》、《宋史紀事本末》卷一四《西夏叛服》改。

〔二〕光實從子曰克明　『從子』原作『有子』。據《宋史》卷二七二《曹光實傳》，光實有四子，名克讓、克恭、克己、克廣，從子名克明。同卷《曹克明傳》載父爲曹光遠，可證此處『有』乃『從』之訛。今據改。

〔三〕佅遂舉所部兵入濁輪川　『舉』原作『與』，形近而誤。此據《薛鑑》卷六《宋紀》、《宋史紀事本末》卷一四《西夏叛服》改。

〔四〕安守忠及李繼遷戰于王亭鎮　『王亭』下原脱『鎮』字。此據《宋史》卷四八五《夏國傳》、《宋史紀事本末》卷一四《西夏叛服》補。

〔五〕二年秋九月定難節度使趙保忠加同平章事　『定難』原作『静難』，此據上文及《宋史》卷五《太宗紀》、卷四八五《夏國傳》改。又，《太宗紀》繫於冬十月。

〔六〕王者赤心以待天　『待天』，《宋大詔令集》卷二三三作『待人』，似當從之。

〔七〕作三年疑誤　《宋史》卷五《太宗紀》繫此於三年十一月，《宋大詔令集》卷四五載太宗詔在同年月乙卯日，故王明清《揮麈前録》不誤，本書繫於二年秋七月，誤。

〔八〕據中華版《宋史》卷二六八校勘記〔五〕所考，王顯此疏上於淳化五年。《長編》卷三六正載於是年八月。

〔九〕遣弟入覲　『弟』原作『子』。據《宋史》卷四八五《夏國傳》載：五年七月，繼遷獻馬，又『遣弟獻馬、橐駝』。《長編》卷三六是年八月條云：『繼遷遣弟廷信奉表待罪。』今據改。

卷三

統萬墮城

淳化四年冬閏十月，初，太宗欲城古原州，而陝西轉運副使鄭文寶議禁烏白池青鹽〔一〕，用困趙保吉，因請築清遠。清遠在旱海中，不毛之土，素無井泉，陝右之民甚苦其役。保吉於是率邊人四十二族寇掠環州，邊將多爲所敗。

五年春正月，趙保吉徙綏州民於平夏。部將左都押衙高文岯等，因衆不樂，反攻敗之，以綏州内屬，乃命文岯知州事。保吉復圍堡砦，掠居民，焚積聚，遂攻靈州。

癸酉，命馬步軍都指揮使李繼隆爲河西兵馬都部署〔二〕，尚食使尹繼倫爲都監，及内押班秦翰爲監軍，以討保吉。先是，翰嘗使繼遷，還言繼遷未賓之狀，且曰：『臣一内臣不足惜，願再往手刺之，雖死不恨也！』太宗嘉其忠，故以命之。左正言王禹偁上言：『繼遷曾被左右暗箭射之，面上創痕尚存。此不煩大兵，但如梁太祖捉劉知俊故事，重賞之下，必有勇夫，繼遷身首不梟即擒。』又曰：『此賊通連北敵，擊東南而備西北，正在此時。』吏部尚書宋琪言：『臣頃任延州節度判官，經涉五年〔三〕，西戎事頗熟聞知。昔李仁福既死，彝興擅立。詔邠州藥彦稠總兵五萬，送延州安從進與彝超换鎮，彝超據夏州不奉詔。時頓兵城下，議者欲攻取，軍儲不繼，遽命班師。而振旅時，不能嚴整，失戈棄甲〔四〕，遂爲戎人之利。臣聞党項號爲小蕃，本非勍敵。若其出山布陣，止勞一戰，便可蕩除。深入則餽運艱難，窮追則窟穴幽邃，莫若沿邊州鎮，分屯重兵，候其入界侵漁，方可隨時掩擊。豫於麟、府、鄜、延、寧、慶、靈、武等州〔五〕，約期會兵，四面齊進，絶其奔走之路〔六〕，合勢擊之。大約党項、吐蕃，風俗相類。其帳族有生、熟户：接連漢界，入州城者，謂之熟户；居深山僻遠，横過寇略者〔七〕，謂之生户。我師入夏州之境，宜先招到接界熟户，使爲鄉導。其强壯有馬者〔八〕，令去官軍三五十里踏白先行，而步卒多持弓弩、槍鏂隨之，以三二千人登山偵邏，俟見坦途寧静，可傳號勾馬，遵路而行。我皆嚴備，保無虞也。』奏入，帝密寫其奏，令李繼隆、王繼恩擇利而行。

三月〔九〕，繼隆率兵馳至克胡，渡河入延福縣，自鐵笳驛夜入綏州。謀其所向，繼隆欲徑襲夏州。或以爲夏州賊帥所在，我兵少恐不能支，不若先襲石堡，以觀賊勢。繼隆以爲不然，曰：『我兵既少，若徑入夏州，出其不意，彼亦未能料我衆寡。若先據石堡，衆寡已露，豈復能進？』乃引兵馳入撫寧縣，繼捧猶未知。

乙亥，李繼隆入夏州。趙保忠聞繼隆將至，先挈其母、妻、子女及卒吏壁於野外，乃上言與保吉解仇怨，貢馬五十匹，乞罷兵。帝覽奏怒，立遣中使督繼隆先移軍討之。及師壓境，保吉反圖保忠，夜襲保忠營，欲併其衆。保忠方寢，聞難作，單騎被髮騎駿馬走還城，僅以身免，城中資財器用，保吉復悉奪之。初，保忠遣其指揮趙光嗣入貢，光嗣頗輸誠款，詔補供奉官，再遷禮賓副使，保忠動靜，光嗣必以聞。及保忠陰結保吉，光嗣潛知之，因出家財散士卒，誓以效順。至是，保忠還，光嗣執之，幽於別室。王師之次延州者，秦翰慮保忠遁逸，即乘驛先往，矯詔安撫以緩其陰謀。及王師至，翰又諷保忠以地主之禮當出別室郊迎。

丁丑，開門納我師，翰與保忠因並驅而出，遂執保忠。繼隆入夏州，檻車送保忠闕下，收獲牛羊、鎧甲數十萬。保吉引衆遁去。先是，裨將侯延廣等議誅保忠及出兵追保吉，繼隆曰：『保忠几上肉耳，當請於天子。今保吉遠竄千里窮磧，難於轉餉，宜養威持重〔一〇〕，未易輕舉也。』撫寧舊治無定河川中，數爲虜所危。繼隆乃遷縣於滴水崖，在舊縣之北十餘里，皆石崖峭拔十餘丈，下臨無水，所謂囉瓦城是也。

夏四月甲申，帝聞趙保忠成擒，詔以趙光嗣爲夏州團練使、高文岯爲綏州團練使，削保吉所賜姓名，復爲李繼遷。帝以夏州深在沙漠，姦雄因以竊據，欲隳其城，遷民於銀、綏間，因問宰相夏州建置之始。吕蒙正對曰：『昔赫連勃勃僭稱大夏，築城號曰統萬，頗與關右爲患。若遂廢毀之，萬世之利也。』

乙酉〔一一〕，詔隳夏州故城，遷其民於綏、銀等處，分給官地，長吏倍加安撫。李繼隆聞朝議欲隳夏州，遣其弟洛苑使繼和與監軍秦翰等入奏，以爲朔方古鎮，賊所窺覦之地，存之可依以破賊。并請於銀、夏兩州南界山中增置堡戍，以扼其衝，且爲內屬蕃部之蔽而斷賊糧運。皆不報。王師之討繼遷也，府州觀察使折御卿以所部兵來助。趙保忠既禽，御卿又言：『銀、夏等州蕃漢户八千帳族悉歸附，録其牛羊萬計。』

五月戊午，授御卿永安節度使，賞其功也。丙寅，河西行營送保忠至闕下，白衫紗帽待罪崇政殿庭。帝詰責數四，保忠但頓首稱死罪。詔釋之，賜冠帶、器幣，命還第聽命，仍勞賜其母。丁卯，以保忠爲右千牛衛上將軍，封宥罪侯。

景德元年夏六月，趙保忠卒。保忠狀貌雄毅，居環列奉朝請，常怏怏不自得，至是卒。

校勘記

〔一〕而陝西轉運副使鄭文寶議禁烏白池青鹽　『鄭文寶』原作『鄭仁寶』，《宋史》卷二七七及《東都事略》卷一一五有《鄭文寶傳》。《長編》卷三四、卷四二，《太平治跡統類》卷二《太祖太宗經制西夏》均作『鄭文寶』，本書卷四『烏白失期』亦作『鄭文寶』，據改。

〔二〕命馬步軍都指揮使李繼隆爲河西兵馬都部署　『馬步軍都指揮使』《長編》卷三五、《薛鑑》卷八《宋紀》同此。《宋史》卷五《太宗紀》、卷二五七《李繼隆傳》、卷四八五《夏國傳》及《東都事略》卷《李繼隆傳》均作『馬軍都指揮使』。

〔三〕經涉五年　『涉』原作『陟』，形近而誤。今據《宋史》卷二六四《宋琪傳》、《長編》卷三五改。

〔四〕不能嚴整失戈棄甲　原作『不能整失戈甲棄之』。今據《宋史》卷二六四《宋琪傳》、《長編》卷三五改。

〔五〕豫於麟府鄜延寧慶靈武等州　『府』下原脱『鄜』字、『延』下脱『寧』字，今據《宋史》卷二六四《宋琪傳》、《長編》卷三五補。

〔六〕絶其奔走之路　『其』上原脱『絶』字，今據《宋史》卷二六四《宋琪傳》、《長編》卷三五補。

〔七〕居深山僻遠横遏寇略者　『遠』下原脱『横遏寇略』四字，今據《宋史》卷二六四《宋琪傳》、《長編》卷三五補。

〔八〕其强壯有馬者　『馬』原作『爲』，形近而誤。今據《宋史》卷二六四《宋琪傳》、《長編》卷三五改。

〔九〕三月　此『三月』前原有『五年』二字。上文敘『春正月』事，前已載有『五年』，此處『五年』重複，故删。

〔一〇〕宜養威持重　『重』前原脱『持』字。今據《宋史》二五七《李繼隆傳》、《長編》卷三五補。

〔一一〕乙酉　原作『己酉』，『己』乃『乙』之訛，形似而誤。今據《長編》卷三五、《宋大詔令集》卷一五九改。

卷四

烏白失期

淳化五年秋七月乙亥，李繼遷遣牙校以良馬來獻，且謝過，猶稱所賜姓名。初，轉運使鄭文寶議禁鹽池困繼遷[一]，關隴民至無鹽以食。太宗知之，悉除其禁。至是，又以金帛誘繼遷酋長嵬囉嵬悉，使圖繼遷，而許以刺史。嵬囉嵬悉以告繼遷。繼遷上表請罪，太宗雖怒，荅詔因稱之。

八月，又遣其弟廷信奉表待罪[二]，且言違叛事出保忠，願赦勿誅。帝喜，召見廷信，面加慰撫，錫賚甚厚，命錢若水草詔賜之。有云：『不斬繼遷，開狡兔之三穴；潛疑光嗣，持首鼠之兩端。』帝以爲當。

冬十一月，復命保吉爲銀州觀察使。庚戌，詔曰：『省所進馬、槖駞共百一十三頭匹待罪。朕握圖御宇，恭己臨民，務推含垢之仁，式示戢兵之武。向者以卿遠輸誠款，願革前非。朕道在納汙，情深赦過，特授察廉之任，厚加賜撫之恩，寵以嘉名，賜之國姓。朕之於汝無所負焉！豈意卿未及踰年，已忘大德，脅從蕃部，擅舉甲兵，攻逼城池，虔劉民庶，背恩肆惡，一至于斯。

料卿所爲，良切興歎。所以旋徵師旅，俾命討平，既除手足之親，已失輔車之勢。寧保全於歲月，暫假息於朝晡。近者累上表書，頗引愆犯，且言違背事出保忠，今備貢輸，乞加渥澤。朕以好生爲德，以禁暴爲心，卿倘能誓改過尤，永堅忠節，朝廷爵賞，亦何悋焉？朕不食言，爾宜自省。今遣内侍押班張崇貴〔三〕，賜卿器幣、茶藥、衣物等，體朕意焉。』蓋王禹偁筆也。繼遷以王禹偁草已詔，送馬五十四爲潤筆，禹偁以狀不如式，卻之。

至道元年春三月，李繼遷遣銀州五部押衙張浦來貢〔四〕。己巳，帝令衛士數百輩射於崇政殿庭，召浦觀之。先是，李廷信還，帝賜繼遷勁弓三，皆力一石六斗。繼遷意欲威示戎裔，非有人能挽也。至是，士皆拓兩石弓，引滿平射有餘力，浦大駭。帝笑問浦曰：『羌人敢敵否？』對曰：『蕃部弓弱矢短，但見此長鉅，人則已遁矣，況敢敵乎！』乃以浦爲鄭州團練使，留京師。帝因謂浦曰：『戎無可戀，繼遷何不束身自歸，永保富貴。』繼遷因上表乞禁邊盜掠，從之。

夏四月壬寅，荅趙保吉詔曰：『先勑邊郡，各謹封略，無敢相侵。内屬戎人所盜羊馬、錢物，今並已還卿，戎惟貪狼，尚恕其罪。自今敢犯卿者，誅之可也〔五〕。』

六月丙戌，遣閤門使馮訥持詔以繼遷爲鄜州節度使，將移鎮，繼遷不奉詔。丁亥，以張浦爲鄭州刺史充本州團練使。

秋九月庚午，趙保吉寇清遠軍，張延敗之，詔奪所賜名。

冬十二月，永安節度使折御卿病，遼諜知之，韓德威復爲李繼遷所誘，遂率衆入邊以報子河汊之役。御卿輿疾而行，德威聞其至，頓兵不敢進。會疾甚，其母遣親信召御卿歸就醫藥〔六〕，御卿曰：『世受國恩，强寇未滅，御卿之罪也。臨敵安可棄士卒自便？死於軍中，乃其分耳。爲白太夫人無念我，忠孝豈得兩全！』言訖泣下。翼日卒。帝聞痛悼久之。

二年夏四月甲戌，遣李繼隆等分道討繼遷。初，洛苑使白守榮自環慶護芻粟四十萬赴靈州，繼遷伏兵邀擊於浦洛河，守榮衆潰，僅以身免，運餉盡爲繼遷所奪。帝怒，命李繼隆爲環慶十州都部署〔七〕，將兵討之。

五月，繼遷帥萬餘衆寇靈州，陝西民運芻糧詣靈，度沙磧，爲虜所抄掠及饑渴死者不可勝計。圍城歲餘，地震二百餘日，城中糧糗皆絶，中使竇神寶潛遣人市糴河外，宵運以入，閒出兵擊賊，城卒不破。時命輔臣陳靈州事宜，詔曰：『靈州孤絶，救援不及。賊繼遷猖獗，未就誅夷。宜令廷臣各述所見利害。』時上初有意棄靈州也。會曹璨自河西還，言繼遷衆萬餘方圍靈武，城中告急，使爲繼遷所得，則頓兵不去。帝乃悔之。吕端因請發兵，由麟府、鄜延、環慶三道以擣平夏，襲其巢穴，則靈武之圍解矣。帝即部分諸將，復命繼隆出環州，容州觀察使丁罕出慶州，范廷召出延州，王超出夏州，錦州刺史張守恩出麟州，五道進討抵烏白池，皆授以方略。既而直趨平夏〔八〕，保安軍獲李繼遷母。上喜，召寇準與之謀，宰相不與也。準出，吕端問準曰：『陛下戒君勿言於端乎？』準曰：『否。』端曰：『邊鄙常事，端不必與知。若軍國大計，端備位宰相，不可不知也。』準以繼遷母告，端曰：『君何以處之？』準曰：『欲斬於保安軍北門之外，以戒凶逆。』端曰：『陛下以爲如何？』準曰：『陛下以爲然。』端曰：『必若此，非計之得也。願君少緩其事，端將覆奏之。』端即入奏，具道準言，且曰：『昔項羽得太公，欲烹之，而沛公曰：「願分我一杯羹。」夫舉大事者不顧其親，況繼遷胡夷悖逆之人哉！今殺之，而明日繼遷可擒乎？若不然，徒結怨仇，而愈堅其叛心爾。』太宗曰：『然則何如？』端曰：『以臣之愚謂〔九〕，宜置於延州，令善養視之，以招徠繼遷。雖不能即降，終可以係其心，而母生死之命在我矣。』帝撫髀稱善曰：『微卿，幾誤我事。』即用端策。是時，司天中官正韓顯符言，熒惑犯輿鬼，秦雍之分，國家當有兵在西北。冬官正趙昭益言，犯輿鬼中積尸，秦分野有兵，人民災害之象。

秋八月，李繼隆討繼遷，率諸將分道並進，期抵烏白池。繼隆忽中變，欲直抵繼遷巢穴，不及援靈州，遣其弟繼和馳奏，以環州道紆〔一〇〕，欲自清岡峽直入。上怒曰：『汝兄如此，必敗吾事矣。』因手書切責繼隆，命引進使瀛州周瑩詣軍前督之。比瑩至，繼隆已與丁罕慶州路兵先發，行數十日不見虜，乃引還。

九月己卯，夏州、延州行營言，兩路合勢，破賊於烏白池，斬首五十級，生禽二千餘人，賊首李繼遷遁去。蓋繼隆、丁罕既不與賊遇，張守恩亦見虜不擊，獨廷召與超至烏白池與賊遇，小大數十戰，雖頻克捷，繼遷遁走，而諸將失期，士卒困乏，終不能禽賊焉。時虜鋭甚，超持重不進。子德用年十七爲先鋒，部萬人戰鐵門關，斬首十三級，俘掠畜産以萬計，轉戰三日，敵遂却。德用曰：『歸師遇險必亂。』乃領兵先絶要害，下令曰：『亂行者斬！』一軍肅然。虜見其師整，不敢近。德用貌魁偉而黑，人號『黑王相公』〔一一〕。西人兒啼，即呼『黑大王』以懼之。先是，上閲兵崇政殿，以方略授諸將。令多設强弩，及遇賊布陣，萬弩齊發，賊皆走。其運糧靈州，亦令丁夫悉持弓矢爲方陣而行，寇至則成列待之，故每戰皆捷。時方命户部使張鑑調陝西糧餉，遣使持節督之。鑑上疏極言餱糧乏絶，力用殫窮。

三年春二月，李繼隆遣將擊李繼遷，敗之，繼遷遁去。

冬十月，李繼遷寇靈州，合河都部署楊瓊擊走之。

十二月甲辰，李繼遷請降。先是上以靈州事宜訪李至，至上疏言：『靈州自鄭文寶爲國生事，絶青鹽，使不入漢界；禁粒食，使不及羌夷。致彼有詞而我無謂。關輔生靈困轉輸之役，蕩然空壁，老我師徒。張頤待飼者不下五千，送糧四十萬而止獲六萬。彼之户口四千有餘，今則不盈數百矣；彼之租課四十五萬二千有餘，今則無孑餘矣。守安可復得耶？此之失策，雖悔何及！』至是，繼遷遣使脩貢，求備邊任。真宗雖察其變詐，方在諒闇，姑務寧静，因從其請，加定難軍節度，復賜姓名，封以夏、綏、銀、宥、静五州。蓋用王禹偁策也。時命翰林學士宋湜草保吉制，湜知上意必欲歸其事於太宗，因進詞曰：『天無私覆，作善者降之百祥；國有彝倫，伏順者享其高位〔一二〕。銀州管内觀察使、金紫光禄大夫、檢校太傅、兼御史大夫、上柱國、天水郡開國侯趙保吉，天資正氣，世襲雄名，孝以承家，寬能御衆。先帝早深注意，方議推恩，值軒鼎之俄成，築韓壇而未暇。逮眇躬之纘位，俄封疏以貢珍，彰厥遠圖，冠於當代，宜伸懋賞，式勸忠勳。可光禄大夫、檢校太尉、夏州刺史、定難軍節度使、夏銀綏宥静等州觀察使、押蕃落等使，加食邑一千户，食實封三百户，仍賜功臣。』上甚悦，遣内侍右班都知張崇貴齎詔賜之，又以夏、綏、銀、宥、静五州與保吉。甲寅，張浦遣還。

真宗咸平元年春二月，田錫上言：『李繼遷不合與夏州，又不合呼之爲保吉，乃時事舛誤之大者。』

三月辛巳，以趙保吉歸順，遣使諭陝西縱綏、銀流民還鄉，家給米一石。

夏四月壬寅，趙保吉遣弟繼瑗入謝。

校勘記

〔一〕轉運使鄭文寶議禁鹽地困繼遷　『鄭文寶』原作『鄭仁寶』。據上卷校勘記〔一〕及本卷至道三年十二月所載改。

〔二〕又遣其弟廷信奉表待罪　『廷』原作『延』，形似而訛。今據《宋史》卷四八五《夏國傳》、《長編》卷三六改。下文『帝喜，召見延信』及『至道元年春三月』所載『延信』等，亦據以改爲『廷信』。

〔三〕今遣内侍押班張崇貴　『張崇貴』原作『張崇質』。本卷下文至道三年十二月載有『内侍右班都知張崇貴』，與此本同一人，《宋史》卷四六六有《張崇貴傳》，卷五《太宗紀》、卷四八五《夏國傳》、《長編》卷三六均作『張崇貴』，據改。

〔四〕李繼遷遣銀州五部押衙張浦來貢　『五部押衙』，《宋史》卷五《太宗紀》、卷四八五《夏國傳》作『左都押衙』，《續通鑑》卷一八《宋紀》同本書。疑『五部』與『左都』形訛而異文，似當從《宋史》。

〔五〕誅之可也　『之』下原脱『可』，此據文義及《宋大詔令集》卷二一四補。

〔六〕其母遣親信召御卿歸就醫藥　『其母遣親信召』原作『其母親召』，與下文『爲白太夫人無念我』相矛盾。故據《長編》卷三八補『遣』、『信』二字。《宋史》卷二五三《折御卿傳》作『其母密遣人召歸』，《薛鑑》卷九《宋紀》作『其母密召之歸』，各互異。

〔七〕命李繼隆爲環慶十州都部署　『都』下原衍『督』字。此據《宋史》卷五《太宗紀》、卷二五七《李繼隆傳》、卷四八五《夏國傳》及《薛鑑》卷九《宋紀》删。

〔八〕既而直趨平夏　『平夏』原作『平安』。此據《宋史》卷四八五《夏國傳》、《薛鑑》卷九《宋紀》改。

〔九〕以臣之愚謂　《宋史》卷二八一《吕端傳》此句末無『謂』字，疑當從之。

〔一〇〕以環州道紆　『環』下原脱『州』，此據《宋史》卷四八五《夏國傳》、《薛鑑》卷九《宋紀》補。

〔一一〕人號黑王相公　『相』下原脱『公』。此據江蘇本及《宋史》卷二七八《王德用傳》補。

〔一二〕伏順者享其高位　『伏』原作『仗』，形近而訛。今據文義及《宋大詔令集》卷二三三改。

卷五

靈州失陷

真宗咸平四年秋八月，帝以趙保吉雖入貢而抄劫益甚，乃以張齊賢爲涇原諸路經略使。齊賢言：『靈武孤城，必難固守，徒使軍民六七萬陷於危亡之地。』與楊億議棄靈州，輔臣多不可。初，何亮通判永興軍，詔與轉運使陳緯往靈州經度屯田。及還，上安邊策曰：『臣竊謂今議邊事者，不出三途：請棄靈武，一也；輕議興師，二也；姑息而羈縻之，三也。而臣以爲輕棄靈州，則戎狄之患有未可量者三：靈武地方千里，表裏山河，一旦捨之〔一〕，則戎狄之地廣且饒矣，一患也。自環慶至靈武凡千里，故西域、戎狄剖分爲二，如捨靈武則西域、戎狄合而爲一，二患也。冀之北土，馬之所生。自匈奴猖獗之後，無匹馬南來，咸取足乎西域〔二〕。西戎既剖分爲二，其右乃西戎之東偏，實爲夏賊之境；其左乃西戎之西偏〔三〕，秦、渭、儀、涇之西北諸戎是也。如捨靈武，則合而爲一，夏賊桀黠，服從諸戎，俾不得貨馬於邊郡，則未知中國戰馬從何而來？三患也。輕議興師，則有不利者四：深入窮追，夏賊度不能抵，必奔遁絶漠，王師食盡，不能久留而退，西賊復擾者，一也；寇至而不戰，則邊郡被其害，戰則緣邊之兵不足以當其衆者，二也；清遠西北曰旱海，蓋靈武要害之路，而白、馬二將奔敗之地。如王師薄伐，無功而還，則夏賊必據要害，以絶河西糧道者，三也；河西路阻，必將大興征討以通糧道，疲民重困，盜賊必多者，四也。若姑息而羈縻之，則有不可者二：戎狄豺狼，貪惏無厭，必將服從諸戎，然後爲中國大患者，一也；自白、馬二將奔敗之後，夏賊得志，擇靈武山川之險而分據之，意在吞噬，譬如伏虎，見便則動者，二也。在臣愚慮不出二策：自清遠至靈武，有溥樂、耀德，爲河西之糧道，而悉有古城之跡存焉。請築此二城，以通河西之糧道。賊若悉衆來討，中吾上策也。何者，夏賊所以未滅者，誠以深入窮追則奔遁絶漠，師退則復來擾邊。使其敢來與王師拒戰，則其殄滅也久矣。彼若知動無所利，恭而聽命，則中吾下策者也。今雖存靈武，使阻隔旱海，居絶塞之外，不築此二城爲之唇齒，與舍靈武無異。今特城此二城，則賊不敢動矣。議者將曰：「國家贍靈武猶曰困匱，而更供給二城，其費不更大乎？」臣以爲不然。靈武至清遠不滿三百里，而穀價絶殊者〔四〕，以度旱海無舍宿之地，有戎寇之憂故也。如建此二城，則軍民之趨靈武也，有舍宿之地，少戎寇之憂，輸糴日益，穀寧無賤乎？以減穀之價〔五〕，供二城之費，又何疑焉？外此則復有一説，烏、白鹽池，夏賊洎諸戎視之猶司命也〔六〕。如夏賊來寇，則令延、慶之師入其境，先據烏、白之池，而號令諸戎曰：「有得夏賊首者，分封其地，而以烏、白與之。」則諸戎願禽之者衆矣。』帝不能決。

九月庚寅，李繼遷寇清遠軍，都監段義叛降於繼遷，副都部署楊瓊擁兵不救〔七〕，城遂陷。

繼遷勢益張，復攻定州懷遠，又掠輜重至唐龍鎮，副部署曹璨以蕃兵邀擊敗之〔八〕。楊瓊罪當死，上赦之，流瓊崖州。

冬十二月，時靈州孤危。丁卯，詔議棄守之宜，李沆與楊億奏曰：『若繼遷不死，靈州非朝廷有也。莫若密遣使部分軍民空壘而歸，則關右之民息肩矣。』帝不從。初，上即位之二年，棄鎮戎軍。李繼和固請復城之，即以繼和知軍事。及右僕射張齊賢經略陝西，詢繼和邊事，繼和上言：『鎮戎爲涇、原、儀、渭北面捍蔽，又爲環、慶、原、渭、儀、秦熟户所依。今置此城以扼賊要路，臣慮議者以調發芻糧擾民爲言，則此軍所費〔九〕，止出四州，地里匪遥，輸送甚易。又守邊之臣内憂家屬之窘匱，外憂姦邪之憎毁，欲其奮不顧身，令出維行，不可得也。若防守得宜，賊必不敢過此。』又極言靈州不可棄，朝廷禁青鹽甚爲允愜，斯誠固圉之良策也。至是，乃以王超爲西面行營都部署，將步騎六萬援靈州，以鄭文寶爲隨軍轉運使〔一〇〕。繼遷攻圍麟州，文寶乘傳晨夜赴之，遂解麟州之圍。

閏月，寬緣坐法。靈州言，河外寨主李瓊等以城降賊，其親屬當緣坐。帝閔而釋之。閏月丙戌，詔築綏州城。戊寅，李繼遷蕃族訛遇等歸順。

五年春正月壬戌，環慶部署張凝襲焚諸蕃族帳二百，斬首五千級，降千人。

二月己丑，以王漢忠爲邠寧環慶路都部署，李允正爲鈐轄。

三月丁酉，繼遷大集蕃部，攻陷靈州。先是，靈州知州、内客省使、順州團練使裴濟謀集八鎮，興屯田之利，民甚賴之。至是被圍餉絶，刺指血染奏求救兵不至，城遂陷，濟死之。保吉以州爲西平府，居焉。帝得報，悔不用李沆之言，王超等遂奏班師。己酉，以王超爲永興軍駐泊都部署，石普副之。徙康繼英爲慶州駐泊鈐轄，與西南沿邊迭爲應援。秦翰爲環慶、涇原兩路鈐轄，與王漢忠、李允正同其事，備繼遷之侵軼也。

夏六月癸酉，李繼遷復以二萬騎進圍麟州，詔發并、代、石、隰州兵援之。己酉，詔益兵八千分屯環慶、涇原。繼遷率衆二萬攻麟州，四面負版薄城者五日。知州、閤門祇候衛居實屢出奇兵突戰〔二〕，及募勇士縋城潛往擊之，賊皆披靡，自相蹂踐，殺傷萬餘人。丁丑，繼遷拔寨遁去。壬辰，帝聞麟州之捷，以衛居實爲供備庫使，通判以下並進秩。

冬十月辛巳，涇原部署繫内屬蕃族數叛者九十一人請誅之，詔釋其罪。

校勘記

〔一〕一旦捨之　「捨」原作「給」。據下文「如捨靈武則西域、戎狄合而爲一。」可證「給」乃「捨」之形訛。《長編》卷四四引作「一旦捨之以資戎狄」，《薛鑑》卷一一《宋紀》亦作「捨之」，據改。

〔二〕咸取足乎西域　原脱「西域」。考此處所論「三患」中，《長編》、《薛鑑》、《宋史紀事本末》諸書於此作「西戎」或「西域」，一字之差，多記載互異。按，西戎應指西北諸族而言，亦包括吐蕃在内。如此，所謂「西域、戎狄，剖分爲二」，合則稱之「西戎」，「西戎」、「西域」二者所指範圍不同，不可互易。今據《長編》卷四四補正，下同。

〔三〕其左乃西戎之西偏　『西戎』原作『西域』。此據《長編》卷四四改。參見上條校勘記。
〔四〕而穀價絶殊者　『絶殊』原作『殊絶』，爲倒文。此據文義與《長編》卷四四乙正。
〔五〕以減穀之價　『穀』原作『殺』，形近而訛。今據《長編》卷四四改。
〔六〕夏賊洎諸戎視之猶司命也　『洎』原作『所洎』，雖語句尚通順，但文義欠明，故依《長編》卷四四改。
〔七〕副都部署楊瓊擁兵不救　原脱『副』。據《宋史》卷二八〇《楊瓊傳》、《長編》卷四九補。
〔八〕副部署曹璨以蕃兵邀擊敗之　『副』原作『都』。據《宋史》卷二五八《曹璨傳》、卷四八五《夏國傳》、《長編》卷四九改。
〔九〕則此軍所費　『則』原作『且』。此處上下文有轉折之意，故當用『則』。《宋史》卷二五七《李繼和傳》、《長編》卷五〇作『則』，據改。
〔一〇〕以鄭文寶爲隨軍轉運使　『鄭文寶』原作『鄭仁寶』，『仁』乃『文』之訛。參見本書卷三校勘記〔一〕。此處與下句併據改。
〔一一〕此條記事史籍多異。《宋史》卷四八五《夏國傳》繫于咸平六年；《宋史》卷六《真宗紀》、《長編》卷五二、《太平治跡統類》卷五同本書在五年。《薛鑑》卷一六作『寇靈州，知州衛居實大敗之』。前述諸書均作『圍麟州』。《夏國傳》、《宋史紀事本末》卷一四《西夏叛服》稱『知州衛居實』，《長編》、《太平治跡統類》僅作『衛居實』。

縣〔六〕，此其時也。』帝欲以恩致德明，不報。瑋曰：『德明野心，今不急折其翼而長養之，其亂必矣。』既而西延家、妙娥等數大族來歸順〔七〕，瑋即將騎士薄天都山，援徙内屬，諸小種皆望風納質，德明由此遂弱。一日，有告戍卒叛入夏國者，瑋方對客弈棋，遽曰：『吾使之行也。』夏人聞之，即斬叛者，投其首境上。

景德元年春正月丁巳〔八〕，環慶、鄜延部署始知李繼遷死，相繼以聞，且言其子德明尚幼。輔臣等請降詔招諭德明及其部下，能相率歸順者，厚加爵賞。鄜延鈐轄張崇貴先遺德明書，得其報，稱未葬難發表章，乞就便具奏。崇貴以聞。帝乃賜德明詔，曰：『近據西路緣邊諸州奏汝父族下蕃部繼續來投，具言汝父於靈州界云亡。相次鄜延路鈐轄張崇貴奏稱得汝回書，云葬事未畢，難發表章，乞就便申奏事。汝父生於邊陲，素有勇敢，朝廷賜以土地，授之節旄，其於心誠，亦本忠順。邇後始因閒諜，自起憂疑，事一境之干戈，隔一紀之聲教。朕爲人父母，富有寰區，思息戰以安民，俟輸誠而改節，終期彼志，遐副朕心。今覽奏陳，遽云喪逝，況早聯宗屬，曾列侯藩，自達予聞，能不傷歎？念汝守兹空塞，方在髫齡，屬此艱難，諒增哀慕。又緣信人未至，所以慰問難行，勉自扶持，式終禮制。餘事已令張崇貴與汝期約商議，想宜知悉。』

夏四月，張崇貴屢請遣大臣至邊議趙德明事。

五月甲申朔，以知永興軍府向敏中爲鄜延路緣邊安撫使。崇貴築臺於保安北十里許，召戎人所親信者，與定盟約，經置大小，皆出崇貴，敏中實總其議焉。

六月己卯，賜潘羅支詔曰：『渭州引送卿兄邦逋支并教練使楊超到京〔九〕，覽卿等蕃書奏狀，言去年十二月二十八日與李繼遷鬬敵，大段殺下蕃賊，卻被賊人劫去牌印官告、衣服、器械等，再乞頒賜。并望差築城人給畚鍤。令使臣到彼，其隔過遷賊處人卻投來者，並乞押來。其進奉馬價乞支絹等事，並已依奏，別降宣命指揮。卿忠順朝廷，保芘部族，誓殺兇狂之黨，益堅臣子之心，遠率種人，同拒賊黨，戰鬬斯久，殺獲頗多，每念爾誠，不忘朕意。此外，卿所奏欲取七月回鶻并六谷蕃部，宜往賀蘭山掩殺賊衆〔一〇〕，乞大兵來靈州會合，管殺遷賊者，朝廷近知繼遷已死，未經殯葬，所以未欲討除。今卿等既領師徒，遠平讎敵，免爲後患，甚是良圖。所乞會兵，即緣地理稍遥，月日未定，今朝議候卿等才集諸族人馬，起離西京，即差心腹人走馬齎文字報涇原、鎮戎軍部署司。已令至時不候朝旨，率兵前進，直至鹹泊、蕭關、天都山，已來牽制賊徒，伏截道路，賊界定須兩面救應，如此邀擊必可功成。彼中諸事，更切審詳，佇静邊陲，永保富貴。』

秋七月，李繼遷既死，故黨迷般囑及日逋吉羅丹二族亡歸者龍族，欲陰圖潘羅支以復讎。會其黨攻者龍，潘羅支率百餘騎赴援，將議合擊，遂爲二族殺於帳下〔一一〕。六谷諸豪共立潘羅支之弟厮鐸督爲首領，朝廷聞之，授厮鐸督朔方節度使。

冬十月丁酉，追封潘羅支爲武威郡王。癸卯，與其弟厮鐸督詔曰：『唯爾之兄，素傾誠保。遽茲徂謝，彌用盡傷。唯爾棣萼聯華，金行稟氣。長撫西夏，爲吾信臣。』

校勘記

〔一〕靈州西面都巡檢使　「西面」，《長編》卷五四作「四面」，《宋史》卷六《真宗紀》、卷四九二《吐蕃傳》同本書。

〔二〕使六谷部族近塞捍禦　「塞」原作「寨」。此據江蘇本及《宋史》卷四九二《吐蕃傳》、《長編》卷五四改。

〔三〕繼遷陷河西　「河西」原作「西河」。西河不在吐蕃境，此應指繼遷佔據河西地區，「西河」乃「河西」之倒文。又，《宋史》卷四八五《夏國傳》、《長編》卷五五載，攻西蕃，取西涼府。此處上文有「攻西蕃」，下句爲「取西涼府」，本句則當指佔據河西。據以乙正。

〔四〕卒於靈州境上之三十九井　「三十九井」，《長編》卷五六、《東都事略》卷一二七《西夏傳》均作「三千里」，但前者中華版之校勘記〔六〕考證「里」爲「井」之訛。又，《宋史》卷四八五《夏國傳》載繼遷「景德元年正月二日卒」，《長編》卷五六載於是年「春正月」條後，《遼史》卷一四《聖宗紀》於統和二十一年（咸平六年）五月載「西平王李繼遷薨」。《薛鑑》卷一一《宋紀》同本書繫於六年十二月。

〔五〕環慶邊臣以德明初立　「臣」原作「城」，音同致訛。此據《宋史》四八五《夏國傳》、《宋史紀事本末》卷一四《西夏叛服》改。《薛鑑》卷一一《宋紀》同本書作「邊城」，誤。

〔六〕復河南爲郡縣　「河南」，《宋史》卷二五八《曹瑋傳》作「河西」。按，所謂「河南」亦指河套以南地區，包括寧、夏等州在内，而史稱西夏亦作「河西」，故於此兩通。《長編》卷六三、《薛鑑》卷一一《宋紀》、《宋史紀事本末》卷一四《西夏叛服》同本書。

〔七〕既而西延家妙娥等數大族來歸順　「西」上原有「河」。考《宋史》卷二五八《曹瑋傳》所載無「河」，卷四九二《吐蕃傳》咸平六年六月亦載『曹瑋言隴山西延家族首領禿逋等納馬立誓，乞隨王師討賊』，可證此『河』爲妄增之衍文，據删。

〔八〕景德元年春正月丁巳　『春正月』原作『春二月』。《宋大詔令集》卷二三三，『賜德明詔』在正月，據改。

〔九〕渭州引送卿兄邦逋支并教練使楊超到京　『渭州』原作『渭川』，『川』乃『州』之形訛。負責邊防軍事並上報朝廷者應當是『州』，故據《宋大詔令集》卷二四〇改。又『兄』原作『凡』，形近而訛。據《宋大詔令集》卷二四〇及《宋史》卷四九二《吐蕃傳》改。

〔一〇〕宜往賀蘭山掩殺賊衆　『往』原作『住』，『住』乃『往』之形訛。據歷朝本、《宋史》卷四九二《吐蕃傳》、《宋大詔令集》卷二四〇改。

〔一一〕遂爲二族殺於帳下　『遂』上原衍『潘羅支』，此據上句及《宋史》卷四九二《吐蕃傳》删。

卷七

西平就撫

咸平之末，環慶邊臣以德明年幼〔一〕，屢請致討。帝欲以恩信結德明，不報。

景德元年春二月，李德明降。吏部尚書張齊賢上疏言：『臣在先朝，常憂靈、夏終爲繼遷吞併，言事者以臣所慮爲太過。略舉既往之事，以明本末。當時臣下皆以繼遷只是懷戀父祖舊地〔二〕，别無他心。先帝與銀州廉察，庶滿其意。其後攻劫不已，直至降麟、府州界八部族蕃酋，又脅制賀蘭山下帳族，言事者猶謂封獎未厚。洎陛下賜以銀、夏土壤，寵以旌節，自此奸威愈滋，逆志尤暴。斷靈州糧路，復擾緣邊城池，數年之間，靈州終爲吞噬。當靈州、清遠軍垂欲陷没，臣方受經略之命。臣思繼遷須是得一兩處强大蕃族與之爲敵〔三〕，此乃以蠻夷攻蠻夷，中國之上策也。遂請以六谷名目封潘羅支〔四〕，俾其展效。其時近臣所見與臣不同，多爲沮擾。及繼遷爲潘羅支所殺，臣慮繼遷之子德明乘大駕東幸之際〔五〕，去攻六谷。向使潘羅支尚在，則德明未足爲虞。今潘羅支已亡，厮鐸督恐非其敵〔六〕，望與大臣經制其事。』乃命向敏中及張崇貴總其議焉。

冬十二月，邠州部署言，李繼遷子德明孔目官何憲來歸。詔令乘傳赴闕。

二年夏六月辛卯，以趙德明歸款，諭河西諸蕃各守疆界。秋九月丁未，以向敏中爲鄜延路都部署。先是，德明以父有遺命，遣使乞歸順，且托言其父繼遷兵敗被傷，自度孤危且死，屬其子必歸朝廷，曰：『一表不聽則再表，雖累百表不得請，不可止也。』詔以敏中爲緣邊安撫使，受其降，賜敏中密詔，盡付西鄙，許便宜從事。敏中得詔藏之，視政如常日，邊藩以安。至是以德明誓約未定，徙敏中爲都部署兼知延州，委以經略。癸丑，德明遣其都知兵馬使白文壽來貢。

三年夏五月甲辰，趙德明遣其兵馬使賀守文來貢。先是，向敏中及崇貴與德明議立誓約，久未決。德明雖數遣使修貢，然於七事訖莫承順，累表但云乞先賜恩命，徐議之。時已有詔許德明毋納靈州，既又賜敏中等詔，諭德明止遣子弟入宿衛，及毋得攻劫西路進奉蕃部，縱有爭競，並取朝廷和斷，它約悉除之，然亦不聽回圖往來及放行青鹽之禁。乙巳，敏中等言二事苟不如約，恐乖前議，請皆與之。帝以德明變詐難信，儻務姑息，必貽後患，復賜敏中等詔，令熟計復奏。涇原儀渭都鈐轄秦翰、知鎮戎軍曹瑋等各請出兵討賊，帝以德明累遣使修貢，慮失誠信，不許。德明初請命於朝，瑋言：『繼遷擅河南地二十年〔七〕，兵不解甲，使中國有西顧之憂。今國危子弱，不即禽滅，後更强盛難制。願假臣精兵，出其不意，擒德明送闕下，復以河南爲郡縣，時不可失。』朝廷方欲以恩致德明，寢其書不報。

秋九月丁卯，鄜延鈐轄張崇貴入奏趙德明歸款，遣牙校劉仁勖來進誓表，且言：所乞回圖及放青鹽之禁，雖宣命未許，然誓立功效，冀爲異日賞典也。帝嘉獎賜詔曰：『卿門承勳緒，世享國封，屢拜章函，來修貢職，願爲屏翰，以紹祖先。朕乃眷至誠，用頒温詔。今陳信誓〔八〕，洞見傾輸，嘉獎之懷，寤興良積。』敏中因請以德明表誓藏之盟府。

冬十月庚午，遣使授趙德明檢校太師、兼侍中、充定難軍節度使、封西平王，賜賚甚厚，給俸如内地。制曰：『利用建侯，外監方國。撫寧陬落，臨長士民。在名器以斯崇，匪勳賢而弗授。故定難軍節度使趙保吉男德明，襲其令緒，蔚有長才。舉宗聯命氏之榮〔九〕，弈世荷殿邦之寄。務尊王室，動守朝經。率職獻琛，拜章請吏。眷言恭順，宜及褒崇。是用建上將之旌旗，錫真王之印綬。纘乃舊服，鎮於夏臺。於戲！信誓之言，與丹青而炳焕；寵榮之固，同帶礪以緜長。期宣翼戴之勤，協贊混同之化。永作蕃輔，不其美歟！可特進、檢校太師、兼侍中、夏州刺史，充定難軍節度使、夏銀綏宥静等州管内觀察處置押蕃落等使、上柱國，封西平王，食邑六千户，食實封二千户，賜推忠保順亮節翊戴功臣，仍依内地節度使例給俸。』又録德明誓表，令渭州遣人齎至西涼府〔一〇〕，曉諭諸蕃，轉告甘、沙首領。因索子弟入質，德明謂非先世故事，不遣〔一一〕，惟獻駝馬謝恩而已。丁丑，以張崇貴爲趙德明旌節官告使，太常博士趙湘副之，賜德明襲衣、金帶、金鞍勒馬、銀萬兩、絹萬匹、錢二萬貫、茶二萬斤〔一二〕。德明因城懷遠鎮爲興州以居，後升興慶府，又改中興府。

大中祥符元年春正月壬申，邊臣言：『趙德明邀留回鶻貢物，又令張浦率騎數千侵擾回鶻。今歲夏州饑饉，此衰敗之勢也。』帝曰：『朕知其旱歉，已令榷場勿禁西蕃市粒食者。蓋撫御夷狄，當務含容。不然須至殺伐，害及生靈矣。』

二年冬十二月，趙德明帥所部侵回鶻，常星晝見〔一三〕，德明懼而還。

三年冬十二月〔一四〕，西夏管内饑，德明上表求粟百萬。朝議不知所出，或言：『德明方納款而敢渝盟，妄有陳乞，請降詔責之。』王旦曰：『第詔德明，云已勑有司具粟百萬於京師，其遣衆來取。』德明得詔甚慚，望闕再拜，曰：『朝廷有人。』遂止。畢氏《通鑑》移此事入元年。

七年春二月庚申，夏州趙德明遣使詣行闕朝貢。辛酉，帝至自亳州。

冬十一月乙未，鄜延路鈐轄張繼能言，趙德明進奉人挾帶私物，規免市征，望行條約。帝曰：『戎人遠來，獲利無幾，第如舊制可也。』

九年夏五月，邠寧、環慶部署王守斌言，夏州蕃騎千五百來寇慶州，内屬蕃部擊走之。

冬十月，荅西平王趙德明詔曰：『卿世濟勳庸，任隆屏翰，竭臣忠而奉上，正師律以守方。克樹風聲，聿寧邊候。其於眷倚，固異群倫。今者特貢丹誠，罄陳奏凱，詳彼縷述，深照傾輸。且國家奄宅中區，統臨四海，矧惟覆育，豈限邇遐。顧兹西北之陲，素爲襟帶之地。曷嘗不敦之賞勸，示以懷柔。至於將帥之臣，但伸禦備之戒，唯關防是守，唯盟款是遵，靡容侵漁，庶安境土。所有文字來往，辭説異同。部族貪殘，展轉仇報，擄過生口，彼此交還。其如不見端倪，互相誣執。或因緣攘竊，增飾邀求。朝廷固不細知，邊壘亦爲常事，兼詳表奏，備述其由。觀順存誠，善濟美於世勳，能納忠於王室。總彼千乘，訓其四封。講軍志於中權，邊隅載謐；奉土毛於内府，時事允修。藹威惠以兼資，焕文章而彌縟〔一八〕。甫成鉅典，宜沛洪恩。增井賦之田，叶於書社；錫雲臺之號，以示旌功。諒此榮褒，實彰寵數。於戲！歸祭膰以先同姓，受福攸均；載刑馬而誓元侯，承家惟永。克念守方之略，茂遵謹度之經。欽對嘉休，慎固西夏。可特授依前檢校太師、守太傅、尚書令兼中書令、使持節都督夏州諸軍事、夏州刺史、充定難軍節度、夏銀綏宥静等州管内觀察處置押蕃落等使、西平王，加食邑一千户，食實封四百户，仍賜推忠宣德崇仁保順純誠亮節協恭守正佐運翊戴功臣，散官勳如故。』

三月己亥，鄜延蕃部首領曹守貴等内附。

八年冬十二月辛丑，西平王趙德明、交阯王李德政並加賜功臣。丁未，定難節度使、西平王趙德明遣使來獻馬七十四，乞賜佛經一藏，從之。

明道元年冬十一月壬辰，延州言夏王趙德明卒。詔輟視朝三日，贈太師、尚書令兼中書令，命度支員外郎朱昌符爲祭奠使，賻絹甚厚。帝與皇太后爲德明成服苑中，百官奉慰。

校勘記

〔一〕環慶邊臣以德明年幼　『邊臣』原作『邊城』。此承前校改。參見上卷校勘記〔五〕。

〔二〕當時臣下皆以繼遷只是懷戀父祖舊地　『祖』原作『母』，『母』乃『祖』之訛。此據文義及《宋史》卷二六五《張齊賢傳》改。

〔三〕臣思繼遷須是得兩處强大蕃族與之爲敵　『與之』原作『方與』，『方與』不合語意。據《宋史》卷二六五《張齊賢傳》改。

〔四〕遂請以六谷名目封潘羅支　『請』下原脱『以』。據《宋史》卷二六五《張齊賢傳》補。

〔五〕臣慮繼遷之子德明乘大駕東幸之際　『乘』下原衍『以』。據《宋史》卷二六五《張齊賢傳》删。

〔六〕斷鐸督恐非其敵　『非』上原脱『恐』。據《宋史》卷二六五《張齊賢傳》補。

〔七〕繼遷擅河南地二十年　『河南』原作『河西』。此據上卷同一史事改，參見上卷校勘記〔六〕。又，下文『河南』原作『西河』，亦據改。

〔八〕今陳信誓　『今』原作『令』，形近而訛，按上下文義當作『今』。故據《宋大詔令集》卷二三三改。

〔九〕舉宗聯命氏之榮　『榮』原作『策』，形近而訛，按上下文義當作『榮』。故據《宋大詔令集》卷二三三改。

〔一〇〕令渭州遣人齎至西涼府　『渭州』原作『渭川』，『川』乃『州』之形訛。參見上卷校勘記〔九〕。此據《長編》卷六四改。

〔一一〕不遣　原前衍『仍』字。據《宋史》卷四八五《夏國傳》、《薛鑑》卷一二《宋紀》、《宋史紀事本末》卷一四《西夏叛服》删。

〔一二〕賜德明襲衣金帶金鞍勒馬銀萬兩絹萬匹錢二萬貫茶二萬斤　『金鞍勒馬』，《宋史》卷四八五《夏國傳》作『銀鞍勒馬』，《長編》卷六四同本書。又，其下『錢二萬貫』，《夏國傳》作『錢三萬貫』，《長編》亦同本書。

〔一三〕常星晝見　「常星」，原作「長星」，音同而訛。《宋史》卷四八五《夏國傳》作「恒星」。《長編》卷七二作「常星」，「常星」即「恒星」。據改。

〔一四〕三年冬十二月　此所載「求粟」事，《長編》卷六八繫于元年春正月，但注「不審何時」。《宋史》卷四八五《夏國傳》、《薛鑑》卷一三《宋紀》、《宋史紀事本末》卷一四《西夏叛服》載同本書。

〔一五〕益固初終之節　「初終」原作「初修」，前者謂自始至終，語意更貼切。據《宋大詔令集》卷二三三改。

〔一六〕環慶都監趙士隆等死之　原脱「環慶」二字。據《宋史》卷九《仁宗紀》、《薛鑑》卷一六《宋紀》補。

〔一七〕是興嚋庸之命　「興」原作「與」，形近而訛。據文義及《宋大詔令集》卷二三三改。

〔一八〕焕文章而彌縟　「縟」原作「辱」。據江蘇本及《宋大詔令集》卷二三三改。

卷八

青堂搆怨

大中祥符八年秋九月〔一〕，吐蕃唃厮囉請伐夏州，不許。初唐時，西北蕃在者，有回鶻、吐蕃，而吐蕃又分爲唃厮囉今作嘉勒斯賚。其初爲青堂羌，實吐蕃之别族也。唐末，蕃將尚恐熱作亂，率衆歸中國，境内離散。國初，有胡僧立遵者，乘亂挾其主籛逋之子即唃厮囉，東據宗哥城〔二〕。唃厮囉，人號瑕薩籛逋者，胡言『贊普』也。唃厮，華言『佛』也；囉，華言『男』也。自稱『佛男』，猶中國之稱天子也。立遵，姓李氏，始爲宗哥僧。唃厮囉之立，立遵與邈川首領郢城爲論逋〔三〕。論逋者，國相也。有漢隴西、南安、金城三郡之地，東西二千餘里。宗哥、邈川，即所謂三河閒也。始甚强盛，立遵貪而喜殺，國人不附。會率馬銜山等羌兵至伏羌寨，與涇原鈐轄曹瑋戰於三都谷而敗，復襲西涼府亦敗，衆益怨之，勢遂衰弱，皆遣使自蘭州入鎮戎軍以修朝貢。唃厮囉遂與立遵不協，徙居邈川。而立遵自居宗哥城，屢表請贊普之號。朝議以贊普戎王者，立遵居唃厮囉下，不宜妄授，止命爲保順軍節度使。唃厮囉與西夏接壤，每以兵抗趙德明，希朝廷賜予。至是，唃厮囉始立文法，聚衆數十萬，表請伐夏以自效。帝以戎人多詐，或生他變，命周文質監涇原軍，曹瑋知秦州以備之。

九年，立遵既不得贊普，而唃厮囉又不許其伐夏，兩家因引衆十萬寇邊，入古渭州〔四〕。知秦州曹瑋攻敗之，立遵歸乃死。唃厮囉妻李氏，立遵之女也。生二子：曰瞎氊，曰磨氊角。立遵死，唃厮囉更取喬氏，生子曰董氊，取契丹之女爲婦。李氏失寵，去爲尼，二子亦去其父，瞎氊居河州〔五〕，磨氊角居邈川，唃厮囉往來居青堂〔六〕。

天禧五年秋九月，吐蕃唃厮囉來降。

景祐二年，趙元昊將叛，慮回鶻、吐蕃之制其後也。冬十二月，遣蘇奴兒將兵二萬五千擊唃厮囉，敗死殆盡，蘇奴兒被執。元昊乃自率衆攻貓牛城，一月不下。既而詐約和，城開，乃大縱殺戮。又攻青堂、安二〔七〕、宗哥、帶星嶺諸城，遂取瓜、沙、肅三州〔八〕。厮囉部將安子羅以兵十萬截歸路，元昊晝夜與戰，經二百餘日，子羅敗，然部兵溺宗哥河及饑死過半。元昊又嘗侵唃厮囉，并兵臨河湟，唃厮囉知衆寡不敵，壁鄯州不出。元昊乃渡河，插幟識其淺，唃厮囉亦陰閒元昊，頗得其虛實，元昊已渡河，潛使人移植深處。及大戰，元昊潰歸，士卒視幟而渡，溺死者十八九，擄敵甚衆。唃厮囉因來獻捷，朝廷議欲加節制，韓億謂二虜皆藩臣，今不能諭令解仇，乃因捷加賞，非所以綏御四夷也，議遂寢。乃詔加保順軍留後。

三年十二月，改廣運三年爲大慶元年，再舉兵攻回紇瓜、沙、肅三州〔九〕，盡有河西故地〔一〇〕。將謀入寇，恐唃厮囉擬其後，復舉兵攻蘭州諸羌，南侵至馬銜山，築城瓦川、凡川會〔一一〕，留兵鎮守，絶吐蕃與中國相通之路。

四年，元昊叛，猶遣使入朝。議者欲誅其使，參知政事程琳曰：『古者兵交，使在其間。不可。』後使益驕，議者又以爲言。琳曰：『始不誅，以罪有在也〔一二〕。今既驕，誅之宜矣，又何患耶！』議者又欲重賄唃厮囉，使討元昊，因以其地與之。琳曰：『使唃氏有其地，是去一元昊，得一元昊也。曷若用間，使二羌不相合，豈不爲中國之利乎？』

寶元元年冬十二月乙酉，詔三司歲給厮囉綾絹千匹〔一三〕、片茶千斤、散茶千五百斤。鄜延路都鈐轄司言元昊反，加吐蕃唃厮囉保順節度使、邈川大首領。自西涼爲李元昊所陷〔一四〕，潘羅支舊部往往歸唃厮囉，回紇降者復數萬。厮囉居青堂、鄯州，西有臨谷城通青海，高昌諸國商人皆趨之以貿易，由是富强。朝廷欲使背擊元昊以披其勢，因授節鉞，仍兼邈川大首領，尋加河西節度使。厮囉約盡力無負，然終不能立大功。

二年春三月丙寅，先是，遣左侍禁魯經持詔諭唃厮囉〔一五〕，使擊元昊以披其勢，賜帛二萬匹。唃厮囉奉詔出兵四萬五千向西涼，西涼有備，知不可攻，捕殺遊邏數十人，亟還，聲言圖再舉，然卒不能也。先是，元昊恐唃厮囉擬其後，舉兵攻破蘭州諸羌〔一六〕，南侵至於馬銜山，築城瓦川、凡川會〔一七〕，斷蘭州舊路，留兵鎮守。自此唃厮囉不能入貢，而回鶻亦退保西州，元昊遂叛命，久爲邊害。朝廷患之，議者以爲唃厮囉尚在河湟間，又與元昊世讎，儻遣使通諭朝廷之意，使西戎有後顧之憂，則邊備解矣，上然之。至是，遣屯田員外郎劉渙奉使，自古渭州循末邦六年，燕達爲秦鳳路副總管，河州景思立陷於踏白城，達討山後諸羌，斬首四千級，還至訶啫城，木征降〔二八〕。置熙河路〔二九〕。

元豐五年春二月，進封常樂郡公董氊爲武威郡王，以會兵討夏故也。時夏人欲與董氊通好，許割賂斫龍以西地，云如歸我，即官爵一隨所欲。董氊拒絶之，整兵甲以俟入討，且遣使來告。帝召見其使，令歸語董氊盡心守圉。帝知邈川事力不足與夏人抗，但欲解散其謀，使不與結和而已。

夏五月庚寅〔三〇〕，以青堂大首領俞龍珂爲西頭供奉官。初，命王韶主洮河安撫事。時議取河湟，自古渭砦接青堂武勝軍，應招納蕃部市易，募人營田等事，並令王韶主之。韶至秦會諸將，以蕃部俞龍珂在青堂最大，渭原羌與夏人皆欲羈縻之，先致討。韶因按邊，引數騎直抵其帳，諭以成敗，遂留宿。明旦，兩種皆遣其豪隨韶以東，龍珂率其屬十二萬口内附。龍珂既歸朝，自言平生聞包中丞朝廷忠臣，乞賜姓包。帝如其意，賜姓包名順，因有是命。

校勘記

〔一〕大中祥符八年秋九月　原脱『大中』二字，省略不當，據其年號補。

〔二〕東據宗哥城　『宗哥城』原作『宗歌川城』，此據下文與《宋史》卷四九二《吐蕃傳》、《長編》卷八二删改。以下除『宗哥僧』之外，凡本卷『宗哥』均原作『宗歌』，一併據改。

節制，以會夏人，且傳檄招諭陝西五路官吏軍民。夏取金會州。甲戌，金陝西行省報龕谷敗夏人之捷。丙子，金陝西行省遣使如夏議和。

九月辛卯，夏人遣其樞密院甯子寧率衆二十萬圍金鞏州，且促宋師來會。甲午，統制王仕信引兵發宕昌。乙未，統制質俊、李實引兵發下城。戊戌，四川宣撫司命都統張威等分道進兵：張威出天水，程信出長道，陳立出大散關，田冑出子午谷，陳昱出上津。太白晝見。克金來遠鎮，繼又克鹽川鎮〔一六〕，進攻定邊城，金兵往救，不利。庚子，夏人入定西州。癸卯，夏復侵金。乙巳，宋程信、王仕信引兵與西夏會於金鞏州城下。丁未，遣董炤等攻城，不克。宋程信引兵趨秦州。己酉，夏人陷西寧州。壬子，程信及夏人攻鞏州，又不克。安丙命張威出秦州。及夏人侵金，威謂金人尚强，夏人反覆，未可輕動，丙不聽。威勉行至城下，無功而還。丙辰，夏人自安遠砦退師，金鞏州行元帥府事石盞合喜報定西州之捷。

冬十月丁巳朔，程信復邀夏人共攻秦州，夏人不從。信遂自伏羌城引兵還，諸將皆罷兵。戊寅〔一七〕，宋程信以宣撫司之命，斬王仕信於西和州，張威罷軍職。

十四年春正月壬辰，金議禦西夏及征南事。

三月己亥，夏因叛人竇趙兒之招，入據來羌城。金孛朮魯合住以重賞誘脇從人爲内應，督兵急攻城，拔之。

冬十月壬戌，夏人復侵金龕谷。丙寅，夏人復以書至四川趣宋會師伐金。初，蒙古主征西夏，太師國王木華黎從駐青冢，大饗將士，遂由東勝州涉河引兵而西。夏主聞之，遣塔海監府等宴木華黎於河南，且遣塔哥甘普將兵五萬屬焉。木華黎引兵東行，蒙古將石天應攻葭州，拔之。金將王公佐遁。木華黎攻綏德，破馬蹄、克戎兩寨，夏主遣迷僕帥衆會之。迷僕問木華黎相見之儀，曰：『汝見汝主，汝主見我主，即其禮也。』迷僕曰：『未受主命，不敢拜。』因引衆去。丁卯，夏人犯金定西、積石之境。

冬十一月癸未，金陝西東路行省報安塞堡敗夏人之捷。乙未，夏人攻金龕谷。是月，木華黎進攻延安，迷僕始贄馬而拜。西夏世將野蒲甘卜率所屬降於蒙古。

十五年春二月，金賈天安上書有曰：『請以夏人覯之，向日弓箭手之在西邊者，則搏而戰，袒而射，彼已奔北之不暇；今乃陷吾城而擄守臣，敗吾軍而擒主將。曩則畏我如彼，今則侮吾如此。夫以夏人既非前日，奈何視宋人猶如前日哉！』金主不省。

三月癸酉〔一八〕，金提控李師林敗夏人於永木嶺。金郭文振奏，近得俘者言，南北合兵將攻河南、陝西。金詔樞密備禦。

秋八月甲申，積石州蕃族叛金附於夏。癸巳，夏人攻金德順，旋又掠其神林堡。

九月，是時，元軍自去年收復陝西，至是鳳翔、邠、涇及南山一帶堡寨皆陷。

冬十二月己丑，金蘭州提控唐括昉敗夏人於質孤堡〔一九〕。

十六年秋七月壬寅朔，夏人攻金積石州，羌界寺族多陷没。惟桑逋寺僧看逋、昭逋、斯没及答那寺僧奔鞠等拒而不從。金詔賞諸僧鈐轄、正將等官，而給以廩禄。丁巳，金陰坡族之骨鞠門等叛歸夏。金元帥夾谷瑞發兵討之，以捷聞。

冬十一月辛酉，金鞏州行元帥府報會州破夏人之捷。

十二月，蒙古兵攻夏。夏主遵頊傳國於其子德旺，遵頊自號上皇。德旺改元乾定。時蒙古主使史天祥徇西夏，破賀蘭山，還，遇敵射傷額，出血，目爲之昏。

十七年秋九月，先是，蒙古主在西域，夏國主陰結外援，蓄異圖，蒙古主密詔孛魯討之。至是攻銀州，克之。斬首數萬級，獲生口、馬駝、牛羊數十萬，俘監府塔海，命都元帥蒙古不花將兵守其要害而還。夏及金平。金以夏爲北兵所偪將立新主，以翰林趙周臣爲詔册使，既遣至界上，朝議罷其事，飛驛卒追回。

初，夏人與金通好，不交兵者八十年。至貞祐初，以小故生釁，構難十年，一勝一負，遂至精鋭俱盡，兩國皆弊。至是，夏人請和，金馮子駿往議，李獻甫預行。夏使有口辯，馮無以折之，往復之際至以歲幣爲言，獻甫曰：『夏國與本朝和好百年，今雖易君臣之名而爲兄弟之國，使兄而輸幣，寧有據耶？』曰：『兄弟且不論。宋日曾與吾家二十五萬匹，典故具在，君獨不知耶？金朝必欲脩舊好，非此例不可。』獻甫作色曰：『使者尚忍言之耶？宋以歲幣餌君家而賜之姓，岸然以君父自居，夏國君臣無一悟者，誠謂使者當以爲諱，乃今公言之。使者果能主此議，以從賜姓之例，敝邑雖歲捐五十萬，無不可。某請以身任之。』使者語塞，和議乃定。夏以兄事金，遣其吏部尚書李仲謌脩好於金，各用本國年號，來聘奉國書稱弟〔二〇〕。

理宗寶慶元年冬十月，金以夏國脩好，詔中外。癸亥，遣禮部尚書奥敦良弼、大理卿裴滿欽甫〔二一〕、侍御史烏古孫宏毅爲夏國報成使，國書稱兄。是月，蒙古鐵木真伐夏，取甘、肅州、西涼府。

十一月，取靈州，進次鹽州川〔二二〕，以西夏納仇人亦臘喝翔昆及不入質子也。有守納剌城者〔二三〕，夏主之子也，城陷不屈而死。子惟忠，方七歲，求從父死。蒙古將異之，執以獻其宗王合撒兒，王留養之。李恒其後也。

二年春正月丁巳朔，夏國遣使如金賀正旦。蒙古主鐵木真以夏納仇人，又不遣質子，自將兵伐西夏，取黑水等城。

三月，夏主父遵頊殂，年六十四。謚曰英文皇帝，號曰神宗。

夏五月，蒙古主避暑於渾垂山，取夏甘、肅等州。蒙古有察罕者，父曲也怯律爲夏臣。其妾方懷察罕，不容於嫡母，配以掌羊羣者。及長，武勇過人，爲蒙古主所知。及從攻西夏，破肅州，師次甘州。察罕父曲也怯律居守城中，察罕射書招之，且求見其弟，時弟年十三，命登城於高處示之，且遣使諭城中，使早降。其副阿綽等三十六人合謀，殺曲也怯律父子，併殺使者，并力拒守。及城破，蒙古主欲盡坑之。察罕言百姓無辜，止罪三十六人。

秋七月，蒙古主取夏西涼府搠羅、河羅等縣。夏掌國史寧州幹札簣守西涼，率父老以城降。遂踰沙陀，至黄河九渡，取應里等縣。夏國主德旺驚悸而卒，年四十六，號曰獻宗。國人立其弟南平王晛，以兵事方殷告於金，各停使聘。

冬十月丁酉，夏遣使報哀於金。

十一月庚申，蒙古主進攻夏靈州，夏遣嵬名令公以十萬衆來援。丙寅，蒙古主渡河擊夏師，敗之。甲戌，金遣使之夏國賀正旦。丙子，夏以兵事方殷報金，各停使聘。蒙古主駐鹽州川〔二四〕，還次六盤。夏人堅守中興，蒙古主遣察罕入城諭以禍福。金遣中奉大夫完顔履信等爲弔祭夏國使〔二五〕。

十二月，金人聞夏師屢敗，召諸臣議兵事。西夏改元寶慶〔二六〕。

三年春正月，蒙古主留兵攻夏王城，自率兵渡河攻金積石州。

夏六月戊申朔，日有食之。蒙古鐵木真盡克夏城邑，其民穿鑿土石以避鋒鏑，免者百無一二，白骨蔽野。蒙古主避暑於六盤山，仍命阿朮魯總兵，與賜銀印懷都等與敵大戰於合剌合察兒之地。踰月，夏國主晛力屈出降，遂縶以歸。太宗殺之。時議屠中興，察罕力諫止之，馳入安集遺民，蒙古太祖因命以夏主遺物盡賜懷都。

夏立國凡二百餘年，抗横宋、遼、金、元四國，偭鄉無常，視四國之强弱以爲異同，至是乃亡。

元諸將多掠子女、財帛，耶律楚材獨取書數部、大黄藥物兩駝而已。

十國鼎峙，非中夏有，瓜剖豆分，改元者七。永叔列之世家，任臣編之別史。雖閩之殘賊，南漢之荒淫，亦幾幾塵彼竹素，垢我宬筆。而一繼體之長，一通使之介，有舉必書，無徵不信。求之柱下，載同闕文之史；采之輶次，删異逸詩之篇。西夏擁地方二萬里，緜祚垂四百祀，比之知祥在蜀而得國自正，具美在越而傳世彌遠，而記載闕如，來者何徵？其當紀者二也。

平夏峨峨，天之西極，河出蒲類，山鎮蔥嶺。方夏之盛，奄有二十二州。興靈二渠，實沃饒之神皋；伊涼一曲，亦形勝之天府。自淪荒朝，邈若異域，凡三受降城、五都護府，弦望伭離，矩步偭錯。其建置之沿革，開拓之廣陿，中土人士，罕能識之。譬之休文之志州郡，北治皆僑；道元之注《水經》，南流或紊。今彊戎索於瓜州，宏漢京於天水。氐落羌落，別其部居之殊；河南河西，稽其幅隕之大。上以正樂史太平之記，下以補王存元豐之志。其當紀者三也。

李唐既喪，趙宋甫興，頫卬百年之閒，四維不張，三綱攸斁。制度榛莽，禮樂灰燼。故一行之傳，六臣之書，一則繫名節於一髮，一則藉廉恥爲芻狗。馮道舊德，敘言張其長樂；陶穀名士，禪詔出於宿成。雖習尚之婾薄，亦學校之隤弛。西夏介在西陲，儒術是尚，帝我孔子，爲世權輿。養賢務孝，漢武博士之員；陳經立紀，文翁石室之教。且法文物於西京，潤辭命於東里。鼓吹厲世，得六義風刺之遺；擗算稽疑，衍五卜貞悔之忒。禮失而求諸野，西夏有焉。其當紀者四也。

元昊結髮用兵，凡二十年，無能折其强者。雖以韓、范之壯猶，狄、种之武略，亦未拔其一舍，收其一乘。至是厥後，兵制益詳。兩鈔在外，合一人爲雜役；六班在内，分三番爲宿衛。故『撥喜』立于左廂，『撞令』居於前幕。篝火測候，決兵交之善敗；擊弦審聲，識敵至之疏密。故耶律猋舉，完顔雹發，皆與連横，莫爲控制。若其有釁，且以乘之。彼王都之貪上谷，結搆契丹；李賓之恡朔方，依憑党項。以斯方之，曾不足喻。其當紀者五也。凡此五者，泂南、董之别子，班、范之支流，復何疑於客所云云乎！

先生是書，網羅舊聞，薈粹群説，端委詳明，同袁機仲之作；義例精密，過章茂深之編。文質一貫，不蹈於空疏；褒貶得中，不鄰於僭妄。此則知幾通識，末由吹索毛瘢；季緒軼才，不復掎摭利病者矣。幕士蔣君，孱守寫本；合肥譚尹，力任校讐。於是舊學之劬書，乙庫之隊簡，足以垂輝蓺林，廁聲筆削。僕肄業及之，撮其大凡，綴諸末簡，以釋客難，並睎後賢。有司掌録，願坿五代纂誤之餘；竝世編摩，竊比三史拾遺之末云爾。

賜進士及第，經筵講官、禮部左侍郎，南書房翰林、安徽督學使者嘉定徐郙敘。

〔三〕邈川首領郢城爲論逋　考《宋史》卷四九二《吐蕃傳》、《長編》卷八二、八六，『郢城』非邈川首領，而有稱『邈川大酋温逋奇』，並載立遵或曰李遵，又曰郢成藺逋叱。故疑此處『郢城』爲張氏所舛誤，似當作『邈川首領温逋奇』。

〔四〕入古渭州　『州』原作『川』。按『渭川』即渭河，史籍無所謂『古渭川』。而史載渭州舊治在今甘肅隴西縣境内，唐中和年間移置今甘肅平凉，前舊治即古渭州，後者《宋史》卷四九二《吐蕃傳》稱之『新渭州』。可證『古渭川』乃『古渭州』之訛，據改。

〔五〕瞎氈居河州　『河州』原作『河川』。『河川』非專用地名，而所謂『居』者，當爲『河州』。《長編》卷一一九作『瞎氈居河州』，據改。又，《宋史》卷四九二《吐蕃傳》載，瞎氈居龕谷，據河州者，乃其子木征。與此異。

〔六〕唃厮囉往來居青堂　《宋史》卷四九二《吐蕃傳》、《長編》卷一一一均載唃厮囉『殺逋奇，徙居青唐』。『青堂』與『青唐』當爲少數民族地名音譯之異。

〔七〕安二　原脱此二字。據《宋史》卷四九二《吐蕃傳》、《長編》卷一一七補。

〔八〕遂取瓜沙肅三州　據《長編》卷一一七所注，當時『瓜、沙、肅三州自屬回紇，不與唃厮囉接』，『自攻青唐以下及取瓜、沙、肅必不在今年』。本卷下文紀事可證其舛復。

〔九〕再舉兵攻回紇瓜沙肅三州　『肅』原作『蘭』。據下文『復舉兵攻蘭州諸羌』和上條校勘記，以及《宋史》卷四八五《夏國傳》、《薛鑑》卷一八《宋紀》改。

〔一〇〕盡有河西故地　『河西』原作『河南』。按，瓜、沙、肅等地，史稱河西地區，《長編》卷一一九亦作『陷瓜、沙、肅三州，盡有河西舊地』，故據改。

〔一一〕築城瓦川凡川會　原脱「凡川」。考《宋史》卷四八五《夏國傳》作「築城凡川」，《長編》卷一一九作「築城瓦川、凡川會」，故證此處脱「凡川」，據補。

〔一二〕以罪有在也　《宋史》卷二八八《程琳傳》作「無罪也」，《長編》卷一二三同本書。

〔一三〕詔三司歲給厮囉綾絹千匹　「囉」下原衍「賚」字。「賚」與「給」意重複，據《續通鑑》卷四一删。

〔一四〕自西涼爲李元昊所陷　「元昊」原作「繼遷」。按，李繼遷攻取西涼，但潘羅支僞降襲擊敗之，繼遷中流矢，走死於靈州，則西涼得而復失。後終爲元昊所據有。故當從《宋史》卷四九二《吐蕃傳》，據改。

〔一五〕遣左侍禁魯經持詔諭唃厮囉　「持」下原脱「詔」字，據《宋史》卷四九二《吐蕃傳》、《長編》卷一二三補。

〔一六〕舉兵攻破蘭州諸羌　「蘭州」原作「萊州」。此據上文三年事與歷朝本、《宋史》卷四八五《夏國傳》、《長編》卷一一九改。

〔一七〕築城瓦川凡川會　「築」下原脱「城」字、「瓦川」下脱「凡川」二字，據本卷校勘記〔一一〕補。

〔一八〕自古渭州循末邦山至河州國門寺　「州」原作「川」，據本卷校勘記〔四〕改。

〔一九〕鄜延環慶副都部署劉平上言　「副都部署」，《宋史》卷三二五《劉平傳》作「副都總管」，因避英宗趙曙諱而改。《長編》卷一二五同本書。

〔二〇〕康定元年春二月庚寅　「二月」原作「正月」，「正」乃「二」之訛。此據《長編》卷一二六、《宋大詔令集》卷二三九改。

〔二一〕成功當授銀夏節度　「節度」原作「節制」，據《長編》卷一二六、《宋大詔令集》卷二三九改。

〔二二〕屯於古渭州　「州」原作「川」，據本卷校勘記〔四〕改。本條下文「古渭州」亦據改。

〔二三〕木征以河州乞内附　「河」上原脱「以」，下脱「州」，語意不通。此據《薛鑑》卷二九《宋紀》改。

〔二四〕移居洮州　「洮州」原作「滔山」。據《宋史》卷四九二《吐蕃傳》、《通考》卷三三五《四裔》改。

〔二五〕王子純引兵始出路骨山　「純」原作「醇」，音同而誤，據《宋史》卷三二八《王韶傳》改。又「路骨山」，《王韶傳》作「露骨山」。

〔二六〕擒木征母弟結吴化　「結吴化」，《宋史》卷四九二《吐蕃傳》作「瞎吴叱」。

〔二七〕木征之弟巳氊角降　「巳氊角」，《宋史》卷四九二《吐蕃傳》作「巴氊角」。

〔二八〕木征降　「木征」前原衍「瞎」字。按，據《宋史》卷四九二《吐蕃傳》載，吐蕃瞎征、木征曾降，但無「瞎木征」其人。而卷三四九《燕達傳》作「降木征」，據删。

〔二九〕據《宋史》卷一五《神宗紀》，「置熙河路」在五年十月。

〔三〇〕夏五月庚寅　此處載於元豐五年，據《宋史》卷一五《神宗紀》及《長編》卷二三三，當繫於熙寧五年。

卷九

華州二憾

景祐元年秋七月，元昊既僭僞號。初，華州有二生，曰張、曰吴，其始名不可得而知。或曰張許州人也，客於長葛閒，以俠自任。縣河有蛟，長數丈，每飲水轉橋下，則人爲之斷行。一日，蛟方枕石而飲，張自橋上負大石中蛟，蛟蜿轉而死，血流數里。與關中姚嗣宗皆負氣倜儻，有縱横才，相爲友善。張累舉進士不第〔一〕，吴亦久困場屋，無以自伸。且張嘗爲縣宰所笞，乃與吴薄遊塞上，覘覽山川風俗，慨然有志於經略，恥於自售，放意詩酒，出語驚人。

一日，張與客飲驛中，一客邂逅至，主者延之。張初不識知也。客乃顧張曰：『彼何人斯？』張厲聲曰：『皮裏骨頭肉人斯。』應聲以鐵鞭擊之死，主人塗千金之藥，久之乃蘇。

將謁大帥，恥自屈，不肯往，乃礱大石刻詩其上，使壯夫拽之於通衢，三人從後哭之，欲以鼓動諸帥。諸帥果召與相見，躊躕未用閒，張、吴徑走西夏。

常時張每夜遊山林，則吹鐵笛而行，聲聞數里，群盜皆避。其將之西夏也，瀕行過項羽廟，乃竭囊沽酒，對羽極飲，酹酒泥像。又歌『秦皇草昧，劉項起吞并』之詞，悲歌累日，大慟而遁。

時帥以急騎追之不及，乃表嗣宗入幕府。

張、吴既至夏，聞元昊有意窺中國，念不出奇無以動其聽，乃相與更其名，即其都門之酒家劇飲終日，引筆書壁曰『張元、吴昊來此飲酒』。邏者見之，知其非國人也，蹟其所憩執之。元昊責以入國問諱之義，二人大言曰：『姓尚不理會，乃理會名耶？』時未更名曩霄，且用中國賜姓也。元昊即竦然異之，日尊寵用事。夏人倚爲謀主〔二〕，凡立國規模、入寇方略，多二人導之，以抗朝廷，連兵十餘年，西方至爲疲弊。

韓琦嘗駐兵延安，夜有人攜匕首到臥内，遂褰帷，琦起坐問：『誰何？』曰：『某來殺諫議。』『誰遣汝來？』曰：『張相公。』琦復枕曰：『汝攜我首去。』曰：『某不忍，願得諫議金帶足矣。』取帶而去。明日，不復治其事。俄，守陴卒報城櫓上得金帶，乃納之。或曰初不治此事爲得體，卒受其帶，墮姦人計中。琦歎非所及。延安刺客，蓋張元所遣也。

元嘗以詩干琦，琦不納，遂投西夏。迨王師失律於好水川，元題詩於界上僧寺云〔三〕：『夏竦何曾聳，韓琦未是奇。滿川龍虎輩，猶自説兵機。太師、尚書令兼中書令張元從大駕至此。』此其不遜如此。

當二人之初入西夏也，事聞，詔徙其族於房州，譏察出入，饑寒且死。知州陳希亮上言曰：『張、吴事虚實不可知，誠有之，二人終不顧家，徒堅其爲賊耳。此又皆其疏屬，無罪。』詔釋之。既而復賜其家錢米，以反間之，改隨州以羈縻之〔四〕。二人乃閒使諜者矯中國詔釋之，未有知者。後乃聞西人臨境，作樂迎此二家而去。自是，邊帥始待士矣。

元嘗有詩《詠雪》曰[五]：『七星一作「五丁」仗劍攪天池一作「決雲霓」，倒捲一作「直取」銀河落地機一作「下帝畿」。戰敗一作「退」玉龍三百一作「十」萬，斷一作「敗」鱗殘甲一作「風卷」滿天飛。』《白鷹》曰：『有心待搦月中兔，更向白雲頭上飛。』《鸚鵡》曰[六]：『好著金籠收拾取，莫教飛去別人家。』其怪譎皆類是。同時姚、吴亦有詩，嗣宗嘗題崆峒山寺壁，山在兩界間。詩曰：『南粤干戈未息肩，五原金鼓又轟天。崆峒山叟笑無語，飽聽松聲春晝眠。』《述懷》曰：『大開雙白眼，只見一青天。』又曰：『踏破賀蘭石，掃除一作「空」西海塵[七]。布衣能效死一作「辦此」，可惜作窮鱗。』韓琦聞之大驚[八]，顧謂僚屬曰：『此人若不收拾，又一張元矣。』薦試大理評事。

蓋自景祐以後，羌人叛，詔遺士獻方略，皆得官。或有無名氏題關西驛舍曰：『孤星熒熒照寒野，漢馬蕭蕭五陵下。廟堂不肯用奇謀，天子徒勞聘賢者。萬里危機入燕薊，八方殺氣衝靈夏。逢時還似不逢時，已矣吾生真苟且。』此殆亦張、吴之流歟？既而一庸生張某亦堂堂人，蝟髯黑面，頂青巾，衣緇裘，持一詩代刺，摇袖以謁杜衍。有『長安有客面如鐵，爲報君王早築臺』之句，衍亦異之，奏補乾祐一尉。而胸中無一物，未幾，以贓去任。

嘉祐二年春三月，以翰林學士歐陽修知貢舉，始以貢士殿試黜落。張元積忿降元昊[九]，大爲中國之患。自是，殿試士遂免黜落。

校勘記

〔一〕張累舉進士不第　《長編》卷一二六作「華州進士張源逃入賊界」。

〔二〕夏人倚爲謀主　「倚」原作「以」，據洪邁《容齋三筆》卷一一改。

〔三〕元題詩於界上僧寺云　「寺」上原脱「僧」字，據周煇《清波雜誌》卷二補。

〔四〕改隨州以羈縻之　「隨」原作「隋」。按，宋代有「隨州」而無「隋州」，據洪邁《容齋三筆》卷一一改。

〔五〕元嘗有詩詠雪曰　《容齋三筆》卷一一無「詠」字，作「《雪》詩」。

〔六〕鸚鵡曰　「鸚鵡」原作「鸚母」，據《容齋三筆》卷一一改。

〔七〕掃除西海塵　「掃除」同上書作「掃清」。

〔八〕韓琦聞之大驚　「韓琦」，《容齋三筆》卷一一作「范文正公」。

〔九〕張元積忿降元昊　「積忿」上原脱「張元」二字，據上文及洪邁《容齋三筆》卷一一、岳珂《桯史》卷一補。

卷十

元昊僭逆

西平王趙德明凡娶三姓：衛慕氏生元昊，咩迷氏生成遇，訛藏屈懷氏生成嵬。元昊小名嵬理〔一〕，羌語謂惜爲『嵬』，富貴爲『理』。性凶鷙猜忍，然多大略，善繪事，能創制物始。圓面高準，長五尺餘。曉浮屠學，通蕃漢文字，案上置法律書，嘗攜《野戰歌》、《太乙金鑑訣》〔二〕。既長，忽引兵襲夜洛隔，其可汗自焚，乃俘其妻孥以歸，遂奪甘州。自是，益喜戰，時天聖六年也。德明雖臣事中國及契丹，然於本國則稱帝。大中祥符中〔三〕，已嘗追尊其父繼遷爲太祖應運法天神智仁聖至道廣德光孝皇帝，廟號武宗。既以元昊襲破回鶻，遂立爲皇太子。太子數諫德明無臣中國，德明輒戒之曰：『吾用兵久，終無益，徒自疲耳。吾族三十年不被皮毛而衣錦綺之衣，此宋恩也，不可負。』元昊曰：『衣皮毛，事畜牧，蕃性所便。英雄之生，當王霸耳〔四〕！何錦綺爲？』德明又嘗以馬博易於中國，怒其人息微，欲殺之。時元昊方十餘歲，諫曰：『以馬資鄰國，已失計矣，今更以貨殺邊人，則誰肯爲我用乎？』曹瑋在定武聞其言曰：『此子欲用其人矣，是必有異志，異日德明死，此子爲邊患必矣。』後直王霸知河南府，瑋以爲言，至是果驗。元昊既陷甘州，復舉兵攻拔西涼府。

天聖七年，劉平授忻州團練使，屢上封事，言趙元昊連姻耶律，必爲邊患。授邠寧、環慶副總管，遣中人就賜黄金一器。

明道元年冬十一月〔五〕，德明薨，延州以聞，詔輟朝三日，命度支員外郎朱昌符爲祭奠使，賻絹甚厚，帝與皇太后爲德明成服苑中，百官奉慰。癸巳，以元昊爲檢校太師兼侍中、定難軍節度使、西平王，命司封員外郎楊告爲旌節官告使〔六〕，制曰：『胙土受氏，維王所以褒有功；建國承家，非賢不能保厥世。乃眷西陲之守，方疇外禦之勞。式涓剛辰，庸告列位。故定難軍節度、夏銀綏宥静等州管内觀察處置押蕃落等使、開府儀同三司、檢校太師、守太傅、尚書令、持節都督夏州諸軍事、行夏州刺史、上柱國、夏王、食邑二萬一千户、食實封七千户趙德明男元昊，器懷英達，義節堅明，孝恭盡於事親，恩信長於御衆。惟乃先正，奉於本朝，嘉捍難於邊衡，賜同姓於宗籍。象賢繼世，爾實宜之。於戲！書盟府之勳，既載山河之誓；瞻元侯之略，豈無弓矢之傳。尚體顧懷，勿忘欽率。可特授特進、檢校太師兼侍中、持節都督夏國諸軍事、夏州刺史、充定難軍節度使、夏銀綏宥静等州管内觀察處置押蕃落等使、上柱國、西平王、食邑六千户、食實封一千户，仍賜推忠保順亮節翊戴功臣。』

使者至其國中，元昊遷延遥立，屢促之，然後至前受詔，及拜起，顧其左右曰：『先王大錯，有國如此，而乃臣屬於人。』設席自尊大，告命徙坐即賓位，不爲屈。既而饗告於廳事，其東屋後若有千百人鍛聲，告陰知其必叛，還朝祕不敢言。元昊既襲封〔七〕，即陰爲叛計。時改元『明道』，而元昊避父名，輒稱『顯道』於國中。始明號令，凡六日、九日則見官屬。倣中國置文武班，立蕃、漢學，自中書令至宰相、樞密使以下皆命蕃、漢人爲之。以衣冠采色別士庶貴賤。每舉兵，必率酋豪與獵，有獲，則下馬環坐飲，割鮮而食，各問所見，擇取其長。

西夏舊俗，凡出兵先卜。卜有四：一、炙勃焦。以艾灼羊髀骨，卜師謂之『厮乩必定切』，視其兆謂之『死跋焦』。其法，兆之上爲神明。近脊處爲坐位，坐位者，主位也〔八〕。近傍處爲客位。蓋西戎之俗，所居正寢常留中一間，以奉鬼神，不敢居，謂之神明，主人乃坐其傍。以此占主客、勝負。二、擗算〔九〕。擗竹於地以求數，若揲蓍然。三、咒羊。先咒粟以食羊，羊食其粟，則自摇其首。其夜牽羊焚香禱之，又焚穀火於野。次晨屠羊視其五臟，羊腸胃通則吉，羊心有血則敗，謂之『生跋焦』。四、矢擊弦。聽其聲，知勝負及敵至之期。病者不用醫藥，召巫者送鬼，西夏語以巫爲『厮』也。或遷他室謂之『閃病』。喜報仇，有喪則不伐，人負甲葉於背識之。仇解，用雞、豬、犬血和酒貯於髑髏中飲之，乃誓曰：『若復報仇，穀麥不收，男女秃癩，六畜死，蛇入帳。』有力小不能復仇者，集壯婦，享以牛羊、酒食，趨仇家縱火，焚其廬舍。俗曰敵女兵不祥，輒避去。訴於官，官擇舌辯氣直之人爲和斷官，聽其屈直。殺人者，納命價錢百二十千。

景祐元年春正月，元昊寇府州。夏六月乙丑，府州言元昊自正月後數入寇，詔并州部署司嚴兵備之。

秋七月，先是，慶州柔遠砦蕃部巡檢嵬逋領兵入夏州〔一〇〕，攻元昊後橋新修諸堡，破之。是月，元昊率萬餘衆寇慶州，稱復讎。緣邊都巡檢楊遵與柔遠寨監押盧訓以騎七百戰於龍馬嶺〔一一〕，敗績。環慶路都監齊宗矩、走馬承受趙德宣、寧州都監王文援之，次節義峰，通事蕃官言蕃部多伏兵，不可過濠，宗矩不聽，伏兵發，宗矩被執。久之，以宗矩還。

八月庚申，徙知定州、龍神衛四廂都指揮使劉平爲環慶路副都部署。平嘗言：『臣在陝西，見元昊車服僭竊，勢且叛矣，宜嚴備之。』及是，帝戒之曰：『知卿有將略，故委以邊寄〔一二〕，卿其勉之。』加賜錢百萬。

冬十月，元昊自襲位，爲反計，多招納亡命，峻誅殺，以兵法勒諸羌。始衣白窄衫，氊冠紅裏，冠頂後垂紅結綬〔一三〕。自號嵬名吾祖。初制禿髪令，元昊先自禿髪。乃令國人皆禿髪，三日不從令，許衆殺之。其冠用金縷帖、間起雲、銀紙帖〔一四〕，緋衣，金塗銀帶，佩蹀躞、解錐、短刀、弓矢韣〔一五〕，穿靴，耳重環，紫旋襴六襲〔一六〕。出入乘馬，張青蓋，以二旗前引，從者百餘騎。民庶衣青緑。民年十五爲丁。有二丁者，取一爲正軍，負擔雜使一人，爲抄，四丁爲兩抄。餘人得射它丁，皆習戰鬭。正軍馬、駞各一，每家自置一帳。團練使上，帳、弓、矢各一，馬五百疋，槖駞一，旗鼓五，槍、劍、棍棓、粆袋、雨氊、渾脱、鍬、钁、箭牌、鐵笊籬各一。刺史以下人各一駞，箭三百，毛幕一。餘兵三人共一幕。有礮手二百人，號『潑喜』。勇健者號『撞令郎』。齎糧不過一旬。晝則舉煙揚塵，夜則篝火爲候。若獲人馬，射之，號曰『殺鬼招魂』，或射草縛人。出軍用單日，避晦日。多立虛寨，設伏兵。衣重甲，乘善馬，以鐵騎爲前鋒，用鈎索絞聯，雖死馬上不落。地本産刀，古製爲大環，以纏龍爲之。而其首類鳥，解者曰此赫連勃勃所鑄龍雀刀，所謂『大夏龍雀』者也。种世衡築青澗城掘地得之，以問劉原甫云。興州又出良弓，每張值數百千，邊人嘗買以獻童貫。土産大麥、蓽豆、青稞、床子、古子蔓、鹹地蓬實、蓯蓉苗、小蕪荑、席雞草子、地黄葉、登廂草、沙葱、野韭、拒灰蓧、白蒿、鹹地松實。又有竹牛，重數百斤，角甚長而黄黑相閒，用以製弓極佳，尤且健勁。其近弛黑者，謂之『後醮』。近稍、近弝俱黑而弓面黄者，謂之『玉腰』。夏人嘗雜犀角以市焉，人莫有知。

是歲春，始寇西邊，殺掠居人，下詔約束之。元昊居國中，僭益甚，私改元曰『開運』。既逾月，人或告以石晋敗亡年號也，乃更『廣運』，即以是年改廣運元年。母衛慕氏之族人山喜者〔一七〕，謀殺元昊。事覺，元昊進毒酖其母殺之，沈山喜之族於河，遣使來告哀。詔起復，以閤門祇候王中庸爲致祭使〔一八〕、兵部員外郎郭勸爲弔賻兼起復官告使。元昊賂遺勸等百萬，勸悉拒不受。屯田員外郎張亢者，奎弟也，豪邁有奇節，嘗通判鎮戎軍。亢聞德明死後，元昊喜誅殺，其勢必難制，宜亟防邊，論西北攻守之計，章數十上。

十二月癸酉，趙元昊獻馬五十匹，求佛經一藏，賜之。

三年，元昊自制蕃書，命野利仁榮演繹之，成十二卷。形體方整類八分，而畫頗重復，又若符篆。譯《孝經》、《爾雅》、《四言雜字》爲蕃語〔一九〕。先是，其徒有遇乞者，造創蕃書，獨居一樓上，累年方成，至是獻之。元昊乃改廣運三年爲大慶元年，制衣冠禮樂，下令國中紀事悉用蕃書胡禮。再舉兵攻回紇瓜、沙、肅三州，盡有河西故地〔二〇〕。

四年，元昊既悉有夏、銀、綏、静、宥、靈、鹽、會、勝、甘、涼、瓜、沙、肅，而洪、定、威、懷、龍皆即舊堡鎮改號爲州〔二一〕，改甘州路爲鎮夷郡，又立宣化府，改靈州爲翔慶軍，又於山丹州置甘肅軍，仍居興州，阻河依賀蘭山爲固，地方萬里。有兵五十萬八千五百人〔二二〕。得中國無藝者，使耕於河。是歲，始大補僞官，以嵬名守全、張陟、楊廓〔二三〕、徐敏宗、張文顯輩主謀議，鍾鼎臣典文書，成逋、克成賞、都臥、如定、多多馬竇、惟吉輩主兵馬〔二四〕，野利仁榮主蕃學。設十六司，以總庶務。又置十八監軍司〔二五〕，委酋豪分統其衆。自河北至臥囉娘山七萬人〔二六〕，以備遼人。河南洪州、白豹、安鹽州、羅落、天都、惟精山五萬人〔二七〕，以備環、慶、鎮戎、原州。左厢宥州路五萬人，以備鄜、延、麟、府。右厢甘州路三萬人，以備西蕃、回紇。賀蘭駐兵五萬人，靈州五萬人，興州興慶府七萬人爲鎮守，總五十餘萬。而苦戰倚山訛，山訛者，横山羌，夏兵柔脆，不及也。選豪族善弓馬五千人迭直，號六班直，月給米二石。鐵騎三千，分十隊，皆選部下驍勇，用以自衛。隊各有長：一、妹勒，二、浪遇移，三、細賞者埋，四、五里奴，五、雜熟屈則鳩，六、隈才浪羅，七、細毋屈勿，八、李訛移岩名，九、細毋嵬名，十、没羅埋布。每出入，前後環擁，設備甚嚴。發兵，則以銀牌召酋長，面受約束。其左右厢諸酋，亦各選精騎，爲生剛捉生，有野利、剛浪崖、遇乞三將，尤號爲謀勇。

麟州府，在黄河西古雲中之地，乃蕃漢雜居。黄茆土山，高下相屬，極目四顧，無十步平坦。廨舍廟宇，覆之以瓦，民居用土，止若柵焉。架險就中，重復不定，上引瓦爲溝，雖大澍亦不浸潤。其梁、柱、榱題，頗甚華麗，城邑之外，穹廬窟室而已。人性頑悍，不循禮法，公事惟吏稍識古就，除兹而下，莫吾知也。俗輕生重死，任性忘義。凡育女稍長，靡由媒妁，暗有期會，家不之問。情之至者，必相挈奔逸於山岩掩映之處，並首而臥，紳帶置頭，各悉力緊之，倏忽雙斃。一族方率親屬尋焉，見不哭，謂男女之樂，何足悲悼！用彩繒都包其身，外裹之以氈，椎牛設祭，乃以其草密加纏束，然後擇峻嶺，架木爲高丈，呼爲『女柵』，遷尸於上，云於飛升天也。二族於其下擊鼓飲酒，盡日而散。

寶元元年春正月癸卯，元昊請遣人供佛五臺山，乞令使臣引護，并給館券，從之。元昊實欲窺河東道故也。

秋九月己酉，鄜延路鈐轄司言，元昊從父山遇遣人來約降，詔勿受。初，元昊自五臺還，悉會諸豪，刺臂血和酒，置髑髏中共飲之，約先攻鄜延，自德靖〔二八〕、塞門砦、赤城路三道並入。酋豪有諫者，輒殺之。山遇數止，元昊不聽。山遇畏誅，遂挈妻子來降。時已被詔，知延州郭勸與鈐轄河陽李渭遣山遇還，山遇不可，即命監押韓周執山遇等械錮送元昊，示朝廷不疑之意。元昊集騎射而殺之，並戮其族無遺類。由是，西人怨懼，向化之心絶矣。時元昊自稱烏珠舊作『兀卒』已數年矣，既殺山遇，遂謀僭號。

冬十月甲戌，元昊用其黨楊守素之謀，築壇受册，僭號大夏始文英武興法建禮仁孝皇帝〔二九〕，改大慶三年爲天授禮法延祚元年，追謚其祖繼遷曰神武皇帝，廟號太祖；父德明曰光聖皇帝，廟號太宗。點兵蓬子山，遣使奉表以僭號來告，納旌節敕告。

十二月，鄜延路鈐轄司言元昊反。詔陝西、河東沿邊舊與元昊界互市處〔三〇〕，皆禁絶之。

丁丑，詔有能捕元昊所遣刺探事者，賞錢十萬。

二年春正月，初，元昊遣使稱僞官抵延州，郭勸、李渭留其使，具奏曰：『元昊雖僭中國名號，然閲其表函，尚稱臣，可漸以禮屈，願與大臣熟議。』詔許使者赴京師。其表曰：『臣祖宗本自帝胄，後魏赫連之舊國，拓跋之遺業也。當東晋之末運，創後魏之初基。遠祖思恭，當唐季率兵拯難，受封賜姓。祖繼遷，心知兵要，手握乾符，大舉義旗，悉降諸部。臨河五郡，不旋踵而歸；沿邊七州，悉差肩而克。父德明，嗣奉世基，勉從朝命。三十年邊情善守，五千里職貢常輪。臣偶以端閒，輒生狂斐。制小邦文字，改大宋衣冠。革樂之五音爲一音，裁禮之九拜爲三拜。衣冠既就，文字既行，禮樂既張，器用既備。吐蕃、達靼、張掖、交河，莫不從服。稱王則不喜，朝帝則是從。輻湊屢期，山呼齊舉。伏願一垓之土地，建爲萬乘之邦家〔三一〕。於是，再讓靡遑，群集又迫，事不得已〔三二〕，顯而行之。遂以十月十一日郊壇備禮，爲世祖始文英武興法建禮仁孝皇帝〔三三〕，國稱大夏，建元天授，曆運在兹，軍民同請。伏望皇帝陛下，許以西郊之地，册爲南面之君。敢竭庸愚，常敦歡好。魚來雁往，任傳鄰國之音；地久天長，永鎮邊方之患。至誠瀝懇，仰俟帝俞。謹遣使奉表以聞。』

甲寅，元昊使者將歸，不肯受詔及賜物。樞密院議數日不決，王德用、陳執中欲執之，盛度、張觀不可，卒遣之，但卻其獻物，韓周復送至境上。既而邊界傳元昊露布，有『朕欲親臨渭水，直據長安』之語，蓋張元所作也。

夏六月，削趙元昊官爵，除去屬籍。壬午，詔曰：『昔苗民弗懷，首罹虞竄；郅支自立，終伏漢誅。蓋犯順者無赦於國章，除殘者罔限於荒服，炳焉通誼，疇或敢踰。趙元昊戎漢餘妖，邊關小種，性含虺毒，志負狼貪。昏頑表於稚年，傲悖成於壯齒。曩者德明即世，西夏控哀，朝廷録守方之忠，憫稱慈之禮，拔於童孺，付以節旄，名襲真王，寵視同姓。金絮有秩，絡繹以周其窮；關市弗譏，貿遷以通其貨。假我明命，取重諸羌。固當竭犬馬之勤，效涓埃之報，克守先業，以稱大恩。而背惠反常，毀忠蔑信，僭舉國號，扇惑蕃渠。跳梁井蛙之涯，旅拒秋螳之轍。公遣軍校，冒服使車，列牘自陳，欺天罔畏。既張逆節，合舉明刑。朕深憐舊勳，特加涵覆，横遏群議，密賜手書。貸其方命之愆，開以自新之路，護送來介，俾還穹居。庶遷善而革音，終恃遠而迷復。至敢驅率配隸，攘竊塞民〔三四〕，騰告文符，誘誑區落〔三五〕，而朝臣列奏，邊吏抗詞，願舉偏師，往平狡穴，趣梟稱亂之首，以正不廷之辜。朕載念一夫肆狂，餘衆何罪？況元昊脅從濟欲，濫殺逞威；名酋外奔，諸帳懷貳。苟戈鋋並進，則玉石奚分？且俾列於購科，止用取其魁惡。元昊在身官爵，並宜削奪，仍令宗正寺除去屬籍。惟彼諸部，素奉本朝，迫此姦兇，遂其詿誤。儻能結黨歸義，執賊建功，必當昭洗前污，申明厚賞。國有信誓，炳如丹青，應賞募科格，並委中書門下詳爲條件，以時布告，庶體朕懷。』因絶互市，揭牓於邊，募能生擒元昊及斬首來獻者，即以爲定難節度使。元昊界蕃漢職員，能率族歸順者，等第推恩。時呂許公夷簡在大名，聞之驚曰：『謀之誤矣！』立削奏曰：『前代方鎮叛命，如此誥誓則有之矣，非所以御戎狄也。萬一反有不遜之言，得無損國體乎？』朝廷方改之，已聞有指斥之言矣。元昊爲患既劇，朝廷降詔購募賊中僞署名職，至卑如理移香者，許輸歸款。朝廷重其封禄，至以郡王待之，亦終不至，賊黨益固矣。

秋九月，鄜州通判富弼上疏曰：『聞去年十二月元昊反，衆皆謂之忽然，臣則知其有素。昔元昊嘗勸德明勿事中朝，德明以力未盛，不用其謀，豈有身自繼立而不行其説耶！一也。自與通好，略無猜情，門市不譏，商販如織，山川之險夷，國用之虛實，莫不周知。又比來放出宫女，任其所如，元昊重幣納之左右，朝廷之事、宫禁之私皆所窺測。二也。西鄙地多帶山，馬能走險，瀚海彌遠，水泉不生，王旅欲征，軍需不給〔三六〕。窮討則遁匿，退保則襲追。元昊恃此艱險，得以猖狂。三也。朝廷累次遣使〔三七〕，元昊多不致恭，雖相見之初，暫御臣下之服，而送出之後〔三八〕，便具帝者之儀。四也。頃年，靈州屯戍軍校鄭美奔戎，德明用之持兵，朝廷終失靈武。元昊早蓄姦險，務收豪傑，故不第舉子數人自投於彼。元昊或授以將帥，或任以公卿，倚爲謀主。五也。元昊援契丹爲親，緩則指爲聲勢，急則假其師徒，至有犄角爲奇，首尾相應。

彼若多作牽制，我則困於分張。六也。元昊所遣使者部從，儀物如契丹，而詞甚倨。聞元昊遣使，多擇勇悍難制，强辯自高者，謂必不敢加誅。此必元昊腹心自請行者，宜出其不意，斬之都市，少折其謀。』

冬閏十二月，元昊又遣賀永年齎嫚書，納旌節及所授勅告並所得牓置神明匣，留歸孃族而去。

校勘記

〔一〕元昊小名嵬理　『嵬理』，《長編》卷一一一作『崖埋』，曾鞏《隆平集》卷二〇《夏國傳》作『崖塊』，《宋史》卷四八五《夏國傳》、《薛鑑》卷一六《宋紀》同本書。

〔二〕太乙金鑑訣　『乙』原作『一』。此據《宋史》卷四八五《夏國傳》、《長編》卷一一一改。又，《長編》無『訣』字。

〔三〕大中祥符中　『大中』二字原脱，此據其年號補。

〔四〕當王霸耳　『王霸』原作『霸王』，此據《宋史》卷四八五《夏國傳》、《長編》卷一一一乙正。

〔五〕明道元年冬十一月　《宋史》卷四八五《夏國傳》作『（天聖）九年十月德明卒』，考同傳載德明于景德元年即位，『時年二十三』，『卒時年五十一』。則當依《長編》卷一一一、《薛鑑》卷一七《宋紀》作明道元年。

〔六〕命司封員外郎楊告爲旌節官告使　『告』原作『吉』，形近而訛。此據《宋史》卷四八五《夏國傳》、卷三〇四《楊告傳》、《長編》卷一一一改。同事之下文亦據改。

〔七〕元昊既襲封　『襲』下原脱『封』字，此據《宋史》卷四八五《夏國傳》、《長編》卷一一一補。

〔八〕主位也　『主位』原作『王位』，『王』乃『主』之訛。下句作『客位』，則上句理應爲『主位』。聯繫上下文，可證此處原誤。此據沈括《夢溪筆談》卷一八改。

〔九〕擗算　『算』原作『竹』。此據《宋史》卷四八六《夏國傳》、《遼史》卷一一五《西夏外紀》改。

〔一〇〕慶州柔遠砦蕃部巡檢嵬逋領兵入夏州　『嵬逋』原作『嵬通』，『通』乃『逋』之形訛。《長編》卷一一五、《太平治跡統類》卷七《康定元昊擾邊》條作『嵬逋』，據改。參見中華書局《宋史》卷四八五《夏國傳》校勘記〔一七〕。

〔一一〕緣邊都巡檢楊遵與柔遠寨監押盧訓以騎七百戰於龍馬嶺　『寨』原作『塞』，據江蘇本與《宋史》卷四八五《夏國傳》、《長編》卷一一五改。又，『騎七百』之『騎』，《夏國傳》作『兵』，《長編》同本書。

〔一二〕故委以邊寄　『寄』原作『宗』，『邊宗』不可解，『宗』乃『寄』之訛。江蘇本與《長編》卷一一五、《太平治跡統類》卷七《康定元昊擾邊》條即爲『邊寄』，故據改。

〔一三〕氈冠紅裏冠頂後垂紅結綬　『氈冠紅裏冠』原作『氈冠冠紅裏』。考《宋史》卷四八五《夏國傳》『氈冠紅裏』後作『冠頂』，《長編》卷一一五則爲『頂冠』，二者文異義同。證『氈冠冠紅裏』後三字爲倒文，第二『冠』字應在『紅裏』之下，當屬下句首字，即『冠頂後垂紅結綬』。今據乙正。

〔一四〕其冠用金縷帖間起雲銀紙帖　諸書殊異：《宋史》卷四八五《夏國傳》作『金帖起雲鏤冠、銀帖間金鏤冠』，《長編》卷一一五作『或冠金帖鏤冠』、『或金帖紙冠，間起雲銀帖紙冠』。《遼史》卷一一五《西夏外紀》與本書同。

〔一五〕弓矢韣　原作「弓衣」。《宋史》卷四八五《夏國傳》、《長編》卷一一五均作「弓矢韣」，今據改。又，《遼史》卷一一五《西夏外紀》作「弓矢」。

〔一六〕紫旋襴六襲　《宋史》卷四八五《夏國傳》、《長編》卷一一五均無「六襲」二字，《遼史》卷一一五《西夏外紀》同本書。

〔一七〕母衛慕氏之族人山喜者　「衛慕氏」，《長編》卷一一五作「米氏」，《宋史》卷四八五《夏國傳》同本書。

〔一八〕以閤門祗候王中庸爲致祭使　「中庸」原作「用中」，據《宋史》卷四八五《夏國傳》、《長編》卷一一五改。

〔一九〕四言雜字爲蕃語　「四言雜字」原作「四子雜字」，江蘇本作「四字雜字」，《宋史》卷四八五《夏國傳》作「四言雜字」。按，《雜字》爲古代啟蒙識字讀本，集常用字，編成韻語，以便記誦。「四子」應爲「四字」之訛，故此據《夏國傳》改。

〔二〇〕再舉兵攻回紇瓜沙肅三州盡有河西故地　「肅」、「西」二字，原分別作「蘭」、「南」，據卷八校勘記〔九〕、〔一〇〕改。

〔二一〕而洪定威懷龍皆即舊堡鎮改號爲州　「洪定威懷龍」，《宋史》卷四八五《夏國傳》作「洪、定、威、龍」，無懷州。《長編》卷一二〇同本書。

〔二二〕有兵五十萬八千五百人　「五十萬」原作「十五萬」，「十五」乃「五十」之倒文。據《宋史》卷四八五《夏國傳》作「總五十餘萬」，本書下文作「五十萬」。《長編》卷一二〇作「總三十餘萬」。而《薛鑑》卷一八《宋紀》作「十五萬」。中華版《宋史紀事本末》卷三〇《夏元昊拒命》原作「十五萬」，校改爲

「五十萬」。今據以乙正。

〔二三〕楊廓　原作「楊廊」，「廊」乃「廓」之形訛。今據《宋史》卷四八五《夏國傳》、《長編》卷一二〇改。

〔二四〕成逋克成賞都臥如定多多馬竇惟吉輩主兵馬　「都」下「臥如定多多馬竇惟吉」九字原爲脱文，今據《宋史》卷四八五《夏國傳》、《長編》卷一二〇補。

〔二五〕又置十八監軍司　「十八監軍司」，《宋史》卷四八五《夏國傳》、《薛鑑》卷一八《宋紀》、《宋史紀事本末》卷三〇《夏元昊拒命》作「十二監軍司」，《長編》卷一二〇同本書。

〔二六〕自河北至臥囉娘山七萬人　「萬」上原脱「七」字，今據《宋史》卷四八五《夏國傳》、《長編》卷一二〇、《宋史紀事本末》卷三〇《夏元昊拒命》補。又《薛鑑》卷一八《宋紀》作「七千人」。

〔二七〕惟精山五萬人　「惟」原作「韋」，據《宋史》卷四八五《夏國傳》、《長編》卷一二〇改。

〔二八〕自德靖　「德靖」原作「靖德」，乃倒文。今據《宋史》卷八七《地理志》、《長編》卷一二二改。參見《宋史》卷四八五《夏國傳》校勘記〔一八〕。

〔二九〕僭號大夏始文英武興法建禮仁孝皇帝　「英」，歷朝本與《宋史》卷四八五《夏國傳》、《宋史紀事本末》卷三〇《夏元昊拒命》作「本」。《長編》卷一二二、《編年綱目》卷一〇、《東都事略》卷一二七《西夏傳》、《太平治跡統類》卷七《康定元昊擾邊》均同本書。

〔三〇〕詔陝西河東沿邊舊與元昊界互市處　「陝西」下原脱「河東」，此據《長編》卷一二三補。

〔三一〕建爲萬乘之邦家　「邦家」原作「邦君」，「君」乃「家」之訛。據《宋史》卷四八五《夏國傳》、《長編》卷一二三改。

〔三二〕事不得已　「不」上原脱「事」字，據《宋史》卷四八五《夏國傳》、司馬光《涑水記聞》卷九及文體句式補。

〔三三〕爲世祖始文英武興法建禮仁孝皇帝　『英』原作『本』，諸本各書於此互異，本卷前已作『英』，此又作『本』，爲求一致，此處從改。參見本卷校勘記〔二九〕。

〔三四〕攘竊塞民　『竊』原作『切』，據江蘇本與《宋大詔令集》卷二三三改。

〔三五〕誘誑區落　『誘』原作『訛』，語意不確切。今據《宋大詔令集》卷二三三改。

〔三六〕軍需不給　『需』原作『次』。據《長編》卷一二四、《諸臣奏議》卷一三一《富弼上仁宗論西夏八事》改。

〔三七〕朝廷累次遣使　『使』上原脱『遣』字。據《長編》卷一二四、《諸臣奏議》卷一三一《富弼上仁宗論西夏八事》補。

〔三八〕而送出之後　『送』原作『退』。據《長編》卷一二四、《諸臣奏議》卷一三一《富弼上仁宗論西夏八事》改。

卷十一

三川之衄〔一〕

寶元元年冬十二月己卯，以奉寧節度使、知永興軍夏竦兼涇原、秦鳳安撫使〔二〕，振武軍節度使、知延州范雍兼鄜延、環慶安撫使，經略夏州。時元昊反書聞，朝廷即議出兵，群臣争言小醜可即誅滅，吴育獨言不然。

二年春三月丙午，元昊爲書及錦袍、銀帶投鄜延境上，以遺金明李士彬，且約以叛。候人得之，諸將皆疑士彬。副都部署夏隨獨曰：『此行閒耳。士彬與羌世仇，若有私約通贈遺，豈使衆知耶？』乃召士彬與飲，厚撫之，士彬感泣。不數日，果擊賊取首馘、羊馬自效。丙寅，知永興軍夏竦議西鄙事〔三〕，上奏曰：『繼遷當太宗時，遁逃窮蹙，而累歲不能剿滅。先帝惟戒畺吏，謹烽堠，嚴卒乘，來即逐之，去無追捕。然自靈、武陷没，銀、綏割棄以來，假朝廷威靈，其所役屬者，不過河外小羌耳。況德明、元昊相繼猖獗。以繼遷窮蹙，比元昊富實，勢可知也；以先朝累勝之士，較當今關東之兵，勇怯可知也；以興國習戰之帥，方今沿邊未試之將，工拙可知也；繼遷竄伏平夏，元昊窟穴河外，地勢可知也。若分兵深入，糗糧不支，進則賊避其鋒，退則敵躡其後，老師費糧，深可虞也。若窮其巢穴，須涉大河，長舟巨艦非倉卒可具。若浮囊挽綆，聯絡而進，我師半濟，賊乘勢掩擊，未知何謀可以捍禦！臣以爲不較主客之利，不計攻守之便，而議追討者，非良策也。天下久不見兵革，一日遽議深討，臣未知其全計也。願陛下令諸將，虜即入寇，毋得與戰。彼既絶中原賜與，又喪緣邊和市，可坐待其斃也。』

因條上十事：一、教習强弩以爲奇兵；二、羈縻屬羌以爲藩籬；三、詔唃厮囉父子并力破賊〔四〕；四、度地勢險易遠近、砦栅多少而增減屯兵；五、詔諸路互相應援；六、募土人爲兵，以代東兵；七、增置弓手、壯丁、獵户〔五〕，以備城守；八、併並邊小砦，以完兵力；九、聽關中民入粟贖罪，以贍邊計；十、損並邊冗兵、冗官，以紓饋餉。朝廷多採用之。然是時邊臣多議征討，皆以竦爲怯。

秋七月戊午，夏竦移知涇州，與范雍各加兼經略使、馬步軍都總管〔六〕。并詔雍所至，察訪邊民利害及體量官吏能否。又命天章閣待制龐籍體量陝西。

冬十一月，夏人寇保安軍，巡檢指揮使狄青擊敗之。青初以善騎射爲騎御散直，從西征，戰安遠諸砦，皆克敵。臨陣被髪帶銅面具，敵人望之如神，出入賊中，皆披靡莫敢當。至是，元昊寇保安軍，鄜延鈐轄盧守懃使青擊走之，以功加秦州刺史。帝欲召見問以方略，會賊寇渭州〔七〕，命圖形以進，上觀其儀表曰：『朕關、張也。』於是有『敵萬人』之稱。既而党項犯塞，時新募萬勝軍未習戰陣，遇寇多北。狄青爲將，一日盡取萬勝旗付虎翼軍，使之出戰。虜望其旗易之，全軍徑趨，爲虎翼所破，殆無遺類。又，青在涇原，嘗以寡當衆，度必以奇勝。預戒軍中盡捨弓弩，皆執短兵器。令軍中聞鉦一聲，則止；再聲，則嚴陣而陽卻；鉦聲止，則大呼而突之。士卒皆如其教。纔遇敵未接戰，遽聲鉦，士卒皆止，再聲，皆卻。虜人大笑，相謂曰：『孰謂狄天使勇？』時虜人謂青爲『天使』。鉦聲止，忽前突之，虜兵大亂，相蹂踐死者不可勝計。前後二十五戰，中流矢者八，破金湯城，略宥州，屠㖫咩、歲香〔八〕、毛奴、尚羅等族，燔積聚數萬，收族帳二千二百〔九〕、生口五千七百。又城橋子谷，築招安等堡砦〔一〇〕。賊又以三萬騎圍承平砦，鄜延副部署、祥符許懷德時在城中，率勁兵千餘人突圍破賊，賊乃解去。

党項有明珠族，首領驍悍，最爲邊患。种世衡爲將，欲以計擒之。聞其好擊鼓，乃造一馬持戰鼓，以銀裹之，極華煥。密使諜者陽賣之，入明珠族。後乃擇卒數百人，戒之曰：『凡見負銀鼓自隨者，併力擒之。』一日，羌酋負鼓而出，遂爲世衡所擒。

康定元年春正月，元昊寇延州。初，夏人自承平退，聲言將攻延州。延州當夏人出入之衝，地闊砦疏，士兵寡弱，又無宿將。知延州范雍聞元昊且至，懼甚，請濟師，未報。而元昊詐遣其牙校賀真來言，願改過歸命。雍信之，遽聞於朝，厚禮真而遣之，遂不設備。元昊乃盛兵攻保安軍，自土門路入，聲言取金明寨。都監李士彬嚴兵待之，夜分不至，士彬解甲而寢。翌日癸酉掩至，士彬父子俱被禽。

士彬世守金明，有兵近十萬，控扼中路，衆號『鐵壁相公』。元昊叛，遣使誘士彬，士彬殺初，郭遵言未識寇淺深而果以行進必敗，請止保安，先偵後進。平不聽，踐雪行數十里，寇僞爲雍使趣平戰，故敗。賊圍延州凡七日，及失二將，城中憂沮，不知所爲。有老軍校出自言曰：『虜人不善攻，卒不能拔，萬萬無虞！』范雍嘉其言壯，人心亦爲小安。會是夕大雪，賊解去，延州得不陷。蓋延州，故豐林縣城，赫連勃勃所築，人謂之『赫連城』，緊密如石，劚之皆火出，故易守而難攻也。當困急時，雍召通判計用章問策，用章曰：『用章屢獻修城壘、備器械之言矣，而公不用，今惟有一死以報國耳！然城中老幼無辜，皆公陷之至此，若令同爲血肉，是公上負天子、下負百姓。』雍怒，拂衣而起。至晚，又召用章問計，用章曰：『惟有死爾，尚何言！』會其夜雪大作，賊遂退。雍挾用章陷百姓之言，而誣以罪，用章遂竄雷州。至范仲淹經略延州，知用章以忠獲罪，奏雪於朝。

初，元昊既陷金明寨，遂攻安遠、塞門、永平等寨。永平寨主、監押初欲斂兵匿深山避敵，指揮使史吉帥所部數百遮城門，立於馬前曰：『兵則完矣，如城中百姓芻糧何！異日爲有司所劾，吉爲指揮使〔一七〕，不免於斬，願先斬吉於馬前！不然，不敢以此兵從行也。』寨主、監押慚懼而返。敵至圍城，吉率衆拒守，卒完城三月閒。

延州之役，郭遵以西路都巡檢使屬劉平麾下，既與賊遇，馳馬入陣，殺傷數十人。賊出驍將楊言當遵，遵揮鐵杵破其腦，兩軍皆大呼，復持鐵鎗挺進，所向披靡。會黄德和引兵先潰去，賊戰益急，遵奮擊，期必死。軍稍卻，即覆馬以殿，又持大稍橫突之。敵知不可敵，使人持絭索立高處迎遵馬，輒爲遵所斷。因縱使深入，攢兵注射之，中馬，馬踠仆地，被殺。於是特贈遵果州團練使。事聞，詔殿中侍御史文彦博即河中置獄問狀〔一八〕，黄德和坐腰斬，仍梟首延安城下，范雍貶知安州，贈平、元孫官。黄德和之誣，訪問金明敗卒，二人自賊中逃還，云平等皆爲賊縛去，平在道不食，數罵賊云：『狗賊！我頸長三尺餘，何不速殺我？』元昊既破金明砦，議修復其城，帥臣擁兵不即進，轉運使明鎬止領百餘騎，親督將士，一月而成。

四月戊申，延州金明縣都監張異、慶州東路都巡檢使万俟政、延州都監孟方、鄜延路指揮使高守忠、張達以戰殁〔一九〕，並贈官。

五月乙卯，贈金明都監李士彬暨子懷寶官。

秋七月，鄜延鈐轄張亢上疏言〔二〇〕：『昨劉平救延州，前鋒軍馬陷賊寨者四指揮〔二一〕，平竟不知。又趙瑜領軍馬閒道先進，而趙振與王達等趨塞門，至高頭平，報賊張青蓋駐山東，振麾兵掩襲，乃其子瑜也。』己巳，降鄜延副都部署趙振爲白州團練使，知絳州。元昊自正月攻圍塞門寨，振代范雍守延州，有兵七千八百餘人，案甲不動。寨中兵方千人，屢告急。五月初，振始遣百餘赴之，寨遂陷。龐籍劾之，故坐貶。辛亥，詔范仲淹、葛懷敏領兵驅逐塞門等砦蕃騎出境，仍募以前弓箭手，給地居之。時邊威益削，夏竦守涇原，乃拜章求罷兵柄。其略曰：『朝那平地，祅巢密邇，回中川閣，賊徑交通。以四萬甲兵，備六十城寨，排列險隘則用軍忌分，聚散要衝又固圍斯闕，以寡制敵，未知永圖。』又曰：『資性憂畏，歷官艱難。傷弓之禽，聞虛弦而破膽；逸網之獸，罥垂蔓以殞心。』由是，數爲言事，改換其語以爲謔。封章傳播，漏泄近機，爲怯懦特甚。《江鄰幾雜志》：康定中，侍禁李貴爲西邊寨主，妻爲昊賊虜去。家中一白犬頗馴擾，祝之曰：『我聞犬之白者，乃前世爲人也。爾能送我歸乎？』犬俯仰如聽命。即裹糧隨之，有警則引伏草間，渴即濡身而返。凡六七日，出賊境。其夫無恙，朝廷封崇信縣君。《括異志》又曰：慶曆中，渭州巡檢張殿直事畢同回家後，夫妻朝暮所食，必分三器，一以飼犬。俱見陳耀文《天中記》。

是時，關輔震恐，同州觀察知秦州曹琮請自關以西籍民爲義軍，遂簡鄉兵弓手數萬人，改陝西經略安撫使。西賊大將剛良兵馬最爲强勁，在夏州東彌陀居止。又次東七十里有鐵冶務，是即賊界出鐵製造兵器之處，去河東麟、府界黄河西約七八十里。朝議出麟、府并石、隰州兵馬，與隰州兵馬、延州兵馬會合〔二二〕，掩襲以分賊勢。

十一月，張繼勳破賊於歸孃谷。

慶曆二年春，蕃部巡檢趙勾明招到賊界署團練使訛乞，并手下蕃官共二十三户，皆賞賜冠帶，補官。

三年春三月，邊吏言劉平降元昊尚存，朝廷議收其家。上以中丞賈昌朝言事未可知，平族獲免。

五年夏五月，夏人歸石元孫，朝議請治其辱國之罪，以爲當賜死。時賈昌朝在相位，獨曰：『自古將帥被執，歸不死。』元孫乃編管全州。

校勘記

〔一〕「三川之衄」　「三川」原作「三州」，「州」乃「川」之形訛。本卷主要内容載三川口之役及其前後史事，故篇名當作「三川之衄」。「三川」爲「三川口」之省稱，下文「好水之敗」即指好水川之敗，「好水」爲「好水川」之省稱，二者均因爲標題統一而省略。故此據卷十二《龍圖招諭》首句「帝懲三川之敗」及江蘇本改。

〔二〕知永興軍夏竦兼涇原秦鳳安撫使　「兼」原作「爲」，據《宋史》卷一〇《仁宗紀》、《長編》卷一二三改。

〔三〕知永興軍夏竦議西鄙事　「議」原作「諫」，據《長編》卷一二三、《太平治跡統類》卷八《仁宗經制西夏要略》、《續通鑑》卷四一《宋紀》改。

〔四〕詔唃廝囉父子并力破賊　「唃廝囉」下原脱「父子」二字。據《宋史》卷二八三《夏竦傳》、《長編》卷一二三補。

〔五〕獵户　原脱此二字，據同上二書補。

〔六〕馬步軍都總管　「都」下原衍「督」字。按，宋代爲避英宗趙曙名諱，改「都部署」爲「都總管」，但無「都督總管」。今據《宋史》卷一〇《仁宗紀》、《長編》卷一二四删。

〔七〕會賊寇渭州　「州」原作「川」，據《宋史》卷二九〇《狄青傳》、《宋史紀事本末》卷三〇《夏元昊拒命》改。

〔八〕歲香　「歲」下原脱「香」，據《宋史》卷二九〇《狄青傳》補。

〔九〕收族帳二千二百　「二百」，《宋史》卷二九〇《狄青傳》作「三百」。

〔一〇〕築招安等堡砦　「招」原作「長」，「堡」作「保」，「安」下脱「等」字。據文義及《宋史》卷二九〇《狄青傳》補改。

〔一一〕輒不戰而走　『不戰』之上原脱『輒』字，今據《長編》卷一二六、《續通鑑》卷四二《宋紀》補。

〔一二〕後十餘年乃卒　『十』下原脱『餘』字，據《長編》卷一二六、《續通鑑》卷四二《宋紀》補。

〔一三〕遂乘勝抵延州城下　『遂』原作『時』，據江蘇本與《長編》卷一二六、《續通鑑》卷四二《宋紀》改。

〔一四〕戊寅詰旦　原作『詰旦戊寅』。按，『戊寅』，紀日，『詰旦』，時分。自當日在前，時在後。《長編》卷一二六即作『戊寅旦』，今據以乙正。

〔一五〕率麾下走保西南山　『南』上原脱『西』字，據《宋史》卷三二五《劉平傳》、《長編》卷一二六補。

〔一六〕策馬遁赴甘泉　原作『策馬與宜孫皆赴甘泉』。按，宜孫，劉平之子。黄德和臨陣怯逃，劉平遣宜孫追回德和，德和不從遁逃。宜孫豈有丟下其父不管，而隨同德和逃走之理。《長編》卷一二六同本書原文，《宋史》卷三二五《劉平傳》、《宋史紀事本末》三〇《夏元昊拒命》、《薛鑑》卷一九《宋紀》均作『德和不從，驅馬遁赴甘泉。』今從改。

〔一七〕吉爲指揮使　『指揮』下原脱『使』，據上文及《續通鑑》卷四二《宋紀》補。

〔一八〕詔殿中侍御史文彦博即河中置獄問狀　『侍御』下原脱『史』，據《宋史》卷三一五《劉平傳》、《長編》卷一二六補。

〔一九〕張達以戰歿　『達』原作『廷』，據《長編》卷一二七、《續通鑑》卷四二《宋紀》改。

〔二〇〕鄜延鈐轄張亢上疏言　『上』下原脱『疏』，據《宋史》卷三二九《張亢傳》、《長編》卷一二八補。

〔二一〕前鋒軍馬陷賊寨者四指揮　《宋史》卷三二九《張亢傳》作『前鋒軍馬陷賊者已二千騎』，《長編》卷一二九同本書。

〔一三〕與隰州兵馬延州兵馬會合　「隰州」與上文所謂「石、隰州」殊復。按，上句言「出麟、府并石、隰州兵馬」，「麟、府」時屬河東路，地近西夏，下文疑應對應，以陝西四路中最近西夏地的環慶、鄜延二路兵馬相會合，鄜延有所謂「延州兵馬」，則環慶應爲環州或慶州，故「隰州」疑爲「環州」或「慶州」之訛。

遂失之。』仲淹因屬美復城如故。數日，賊果來，其衆數萬，薄金明砦，陣於延安城北三十里〔七〕。美領衆二千力戰，會暮，援兵不至，乃徙軍山北，多設疑兵，賊望見，以爲救至，即引去。時諸將多不利，美十餘戰，平族帳二百，焚虜寨二十〔八〕，復故城堡甚衆。元昊又連陷乾溝、乾福、趙福三堡。壬申，韓琦使環慶副總管任福等領兵七千，聲言巡邊，部分諸將，夜趨七十里至白豹城。福密出城，密部分諸將，使王懷政攻白豹城西，斷神樹覘來路；范全攻其東，斷金湯之路；談嘉震攻其北，斷葉市之路；王慶、石全攻其南；武英入城門鬬敵；福以大將駐於城外策應。平明，克之，破四十一族，焚其積聚而還。獲一酋拏季家妹，在慶州官員充奴婢，使押送慶州配士人爲妻。

時塞門諸砦既陷，鄜州判官种世衡言：『延安東北二百里，有故寬州〔九〕，請因廢壘而興之，以當寇衝，右可固延安之勢，左可致河東之粟，北可圖銀、夏之舊。』朝廷從之，命世衡董其役。夏人屢來争，世衡且戰且城。然處險無泉，議不可守。鑿地百五十尺，遇石橫亘，工徒拱手曰：『是不可井矣。』世衡曰：『過石而下，將無泉耶？爾攻其石，屑而出之。凡屑石一畚，定價百錢。』工乃致力，過石數重，泉果沛發，甘且不耗。萬人歡呼曰：『神乎！水大足，吾無困渴之患矣。』自兹，西陝堡障患無泉者，悉如世衡募工致力，無不濟者。城成，賜名青澗，以世衡爲内殿承制，知城事。世衡開營田，募商賈，通貨利，城遂富實。教民習射，以銀爲的，中者與之。或争徭役，亦使之射，中者優免。有過失者，亦使之射，中則釋之。其餘僧道、婦女無不射也。其以銀爲的者，其銀重輕如故，而的漸厚且小，則射益工，由是人人能射。

冬十一月，仲淹以葛懷敏出師，出歸孃谷與夏人戰，敗之。甲午，賜涇原駐泊都監王珪名馬二匹、黄金三十兩、裹創絹百匹。復下詔暴其功，以厲諸將。勒金字處置牌賜之，使得專殺。丙申，以環慶部署兼知慶州任福爲龍神衛四厢都指揮使，賞白豹城之功也。尋命兼鄜延路副都部署。贈延州塞門寨主高延德、權兵馬監押王繼元官，兼録其子。故延州西路同巡檢張圭三子，亦皆授官。乙亥，贈鎮戎軍西路都巡檢使楊保吉爲深州防禦使。

十二月乙巳，詔涇原、鄜延路討元昊，命以正月上旬出兵。自元昊寇鎮戎，官軍不利，有詔切責夏竦，故有是命。知延州范仲淹言：『正月起兵，塞外雨雪大寒，萬一有失，噬臍何及？且元昊謂國家太平忘戰，邊城無備，是以傑慠。今邊備漸飭，至則輒擊，若用臣策，歲月無效，徐圖舉兵。先取綏、宥，據其要害，屯兵營田，爲持久之計，則横山人户，必挈旗來歸，拓疆禦寇，莫此之利。』上亦用其議。於是，仲淹固守鄜延。丁未，詔開封府、京東西、河東路括驢五萬，以備西討。館閣校勘歐陽修上書曰：『自元昊叛逆，三十萬之兵食於西者二歲矣，又有十四五萬之鄉兵，不耕而自食其民。自古未有四五十萬之兵連年仰食，而國力不困也。』上便宜三事：一、通漕運，二、盡地利，三、榷商賈。

慶曆元年春正月，元昊使人於涇原乞和，又遣塞門寨主高延德還延州，令見知州范仲淹約和。仲淹既見延德，察元昊未肯順事，且無表章，不敢聞於朝廷，乃自爲書諭以逆順，遣監押韓周同延德還抵元昊。

其書曰：『正月日，具位仲淹，謹修誠意，奉書於夏國大王。曩者景德初，兩河休兵，中外上言，以靈、夏數州本爲内地，請移河朔之兵，合關中之力，以圖收復。我真宗皇帝文德柔遠，而先大王情向朝廷〔一〇〕，心如金石。言西陲者一切不行，待先大王以骨肉之親，命爲同姓，全付夏土，旌旗車服，貴極王公，是我真宗皇帝有天地之造於爾也。自此，朝貢之臣，不絕於道。塞垣之下，逾三十年有耕無戰，養生送死〔一一〕，令終天年。此真宗皇帝之至化，亦先大王忠順之功也。

『自先大王薨背，今皇帝震悼，累日嘻吁，遣使厚弔賻之禮，聽大王嗣守其國，爵命隆重，一如先大王。大王以青春襲爵，違先君之誓，遂僭位號，遣人歸納旌節。中外驚憤，請收行人，戮於都市。皇帝念先帝本意，故夏王忠順之功，不忍一朝驟絶，含容不殺，省初念終，天子何負大王哉？

『仲淹與大王雖未嘗高會，嚮者同事朝廷，於天子則父母也，於大王則兄弟也，豈有孝於父母而欲害於兄弟哉？可不爲大王一一而陳之。《傳》曰：「名不正則言不順，言不順則事不成。」大王世居西土，衣冠語言，皆從本國之俗，何獨名稱與中朝天子侔擬！名豈正而言豈順乎？如衆情莫奪，亦有漢、唐故事，單于、可汗皆本國極尊之稱，具在方册。仲淹料大王必以契丹爲比，故自謂可行。其契丹自石晋有援立之功，時已稱帝。今大王世受天子建國封土之恩，如諸蕃中有叛朝廷者，大王當爲霸主率諸侯以伐之，則世世有功，王王不絶。乃欲擬契丹之稱？究其體勢，昭然不同，徒使瘡痍萬民，拒朝廷之禮，傷天地之仁。

『《易》曰：「天地之大德曰生，聖人之大寶曰位，何以守位曰仁。」是以天地養萬物，故其道不窮；聖人養萬民，故其位不傾。又《傳》曰：「國家以仁獲之、以仁守之者百世。」昔在唐末，天下恟恟，群雄咆哮。日尋干戈，血我生靈，腥我天地，滅我禮樂，絶我稼穡。皇天震怒，罰其不仁，五代王侯，覆亡相續。老氏曰：「樂殺人者，不可如志於天下。」誠不誣矣。後唐顯宗，祈於上天曰：「願早生聖人，以救天下！」是年，我太祖皇帝應祈而生。及歷試諸艱，中外欣戴，不血一刃，受禪於周。廣南、江南、荆湖、西川，有九江萬里之阻，一舉而下，豈非應天順人之至乎？由是，罷諸侯之兵，革五代之暴，垂八十年天下無禍亂之憂。太宗皇帝聖文神武，表正萬邦，吴越納畺，并晋就縛。真宗皇帝奉天體道，清净無爲，與契丹通好，受先大王貢禮，自兹四海熙然同春。今皇帝坐朝至晏，從諫如流，有忤雷霆，雖死必赦，故四海之心，望如父母。此所謂以仁獲之，以仁守之，百世之朝也。

『仲淹料大王建議之初，必有離閒，妄言邊城無備，士心不齊，長驅而來，所向必下。今以强人猛馬，犇衝漢地，二年於兹[一二]，漢之兵民，蓋有血戰而死，無一城一將願歸大王者，此可見聖宋仁及天下，邦本不摇之驗也。與夫閒者之説，無乃異乎？今天下久平，人人泰然，不習戰鬭，不熟紀律。劉平之徒，忠敢而進，不顧衆寡，自取其困，餘則或勝或負，殺傷俱多。大王國人，必以獲劉平爲賀。昔鄭人侵蔡，獲司馬公子燮，鄭人皆喜，惟子産曰：「小國無文德而有武功，禍莫大焉！」而後鄭國之禍，皆如子産之言。

『今邊上訓練漸精〔一三〕，恩威已立，有功必賞，敗事必誅。將帥而下，大知紀律，莫不各思奮力效命，争議進兵。如其不然，何時可了？今招討司統兵四十萬約五路入界〔一四〕，著其律曰：「生降者賞，殺降者斬；獲精强者賞，害老幼婦女者斬。」遇堅必戰，遇險必奪，可取則取，可城則城。縱未能入賀蘭之居，彼之兵民降者死者，所失多矣。是大王自禍其民，官軍之勢不獲而已也。仲淹又念皇帝有征無戰不殺非辜之訓，夙夜於懷。雖師帥之行，君命有所不受，奈何鋒刃之交，相傷必衆。且蕃兵戰死者，非有罪也，忠於大王耳；漢兵戰死者，非有罪也，忠於天子耳。使忠孝之人肝腦塗地，積累怨魄，爲妖爲災，大王其可忽諸？朝廷以王者無外，有生之民皆爲赤子，何蕃漢之限哉？何勝負之言哉？仲淹與招討太尉夏公、經略密學韓公嘗議其事，莫若通問於大王，計而決之，重人命也。

『其美利甚多，大王如能以愛民爲意，禮下朝廷，復其王爵，承先大王之志，天下孰不稱其賢哉？一也。如衆多之情〔一五〕，三讓不獲，前所謂漢、唐故事，如單于、可汗之稱，尚有可稽，於本國語言爲便，復不失其尊大，二也。但臣貢上國，存中外之體，不召天下之怨，不速天下之兵，使蕃漢邊人復見康樂，無死傷相枕、哭泣相聞之慘，三也。又大王之國，府用或缺，朝廷每歲必有物帛之厚賜，爲大王助，四也。又從來入貢〔一六〕，使人止稱蕃吏之職，以避中朝之尊。

按漢諸侯王相皆出真拜，又吴越王錢氏有承制補官故事，功高者受朝廷之命，亦足隆大王之體，五也。昨有邊臣上言，乞招致蕃部首領，仲淹亦已請罷，大王告諭諸蕃首領，不須去父母之邦，但回意中朝，則太平之樂，遐邇同之，六也。國家以四海之廣，豈無遺才？有在大王之國者，朝廷不戮其家，安全如故，宜善事主，以報國士之知，惟同心嚮順，自不失其富貴，而宗族之人必更優恤，七也。又馬牛駞羊之産，金銀繒帛之貨，有無交易，各得其所，八也。大王從之，則上下同其美利，生民之患，幾乎息矣。不從則上下失其美利，生民之患〔一七〕，何時而息哉？仲淹今日之言，非獨利於大王，蓋以奉君親之訓，救生民之患，合天地之仁而已，惟大王擇焉。不宣。仲淹再拜。』

二月，韓琦命環慶副總管任福進討，敗於好水川。奏聞，帝震悼。

夏四月，降范仲淹爲户部員外郎，知耀州。始，韓周等持仲淹書入西界，送者禮意殊善。行既兩日，聞山外諸將敗亡，周等抵夏州，留四十餘日。元昊俾其親信野利旺榮爲書報仲淹，别遣使與周俱還，且言不敢以聞烏珠即兀卒，書詞益慢。仲淹對使者焚其書，而潛録副本以聞，書凡二十六紙，其不可以聞者二十紙，仲淹悉焚之，餘又略加删改。書既達，大臣皆謂仲淹不當輒與元昊通書，又不當輒焚其報。

校勘記

〔一〕康定元年春二月丁亥　據《長編》卷一二六，夏守贇、王守忠、韓琦和范仲淹之任西綫不在一日。雖夏守贇之任在丁亥日，而王、韓之任在二月卻非丁亥。夏、王、韓之任在二月，范之任卻在三月。

〔二〕監押左侍禁王繼元蔡沂等死之　《長編》卷一二七、《續通鑑》卷四二《宋紀》均無載『蔡沂』。按，上二書作『監押、左侍禁王繼元死之』，此則插入『蔡沂』，於官職不知同爲『監押、左侍禁』否？故似當删『蔡沂』。

〔三〕秋七月己卯　《長編》卷一二七載於五月。《薛鑑》卷一九《宋紀》和《宋史紀事本末》卷三〇《夏元昊拒命》均同本書載於『秋七月』。

〔四〕不量賊衆而出戰　此句《宋史》卷三一四《范仲淹傳》、《宋史紀事本末》卷三〇《夏元昊拒命》、《薛鑑》卷一九《宋紀》作『將不擇人』，《長編》卷一二八、《續通鑑》卷四二《宋紀》同本書。

〔五〕九月丙寅　『丙寅』上原脱『九月』，考《宋史》卷一〇《仁宗紀》、《長編》卷一二八、《薛鑑》卷一九《宋紀》均載於九月，故據補。

〔六〕涇原路都監劉繼宗　『宗』原作『宋』，形近而誤。據《長編》卷一二八、《續通鑑》卷四二《宋紀》改。

〔七〕陣於延安城北三十里　『於』上原脱『陣』字，據《宋史》卷三二三《周美傳》、《長編》卷一二八補。

〔八〕焚廣寨二十　《宋史》卷三二三《周美傳》作『焚（族帳）二十一』，《續通鑑》卷四二同本書之數目。

〔九〕有故寬州　『故寬州』《太平治跡統類》卷八《仁宗經制西夏要略》及《太平寰宇記》卷三九作『故宥州』，《宋史》卷三三五《种世衡傳》、《長編》卷一二八同本書。

〔一〇〕而先大王情向朝廷　『情向』，《長編》卷一三〇作『請向』，北宋刻本《范文正公文集》卷一〇《答趙元昊書》作『歸向』,《續通鑑》卷四三同本書。

〔一一〕養生送死　『死』原作『世』,據江蘇本、《長編》卷一三〇、《范文正公文集》卷一〇《答趙元昊書》、《續通鑑》卷四三改。

〔一二〕二年於茲　『二』,《長編》卷一三〇、《續通鑑》卷四三《宋紀》作『頻』,《范文正公文集》卷一〇《答趙元昊書》、《薛鑑》卷二〇《宋紀》同本書作『二』。

〔一三〕今邊上訓練漸精　『上』原作『士』,據上下文意,既敘『訓練』,又述『恩威』、『賞』、『誅』、『紀律』、『奮力』等,不單指『邊士』而言,而就整個邊境之上而論。故『士』乃『上』之訛。今據《長編》卷一三〇與《范文正公文集》卷一〇《答趙元昊書》改。

〔一四〕今招討司統兵四十萬約五路入界　《長編》卷一三〇作『招討司先以邊兵五十萬約諸路入界』,『五十萬』與『四十萬』差異較大。《范文正公文集》卷一〇《答趙元昊書》、《薛鑑》卷二〇《宋紀》同本書。

〔一五〕如衆多之情　『情』,《長編》卷一三〇作『請』,《范文正公文集》卷一〇《答趙元昊書》、《薛鑑》卷二〇《宋紀》同本書。

〔一六〕又從來入貢　『從』,《長編》卷一三〇作『前』,《范文正公文集》卷一〇《答趙元昊書》、《薛鑑》卷二〇《宋紀》同本書。

〔一七〕生民之患　『生』,《長編》卷一三〇作『邊』,《范文正公文集》卷一〇《答趙元昊書》、《薛鑑》卷二〇《宋紀》同本書。又,下文二處『生民之患』,亦同此。

卷十三

好水之敗

慶曆元年春正月，帝以元昊勢益猖獗，遣晁宗慤即陝西問攻守之策，夏竦等具二説，帝取攻策，詔鄜延、涇原會兵，期以正月進討。仲淹言：『正月塞外大寒，不如俟春深。且乞留鄜延一路，以備招納。或擇利進城廢砦，以牽制元昊。』從之。既而，元昊遣塞門寨主高延德還延州，令見知州范仲淹約和。仲淹不聞知朝廷，乃自爲書遺元昊，諭以禍福。於是，韓琦聞之，謂人曰：『無約而請和者，謀也。是知我欲大舉，而爲款兵之計。不然，懈我邊防，又將入寇。』命諸將戒嚴，而自行邊。時走馬承受崔宣亦以賊請和事奏，上謂輔臣曰：『賊多詭計，欲懈我師爾。』乃詔逐路益嚴備之。

二月，韓琦行邊至高平，元昊果遣衆寇渭州，偪懷遠城。琦乃趨鎮戎軍，盡出其兵，又募士萬八千人〔一〕，命環慶副總管任福將之，以將作監丞耿傅參行營軍事，涇原都監桑懌爲先鋒，鈐轄朱觀、都監武英、王珪各以所部從〔二〕。

初，夏竦令尹洙趨延州，與范仲淹議出兵，而仲淹固執前奏。竦又上言：『兩路協力，尚恐未能勝虜，而仲淹卻以牽制爲名，止委涇原之師以嘗聚寇〔三〕，正墮賊計。』詔以竦奏示仲淹。龐籍亦言：『臣度朝議，以屯兵已久，上費國力，欲決於攻取，或且汰去冗兵，只留精鋭在邊，則數少而費寬，然後乘釁大舉，庶有萬全之策。』

先是，韓琦與判官尹洙詣闕，獻入攻元昊之計，欲自鄜延、涇原出師。夏竦作大帥，意不甚主；吕夷簡居上弼，天下之務，一斷於己；杜衍方副位樞地，深以入攻爲非。吕因謂人曰：『自劉平敗覆以來，言羌事者，人人震怯。今韓、尹健果如此，豈可沮之也。』韓、尹既遂請，即馳驛而西，自畿甸近郡，配市驢乘、軍需入關，道路曉夜不絶，州縣不勝其擾。

仲淹雖與琦同副帥任，已專守延安，不預此議。及師舉有期，仲淹固執不可，洙徑趨延安見仲淹，圖爲協力，仲淹終不從。琦已駐鎮戎軍，召環慶副總管任福計事，即并諸路將佐，聚兵數萬，爲出討之計。會元昊閲兵折薑會，併兵來寇，欲逆折官軍之鋒。琦謂諸將曰：『今勇將鋭師悉萃於此，而賊輒來犯，其勝必矣。』福將行，琦授方略，令併兵合勢，自懷遠城趨得勝砦至羊牧隆城，出敵之後。諸砦相距才四十里，道近，糧餉便，度勢未可戰，即據險置伏，要其歸路。戒之再三，且曰：『苟違節制，有功亦斬。』福引輕騎數千趨懷遠捺龍川，遇鎮戎西路巡檢常鼎、同巡檢内侍劉肅，與敵戰於張家堡南，斬首數百。賊人羸形誘之，時委老弱棄馬羊、橐駞、牛畜，令官軍將獲之，衆益喜貪功，不可遏。琦在壁中，左右争請行，亦有不白而去者，追奔逐北惟恐後。時桑懌引騎趨之，福亦分兵自將踵後。諜傳敵兵少，福等因易之〔四〕。薄暮，與懌合軍屯好水川，朱觀、武英爲一軍屯籠絡川，隔山相距五里，約明日會兵川口，不使夏人匹騎逸去，不知其已陷於伏中矣。路既遠，芻餉不繼，士馬乏食者三日。時元昊自將精兵十萬營於川口，候者言夏人有砦不多，故福等輕之。

明日癸巳，福與懌至龍竿城北，遇賊大軍循好水川西行〔五〕，出六盤山下，距羊牧隆城五里，結陣以抗官軍〔六〕。諸將方知墮敵計〔七〕，勢不可留，遂前格戰。懌於道旁得數銀泥合，封襲謹密，中有動躍聲，疑莫敢發。福至，發之，乃懸哨家鴿百餘，自中決起，盤飛軍上，於是夏兵四合。懌馳犯其鋒，福陣未成列，賊縱鐵騎突之。自辰至午，陣動，衆傅山，欲據勝地，忽夏人陣中樹鮑老旗，懌等莫測。既而旗左麾，左伏兵起，右麾，右伏兵起。自山背下擊，士卒多墜厓塹相覆壓，懌、肅戰死。敵分兵數千斷官軍後，福力戰，身被十餘矢。有小校劉進勸福自免，福曰：『吾爲大將，兵敗，以死報國爾！』揮四刃鐵簡，挺身決鬬，槍中左頰，絶其喉而死。子懷亮亦死之。敵乃併兵攻觀、英，戰既合，珪自羊牧隆城引屯兵四千五百陣於觀軍之西，渭州駐泊都監趙津將瓦亭騎兵二千繼至〔八〕。珪屢出略陣，陣堅不可破，英被重傷，不能視軍。敵兵益至，官軍大潰，英、津、珪、傅皆死，士卒死者萬三百人〔九〕。惟觀以兵千餘保民垣，四向縱射，會暮，敵引去。時涇原部署王仲寶亦以兵來援，與觀俱還民垣，距福敗處才五里〔一〇〕，然不相聞也。

始，珪以二千騎爲先鋒〔一一〕，自瓦亭至師子堡，賊圍之數重，珪奮擊，多獲首級。乘閒叩鎮戎軍請益兵，不許，止縋糧與之。士卒既飽，珪語之曰：『兵法，以寡擊衆必在暮。我兵少，乘其暮可得志也。』乃馳入，賊一將以槍直其胸，傷右臂，珪左手以杵碎其脛，又一將復以槍進，珪挾其槍，運鞭擊死之。虜驚，遂引去，因改涇原都監。至是，從福入好水川，連鬭三日，諸將俱沒，乃東向再拜曰：『非臣負國，力不能也，獨有死尒。』乃復進戰，擊殺數百人〔一二〕，鐵鞭至撓曲，手掌破裂，猶奮目若電〔一三〕。馬三中箭，三易馬，最後得其下馬，左右馳擊，又殺數十人，飛矢中其目，遂死。英知必敗，勸傅避去，傅不答，指顧自若。及賊騎大至，英又勸傅，且歎曰：『君文吏，無軍責，奈何與英俱死也？』觀亦戒傅少避鋒，而傅愈前不顧，身被數槍，乃殞。

前一夕，傅在觀營，夜作書遺福，以其日小勝，前與賊大軍遇，深以持重戒之。自寫題觀名以致福軍中。傅死後，或言福之敗由傅督戰太急，韓琦得其書上之，事始白。傅，尹洙友也，力薦於琦，使預謀議。洙乃因衆所歸咎，作《憫忠》、《辨誣》二篇以排之。

是時，關右大震，元昊傾國入寇，福臨敵受命，所統皆非素撫之兵，又分出趨利，故致甚敗。琦還至半途，陣亡者之父兄妻子數千人號於馬首，持故衣、紙錢招魂而哭曰：『汝昔從招討出征，今招討歸而汝死矣！汝之魂亦能從招討以歸乎〔一四〕？』既而哀慟聲震天地，琦不勝悲憤，掩泣駐馬不能前者數刻。奏聞，上震悼，皆贈卹有差。琦上章自劾，乃奪琦一官，使權徙知秦州。

戊戌，夏人再寇劉璠堡，未退。尹洙遣權環慶路都監劉政將鋭卒數千往援，未至，賊引去。

校勘記

〔一〕又募士萬八千人　『萬八千人』，《宋史》卷四八五《夏國傳》作『萬人』，《長編》卷一三一作『八千人』，《韓魏公集》卷一一《家傳》、《宋史》卷三二五《任福傳》、《薛鑑》卷二〇《宋紀》均同本書。

〔二〕都監武英王珪各以所部從　『武英』上原無『都監』二字，考《宋史》卷四八五《夏國傳》作『都監武英』，卷三二五《任福傳》作『都監武英、涇州都監王珪』，《長編》卷一三一則作『涇州都監武英』、『行營都監王珪』，而二將本傳則載從任福之好水川一戰時，俱遷涇原路行營都監。據此，故於『武英、王珪』前補『都監』。

〔三〕止委涇原之師以嘗聚寇　『寇』上原脱『聚』字，據《長編》卷一三一、《續通鑑》卷四三《宋紀》補。

〔四〕福等因易之　『因』，《宋史》卷三二五《任福傳》作『頗』，《薛鑑》卷二〇《宋紀》、《宋史紀事本末》卷三〇《夏元昊拒命》同本書。

〔五〕遇賊大軍循好水川西行　《薛鑑》卷二〇《宋紀》、《宋史紀事本末》卷三〇《夏元昊拒命》作『福與懌循好水川西行』，與本書所載敵我舛異。《長編》卷一三一、《宋史》卷三二五《任福傳》作『遇賊大軍循川行』，則夏軍所行不載方向。又，『遇』前衍『方』，上述四書均無此字，據删。

〔六〕結陣以抗官軍　《薛鑑》卷二〇《宋紀》、《宋史紀事本末》卷三〇《夏元昊拒命》作『與夏軍遇』。

〔七〕諸將方知墮敵計　『知』上原脱『方』，《長編》卷一三一作『乃知』，《宋史》卷三二五《任福傳》、《薛鑑》卷二〇《宋紀》、《宋史紀事本末》卷三〇《夏元昊拒命》均作『方知』，據補。

〔八〕渭州駐泊都監趙津將瓦亭騎兵二千繼至　『州』原作『川』，形近而誤。據《宋史》卷三二五《任福傳》、卷四八五《夏國傳》，《長編》卷一三一改。又，『趙津』，《長編》卷一三一、《韓魏公集》卷一一《家傳》、尹洙《河南先生文集》卷三《憫忠》作『趙律』，上述《宋史》二傳、《宋史紀事本末》卷三〇《夏元昊拒命》、《薛鑑》卷二〇《宋紀》同本書。

〔九〕士卒死者萬三百人　《宋史》卷三二五《任福傳》、《長編》卷一三一作『六千餘人』，《宋史》卷四八五《夏國傳》、《宋史紀事本末》卷三〇《夏元昊拒命》、《薛鑑》卷二〇《宋紀》同本書。

〔一〇〕距福敗處才五里　『五里』原作『里許』，據《長編》卷一三一、《宋史》卷三二五《任福傳》改正。

〔一一〕珪以二千騎爲先鋒　『二千』，《宋史》卷三二五《王珪傳》作『三千』。

〔一二〕擊殺數百人　《宋史》卷三二五《王珪傳》『數』下有『十』字，《長編》卷一三一同本書。

〔一三〕猶奮目若電　《宋史》卷三二五《王珪傳》作『猶奮擊自若』，《長編》卷一三一作『猶奮身躍馬』。二書各異。

〔一四〕汝之魂亦能從招討以歸乎　『亦』上原衍『識』字，『魂識』語意不通，據《宋史紀事本末》卷三〇《夏元昊拒命》删。

卷十四

渭州之變〔一〕

慶曆元年，韓、范既各以事去。

夏四月甲申，以陳執中同陝西安撫經略招討使，曹琮副之。時夏竦判永興軍，執中知軍事，議多異同，故分命竦屯鄜州、執中屯涇州。竦雅意在朝廷，及任以西事，頗依違顧避。嘗出巡邊，置侍婢中軍帳下，幾至兵變。竦又嘗揭牓塞上，云有得趙元昊頭者，賞錢五百萬貫，爵爲西平王。元昊使人入市賣箔，陝西荻箔甚高，倚之食肆門外，併爲食訖，故遺去之。至晚，食肆竊喜，以爲有所獲也，徐展之，乃元昊購竦之牓，懸箔之端有云：得夏竦頭者，與錢兩貫〔二〕。比竦聞之，急令藏掩，而已宣播遠近矣。竦大慚沮，其見輕侮如此。初，劉、石之敗，曹琮請籍民爲義軍〔三〕，以張兵勢。於是，料簡鄉弓手數萬人。賊寇山外，還天都，卻儀、秦屬户，琮發騎士設伏以待之，賊遂引去。琮欲誘吐蕃犄角圖賊，得西州舊賈，使諭意，而沙州鎮國王子遣使奉書〔四〕，願率首領爲朝廷擊賊。帝善琮策，故使副執中。

五月戊午，以右班殿直趙珣爲陝西經略安撫招討都監。珣初隨其父振在西邊，訪得五路徼外山川、邑居、道里、利害，作《聚米圖經》五卷。韓琦言於帝，詔取其書，并召珣，至，又上《五陣圖》、《兵事》十餘篇。帝給步騎，使案陣，既成，臨觀之。於是，陳執中薦珣爲沿邊巡檢使。呂夷簡、宋庠共奏，用兵以來，策士無如珣者，即擢任之。珣自以年少新進，未有功，辭都監，受兵萬人，賜御鎧仗〔五〕，復自擇偏裨參佐〔六〕，居涇原，兼治籠竿城。麻氊、党留百餘帳處近塞爲暴，珣白府引兵二萬〔七〕，自静邊歷揆吴抵木寧襲敵〔八〕，俘獲數千計。静邊將劉滬殿後〔九〕，爲賊所掩。珣登阪望見，縱騎數百復入〔一〇〕，拔滬之衆以出，士皆歎服。

六月壬辰，詔陝西諸路總管司嚴邊備，毋輒入賊界，賊至則禦之。

秋七月丙辰，月掩心後星。戊午，月掩南斗。元昊寇麟、府二州，折繼閔敗之。

八月戊寅，詔鄜延部署許懷德等以兵萬人援麟、府。麟州言，元昊破寧遠砦，砦主、侍禁王世亶，兵馬監押、殿直王顯死之，焚倉庫樓櫓皆盡。復率兵攻府州。州城險且堅，東南各有水門〔一一〕，厓壁峭絶，下臨大河。賊緣崖腹微徑，魚貫而前。城上矢石亂下，賊死傷殆盡。轉攻城北，士卒復力戰，傷者千餘人，賊乃引退，縱兵四掠，又復圍豐州。麟、府二州皆在河外，因山爲城，最爲險固。而麟扼西夏之衝，但城中無井，唯有一沙泉在城外，其地善崩，俗謂之『抽沙』，每欲包展入壁，而土陷不可城。

初，河東轉運使文洎以麟州餉道回遠，軍食不足，欲按唐張説出兵故道，復通河關，未及就而卒。及洎子彦博爲河東轉運副使，遂通道銀城，而州有積粟可守，然其無水如故也。至是，有戎人謂元昊曰：『麟州無井，若圍之半月，即兵民渴死矣。』元昊即以兵圍之，數日不解。城中素乏水，圍既久，士卒渴乏，城中大窘。有軍士獻策於知州苗繼宣曰：『彼圍不解，必以無水窮我。今願取溝泥，使人乘高以泥草積飾陴，使賊見之，亦伐謀之一端也。』州將從之。元昊仰視曰：『諜謂我無庸戰，不三日，漢人當渴死。今乃有泥以護草積，是紿我也。』斬之城下，解圍而去。乙未，元昊圍豐州，孤城無援，遂陷，知州王餘慶、權兵馬監押孫吉、指使侯秀死之。

九月庚戌，以張亢爲并代鈐轄，管勾麟府軍馬公事。時元昊已破豐州，引兵屯琉璃堡，縱騎抄麟、府閒，二州閉壁不出。民乏水飲，黄金一兩易水一杯。亢單騎扣府州城，門闔不啟。亢曰：『我新軍馬也。』出所受敕示城上，既入，即開門縱民采薪芻、汲澗谷。然賊騎猶時出抄掠漢田。亢以州東焦山有石炭穴，爲築東勝堡；下城旁有蔬畦，爲築金城堡；州北沙坑有水泉，爲築安定堡，置兵守之。募人獲於外，腰鐮與持兵衛送者均其得。時禁兵敗北，無鬬志，乃募役兵，夜潛隘道，邀擊賊遊騎。比明，或持首級來獻，亢犒勞之，衣以錦袍。禁兵始慚奮曰〔一二〕：『我顧不若彼乎？』又縱使飲博，士窘乏幸利〔一三〕，皆願一戰。亢知可用，始謀擊琉璃堡。使諜伏賊寨旁草中，見老羌方炙羊髀占吉凶，驚曰：『明日當有急兵，且趨避之。』皆笑曰：『漢兒方藏頭芻閒，何敢至此！』亢知無備，夜引兵襲擊，大破之，斬首二百餘級。賊棄堡遁去，乃築宣威寨於步驪溝捍寇路。然賊自是攻城寇括不已。

時將校張岊等戰比有功，名振一軍，卒皆不至顯官。以鄜延都監王信爲本路鈐轄，兼兩路都巡檢使。信初爲鄜延都監，始至之夕，賊衆號數萬傅城，軍吏氣懾，不知所爲。信領勁兵二千，夜出南城門，與賊戰不利，失其前鋒，因按軍不動。遲明，潛上東山，整軍乘勢而下，擊走之，追襲大獲而還。葛懷敏敗，信又出兵拒賊，俘斬甚衆。

先是，屯田員外郎、河内張旨通判府州。州依山無外城〔一四〕，旨將築之，州將曰：『吾州據險，敵必不來。』旨不聽，城垂就，寇大至，乃聯巨木補其罅，守以强弩。州無井，賊斷河飲路。旨夜開門擊賊，少卻，以官軍壁兩旁，使民出汲。復以渠泥覆草積，督居民乘城力戰。賊死傷者衆，遂解去。

壬申，遷旨都官員外郎。麟州都監王凱數破賊有功〔一五〕，賊圍麟州，乘城拒鬭，晝夜三十一日，始解去。累遷麟府路沿邊都巡檢使。與同巡檢、府谷張岊護糧道於青眉浪，賊大至，與岊相失。乃分兵出其後夾擊之，復與岊合，斬首六十五級〔一六〕。又入兔毛川，遇賊衆三萬，凱以兵六千陷圍，流矢中面，鬭不解，至暮賊潰，又斬首百八十六級，自蹂踐死者以數千。遷南作坊副使。時元昊遣兵分屯要害，以絶麟州餉道。楊偕請棄河外，保合河津，帝不許。會管勾麟府軍馬事張亢擊賊琉璃堡，破之。又戰於柏子砦及兔毛川，皆勝。

癸酉，降并代副署王元、鈐轄康德輿、楊懷志等官〔一七〕。先是，賊圍府州，德輿等案兵不出，但移文轉運副使彦博藉民輦運，至境以俟，德輿終不敢出。及豐州陷，才出屯州城外數里，三日而還。居民望見，以爲寇復至，皆棄其所齎，入保城郭。彦博以其事聞，故責及之。然止坐不出戰，其他則朝廷不悉聞也。

冬十月，命知并州楊偕速修復寧遠寨，遂築建寧等五堡十餘栅，以援麟州，河外始固。甲午，夏竦、陳執中罷。分秦鳳、涇原、環慶、鄜延爲四路，以韓琦知秦州、王沿知渭州、范仲淹知慶州、龐籍知延州，各兼經略安撫招討使，詔分領之。

自元昊反延州，陷金明、承平、塞門、安遠、栲栳寨，破五龍川，城砦焚掠殆盡。籍至，稍葺治之。戍兵十餘萬〔一八〕，無壁壘，皆散處城中，畏籍嚴，無敢亡去。金明西北有渾州川，其土平沃，川尾曰橋子谷，爲敵出入隘道。籍命部將狄青將萬餘人〔一九〕，築招安砦於谷旁，以斷寇出入之路。募民耕植，得粟以濟軍。又使周美襲取承平砦，王信築龍安砦，悉取虜所據地，築清水等十一城，延民以安。

初，元昊陰誘屬羌爲助，環慶酋長六百餘人約爲鄉導，後雖首露，猶懷去就。仲淹以其反覆不常，至部，即奏行邊，以詔書犒賞諸羌，閱其人馬，爲立條約，諸羌皆受命，自是爲中國用。羌人親愛之，呼爲『龍圖老子』。

仲淹以慶州西北馬鋪砦當後橋川口，南通鳳州、華州池，北接白豹、金湯，種落彊悍而善耕，且在賊腹中，欲城之。度賊必争，密遣其子純祐與蕃將趙明先據其地〔二〇〕。一日，擁兵出，諸將隨之，不知所向。行至柔遠，始號令，告其地處所往，至於版築之用，大小畢具，旬日城成，即大順城也。賊覺，以三萬騎來戰，佯北，仲淹戒勿追，已而果有伏。大順既成，而白豹、金湯皆不敢犯，環慶自此寇盜益少，詔賜名曰『大順城』。環州屬羌明珠、滅臧二族，兵各萬餘人，皆附賊。仲淹又請復細腰城、葫蘆泉諸砦，招致二族以扼賊，又復近羌千三百餘帳。葛懷敏之敗定川也，關中民竄匿山谷，乃率部下兵赴援，而募兵關中，人心始安。仁宗聞定川之敗，頗以西方爲憂，謂近臣曰：『若得仲淹出援，涇原可無慮矣。』及聞其出師，甚喜。

仲淹在邊，以長子純祐爲監簿。純祐自幼警悟，明敏過人。時年方冠，與諸將卒錯處，鉤深摘隱，得其材否。仲淹所料事，純祐必先知之。人或言純祐善能出神，凡虜情幾事皆預遥知，蓋出神之虜廷得之。仲淹每制勝料敵如神者，純祐之力也。自後出神，爲人所驚，故神觀不足，未幾而亡，年亦甚少。

二年春三月〔二一〕，仲淹巡邊至環州〔二二〕，屬羌多密與元昊相通。以种世衡素得屬羌心，而青澗城已完，乃奏徙世衡知環州以鎮撫之，詔從其請。有牛家族奴訛者〔二三〕，素倔强，未嘗出見州官，聞世衡至，乃來郊迎。世衡與約，明日當至其帳慰勞部落。是夕，大雪深三尺，左右言奴訛凶詐難信，且道險，不可行。世衡曰：『吾方以信結諸羌，可失期耶？』遂緣險冒雪而往。既至，奴訛尚臥，大驚，起曰：『吾世居此山，漢官無敢至者，公了不我疑耶〔二四〕？』帥部落羅拜，曰：『今而後，惟公所使。』皆感激心服。又有兀二族，受賊僞職，世衡遣人招之不至，命蕃官慕恩出兵討之。其後百餘帳皆自歸。

夏四月戊子〔二五〕，降詔奬諭知延州龐籍等，以興修橋子谷寨成也。

夏五月癸卯朔〔二六〕，徙張亢爲高陽關鈐轄。初，麟州猶未通，饋路閉隔，敕亢自護南郊賞物送麟州，賊既不得抄，隨以兵數萬趨柏子寨，邀我歸路。亢所將才三千人，亢激怒之，曰：『若等已陷死地，前鬭則生，不然，爲賊所屠無餘也。』士皆感厲。會天大風，順風擊之。斬首六百餘級〔二七〕，奪馬千餘匹。乃修建寧寨，賊數出争，遂戰於兔毛川。亢自以大陣抗賊，而使驍將張岊以短兵彊弩數千伏山後。亢以萬勝軍皆京師新募，疲耎不能戰，賊目曰『東軍』，素易之，而虎翼卒勇悍，陰易其旗以誤賊。賊果趨東軍而值虎翼卒，搏戰良久，發伏，賊大潰，斬首二千級。不踰月，築清塞、百勝、中候、建寧、鎮川五堡，麟州路始通。朝廷慮遼渝盟，徙亢高陽。是月，范仲淹城白豹、金湯。

秋閏九月辛未朔，先是，元昊聲言入寇，攻鎮戎軍，王沿命副總管葛懷敏督諸砦兵禦之。己卯，至瓦亭寨，遣本寨都監許思純、環慶都監劉賀以蕃兵五千餘人爲左翼，天聖寨主張貴爲殿後。戊子，進屯五谷口。知鎮戎軍曹英、涇原路都監趙珣、西路都巡檢李良臣、孟淵皆自山外來會，沿邊都巡檢使向進、劉湛爲先鋒，趙瑜總奇兵爲援。及大軍次安邊寨，給芻秣未絶，懷敏即離軍，夜至開遠堡北一里而舍〔二八〕。

庚寅，領大軍自鎮戎軍西南，又先引從騎百餘以前。走馬承受趙政以爲距賊近，不可輕進，懷敏乃少止。晚，趨養馬城。曹英及涇原都監李知和、王保、王文，鎮戎都監李岳，西路都巡檢使趙璘等分兵屯鎮戎城西六里。夜則入城自守，凡三日，至是亦趨養馬城，見懷敏，聞元昊從軍新濠外，乃議質明掩襲。趙珣謂懷敏曰：『賊遠來，利速戰，宜依馬欄城布柵，扼賊歸路，固守鎮戎以便餉道，俟其衰擊之，可必勝。不然，必爲賊曹所屠。』懷敏不聽，命諸將分四路趨定川，劉湛、向進出西水口，趙珣出蓮花堡，曹英、李知和出劉璠堡，懷敏出定西堡。既而知和與英督軍夜發。

辛卯，劉湛、向進行次趙福新堡遇賊，戰不勝，保向家峽。而趙珣、曹英、李良臣、孟淵等將趨定川，懷敏且令援趙福堡，未行，諜言賊已屯邊壕上，復召珣等入定川。會李知和麾下蕃落將報賊五千人列定川寨北，頃之，王文、李知和、定川寨主郭綸又報已拔柵踰壕。懷敏命趙珣與其子宗晟先行，日幾午，懷敏入保定川寨。賊毁版橋，斷其歸路，别爲二十四道以過軍，環圍之，又絶定川水泉上流。劉賀率蕃兵鬭於河西，不勝，衆潰。懷敏爲中軍屯寨門東偏，曹英等陣東北隅。賊四面俱至，先以鋭兵衝中軍，不動，回擊曹英。會黑風自東北起，部伍相失，陣遂擾，士卒攀城堞争入。英面被流矢，仆壕中。懷敏所部兵見之，亦奔駭，懷敏爲衆所擁，蹂躪幾死，輿至甕城，久之乃蘇。懷敏選士據門橋，揮手刀以拒入門者〔二九〕。趙珣等擁刀斧手前鬭，及以騎軍四合禦賊，賊衆稍卻。然大軍無鬭志，趙珣累馳入，勸懷敏還軍中。

是夕，賊大聚，圍城四隅，臨西北呼曰：『爾得非部署廳上點陣圖者邪？爾固能軍，乃入我圍中，今將何往？』夜四鼓，懷敏召諸將計議，莫知所出，遂謀結陣走鎮戎軍。趙珣請自籠竿城往，彼無險且出賊不意，衆不從。及旦，懷敏東馬東南馳二里許，至長城壕，路已斷，賊周圍之，懷敏及諸將曹英等十六人皆遇害，軍士九千四百餘人、馬六百餘匹悉陷於賊。懷敏子宗晟與郭京等還保定川。

時韓質等領軍數千保蓮花堡，劉湛等領軍一千保向家峽，皆不赴援。於是賊長驅直抵渭州〔三〇〕，幅員六七百里，焚蕩廬舍，屠掠居民而去〔三一〕。邠、涇以東，皆固壘自守。時天陰晦者十日，人情慘沮。范仲淹自將慶州兵來援，知涇州滕宗諒大設牛酒犒迎。於是士卒感發，邊民稍安。自劉平敗於延州，任福敗於鎮戎，懷敏敗於渭州，賊聲益振〔三二〕。然所以復守巢穴者，蓋鄜延路屯兵六萬八千，環慶路五萬，涇原路七萬，秦鳳路二萬七千，有以牽制之故也。事聞，時呂夷簡復居相位，語人曰：『一戰不及一戰，可駭也！』

冬十月，贈涇原路副都部署葛懷敏官〔三三〕，謚忠隱；涇原鈐轄曹英以下十六人亦並贈官有差。

十一月壬申，黑氣貫北斗柄〔三四〕。辛巳，以韓琦、范仲淹、龐籍爲陝西安撫經略招討使，置司涇州。會仲淹附王懷德入奏：『乞與韓琦同經略涇原，並駐涇州，琦兼秦鳳，臣兼環慶。涇原有警，臣與琦合秦鳳、環慶之兵，犄角而進；若秦鳳、環慶有警，亦可率涇原之師爲援。臣當與琦練兵選將，漸復橫山，以斷賊臂，不數年可期平定。願詔龐籍兼領環慶，以成首尾之勢。秦州委文彥博，慶州用滕宗諒總之，渭州一武臣足矣〔三五〕。』帝採用其策。

琦與仲淹在兵閒久，名重一時，人心歸之，朝廷倚以爲重。二人號令嚴明，愛撫士卒，諸羌來者，推誠撫接，咸感恩畏威，不能輒犯邊境。邊境人爲之謡曰：『軍中有一韓，西賊聞之心膽寒；軍中有一范，西賊聞之驚破膽。』是冬，元昊求納款，請歲入烏白池青白鹽十萬石，售於縣官，不許。先是，种世衡不利於定川〔三六〕，以仲淹爲領兵援。初，關右人心摇動，及見仲淹耀兵，號令整飭，人心遂安，相賀曰：『邊上自有龍圖公爲長城，吾屬何憂！』

校勘記

〔一〕渭州之變　『渭州』原作『渭川』，『川』爲『州』之形訛。今據《宋史》卷一一《仁宗紀》、卷二八九《葛懷敏傳》、《長編》卷一三七改。

〔二〕與錢兩貫　《宋史》卷二八四《夏竦傳》、《長編》卷一四〇作『與錢三千』。

〔三〕曹琮請籍民爲義軍　『曹琮』原作『陳琮』，『陳』乃『曹』之訛。今據本書卷十一、歷朝本、《宋史》卷二五八《曹琮傳》、《長編》卷一三二改。

〔四〕而沙州鎮國王子遣使奉書　《宋史》卷二五八《曹琮傳》『鎮』下無『國』字，《長編》卷一三一同本書。

〔五〕賜御鎧仗　『鎧』下原脱『仗』。《宋史》卷三二三《趙珣傳》作『御賜鎧仗』，《長編》卷一三二作『賜御鎧仗』，此據補改。

〔六〕復自擇偏裨參佐　『參』下原脱『佐』，據《宋史》卷三二三《趙珣傳》、《長編》卷一三二補。

〔七〕珣白府引兵二萬　『二萬』原作『三萬』，『三』乃『二』之訛。據《宋史》卷三二三《趙珣傳》、《長編》卷一三二改。

〔八〕自静邊歷揆吴抵木寧襲敵　『揆吴』原作『摖吴』，『摖』乃『揆』之訛。據《宋史》卷三二三《趙珣傳》、《長編》卷一三二改。

〔九〕静邊將劉滬殿後　『後』上原脱『殿』，據《宋史》卷三二三《趙珣傳》、《長編》卷一三二補。

〔一〇〕縱騎數百復入　『入』原作『又』，據《宋史》卷三二三《趙珣傳》、《長編》卷一三二改。

〔一一〕東南各有水門　『各』原作『谷』，形近而誤，『谷有水門』不妥。《長編》卷一三三即作『各有水門』，據改。

〔一二〕禁兵始慚奮曰　『慚』原作『暫』，形近而誤。據《宋史》卷三二四《張亢傳》、《長編》卷一三三改。

〔一三〕士窘乏幸利　『士』，《宋史》卷三二四《張亢傳》作『方』，《長編》卷一三三同本書。

〔一四〕州依山無外城　『依』原作『俯』，『俯』、『依』義異。《宋史》卷三〇一《張旨傳》、《長編》卷一三三均作『依山』，據改。

〔一五〕麟州都監王凱數破賊有功　『麟州』原作『鄜州』，『鄜』乃『麟』之訛。今據下句及《宋史》卷二五五《王凱傳》、《長編》卷一三三改。

〔一六〕斬首六十五級　『六十五級』與下文『百八十六級』，《宋史》卷二五五《王凱傳》均作『百餘級』，《長編》卷一三三同本書之數目。

〔一七〕楊懷志等官　『楊』原作『榻』，形近而誤。據《長編》卷一三三、《續通鑑》卷四三《宋紀》改。

〔一八〕戍兵十餘萬　《宋史》卷三一一《龐籍傳》、《宋史紀事本末》卷三〇《夏元昊拒命》、《薛鑑》卷二〇《宋紀》均無『餘』字，《長編》卷一三五同本書。

〔一九〕籍命部將狄青將萬餘人　『萬』下原脱『餘』字，據《宋史》卷三一一《龐籍傳》、《長編》卷一三五、

《薛鑑》卷二〇《宋紀》補。

〔二〇〕密遣其子純祐與蕃將趙明先據其地　『祐』原作『佑』，據《宋史》卷三一四《范仲淹附范純祐傳》、《長編》卷一三六改。下文凡范純祐，『佑』均改爲『祐』，不出校。

〔二一〕二年春三月　『三』原本殘作『一』，史籍一般作『春正月』，而無作『春一月』之例。江蘇本、歷朝本、半厂本均作『春三月』，據改正。

〔二二〕仲淹巡邊至環州　『至』原作『知』。按，范仲淹時爲環慶路都部署、經略安撫使，知慶州，下文有載『奏徙世衡知環州』，可證『知環州』乃『至環州』之訛。《長編》卷一三五、《薛鑑》卷二〇《宋紀》即作『至環州』，據改。

〔二三〕有牛家族奴訛者　『牛』下原脱『家族』二字，據《宋史》卷三三五《种世衡傳》、《長編》卷一三五補。

〔二四〕公了不我疑耶　『了』，《宋史》卷三三五《种世衡傳》作『乃』，疑『了』爲『乃』之訛。

〔二五〕夏四月戊子　『戊子』上原無『夏四月』，則此日敘事繫於春三月之下。按，據陳垣《二十史朔閏表》三月無戊子日，四月十五爲戊子日，《長編》卷一三五即載於夏四月，故據補正。

〔二六〕夏五月癸卯朔　《長編》卷一三六載張亢『爲高陽關鈐轄』在『甲辰』日，即五月二日。

〔二七〕斬首六百餘級　『六百』原作『六萬』，《宋史》卷三二四《張亢傳》作『六百』，《長編》卷一三六、《太平治跡統類》卷七《康定元昊擾邊》作『六萬』。按，張亢時率兵『才三千人』，依雙方軍力而言，對抗六萬多敵軍也不可能，何況是『斬首六萬餘級』？此從《宋史》本傳改。

〔二八〕夜至開遠堡北一里而舍　『開遠堡』，《長編》卷一三七作『安遠堡』，《宋史》卷二八九《葛懷敏傳》同本書。

〔二九〕揮手刀以拒入門者　『手刀』原作『刀手』，《宋史》卷二八九《葛懷敏傳》作『手刃』，《長編》卷一三七作『手刀』，此據《長編》乙正。

〔三〇〕於是賊長驅直抵渭州　『州』原作『川』，據《宋史》卷二八九《葛懷敏傳》、《長編》卷一三七改。下文『懷敏敗於渭州』，亦據改，不出校。

〔三一〕屠掠居民而去　『居民』，《宋史》卷二八九《葛懷敏傳》作『民畜』，《長編》卷一三七同本書。

〔三二〕賊聲益振　『賊』原作『敗』。按『敗聲益振』文義不通，『敗』當爲『賊』之形訛。《長編》卷一三七即作『賊聲益振』，據改。

〔三三〕贈涇原路副都部署葛懷敏官　『都』下原脱『部』，據《宋史》卷二八九《葛懷敏傳》、《長編》卷一三八補。

〔三四〕黑氣貫北斗柄　『北斗』下原脱『柄』字，據《宋史》卷一一《仁宗紀》、卷六〇《天文志》補。

〔三五〕渭州一武臣足矣　『州』原作『川』，據《長編》卷一三二、《薛鑑》卷二〇《宋紀》、《宋史》卷三一四《范仲淹傳》、《宋史紀事本末》卷三〇《夏元昊拒命》改。

〔三六〕种世衡不利於定川　『川』原作『州』，江蘇本作『川』。按，『定州』不屬陝西四路，亦不近西夏，而近遼。《宋史》本傳載种世衡曾於葛懷敏定川之敗時『率羌兵數千人以援』，故據江蘇本及《宋史》本傳改。

卷十五

二廂被閒

慶曆元年夏六月，詔西邊嚴備。初，陝西經略判官田況上兵策十四事，有曰：『賊將野利剛浪唛、遇乞之徒〔一〕，分廂主兵，皆近漢界，出入從者不過一二人，若能陰募死士，陷胷碎首，是去賊之手足〔二〕。但朝廷不惜美官重賂，則功豈難圖？』

三年春正月〔三〕，种世衡已自青澗知環州，乃設閒。始，元昊分山界戰士爲二廂，命兩將統之，野利統明堂左廂，遇乞統天都右廂。二將能用兵，山界人户善戰，元昊倚爲腹心，中閒劉平、石元孫、任福、葛懷敏之敗，皆二將之策也。方种世衡在青澗時，即謀有以去之。有悟空寺僧光信者，青澗人，本姓王，落魄耽酒，趫勇善射，習知虜中山川道路〔四〕。邊人謂之『王和尚』，多往來蕃部中。世衡察其堅樸，誘令冠帶，因出師以賊級予之，白於帥府，使爲嚮導，授三班借職，充經略司指使。且力爲辦其家事，凡屋室、騎從、衣食之具，悉出世衡，光信感恩既深。

一日，世衡忽怒謂光信曰：『我待汝如此，而陰與賊連，何相負也？』捽下械係棰楚，極其苦楚。凡一月，濱於死者數矣，光信終不伏，曰：『光信，丈夫也！公聽奸人言，欲見殺則死

卷十六

曩霄受款

慶曆元年，元昊雖數勝，然死亡瘡痍者亦殆半，人困於點集，財力不給〔一〕，國中爲『十不如』之謡以怨之。又誅殺不常，肘腋數反，終不能大斥境土，而中國兵益練習，名將稍出，頗究知敵中情狀，元昊始欲臣矣。

冬十月壬寅，張方平疏：『今賊中尺布可直錢數百，以此揣賊情，安得不困。』

十一月，右正言吴育言：『元昊名爲藩臣，其尺賦斗租不入縣官，窮漠之外，服叛不常。且已僭輿服，誇示酋豪，勢必不能自削，宜援國初江南故事，稍易其名，可以順撫而收之。』

十二月〔二〕，密詔知延州龐籍招納元昊：『元昊苟稱臣，雖仍其僭號亦無害。若改稱單于、可汗則固大善。』籍以爲元昊驟勝方驕，若中國自遣人説之，彼益偃蹇。時西鄙用兵日久，帝心亦厭之。

二年秋閏九月，知延州龐籍言夏境黄鼠食稼，且天大旱，元昊思納款。詔命知保安軍劉拯諭元昊親信野利剛浪唛、遇乞兄弟，言公方持靈、夏兵，儻陰圖内附，當以西平茅土分册之。野利剛浪唛、遇乞者，二人皆元昊黨〔三〕，有材謀。剛浪唛，即旺榮也。親信用事，時邊臣多欲以謀閒之。會剛浪唛令浪埋、賞乞、媚娘等三人按，《東都事略》作旺榮與弟旺令、嵬名壞、臥譽諍三人，未知孰是列名爲書，詣知青澗城种世衡請降，欲議罷兵以款我師。世衡知其詐，曰不若因以爲閒〔四〕，使悟空寺僧王光信至野利處，語在《二厢受閒》紀事。元昊於是頗疑其臣之貳己，乃遣其教練使李文貴以剛浪唛旨至青澗報世衡〔五〕，且言：『不達所遣書意，豈欲通和乎？用兵以來，資用困乏，人情實便於和。』世衡以告龐籍，籍疑其詐，留文貴青澗城數月，賊果大入，敗懷敏於定川〔六〕。

於是，籍自青澗召文貴至，謂之曰：『汝之先王及今王之初，皆不失臣節。汝曹忽無故妄加之名，使彼此之民肝腦塗地〔七〕，皆汝羣下之故也。我國家富有天下，雖偏師小衄，未至大損。汝一敗，則社稷可憂矣！汝歸語汝王，若能悔過稱臣，朝廷所以待汝王者，禮數必優於前。』文貴頓首曰：『此固西人日夜之願也。』籍乃厚賮使還報。時元昊國中疲困，欲納款而恥先言，及文貴還，具述籍意，乃出王光信，禮之甚厚，使與文貴復持旺榮等書來抵籍議和。籍嫌其言不遜，未敢復書，請於朝。時朝廷厭兵，且議招懷，使籍以書許其和，而稱旺榮爲太尉。籍復請曰：『太尉，天子上公，使旺榮稱之，則元昊不可得臣矣。今其書自謂「寧令」或「謨寧令」，皆虜中官稱，於義無嫌。』詔從籍言。既而旺榮等又以書來，欲仍其僭號而稱臣納款。籍曰：『此非邊臣所敢知也。』時方議修涇原城寨，籍恐元昊敗其功，故與往復計議，不絕其請。

既而元昊仍使李文貴至延州議和，然猶倔强不肯削僭號，且云：『如日方中，止可順天西行，安可逆天東下。』籍以其言未可屈服，乃報之此非邊臣所議，宜遣人自請。詔籍復許之。

三年春正月辛卯，建渭州籠竿城爲德順軍，用王堯臣議也。初，元昊反，以堯臣爲陝西體量安撫使，視四路山川險易。還言某路宜益兵若干，某路賊所不到，某路宜急爲備。至於諸將，可用者二十餘人，皆爲名臣。

癸巳，元昊知朝廷許和有緒，乃遣僞六宅使伊州刺史賀從勖來納款。先，龐籍因李文貴還，答旺榮書，約以元昊自奉表削僭號，始敢聞於朝廷。於是，文貴與從勖持元昊書，至保安軍。其書自稱『男邦泥定國兀卒曩霄上書父大宋皇帝』。兀卒，譯言即吾祖也。但稱其新所改名曩霄，而不稱臣。從勖又致遼使人諭令早議通和之意，又言：『本國自有國號，無奉表體式，其稱兀卒，蓋如古單于、可汗之類〔八〕。若南朝使人至本國，坐蕃宰相上。兀卒見使人時，離雲床問聖躬萬福。』籍使謂之曰：『天子至尊，荆王，叔父也，猶稱臣。今名體未正，不敢以聞。』從勖因請詣闕，曰：『子事父，猶臣事君也。若得至京師，而天子不許，更歸議之。』籍乃具以聞，且言：『元昊詞稍順。必有改事中國之心。願聽從勖詣闕，更選使者往其國申諭之，彼必稱臣。凡求丐之物，當力加裁損。』時元昊與遼有釁，故請款塞，而當時議邊事者，虛揣肊度，迄不得其要領。

二月庚戌，右正言梁適使延州，與龐籍議所以招懷元昊之禮。於是許賀從勖赴闕。乙卯，范仲淹、韓琦言：元昊如大言過望，爲不改僭號之請，則有不可許者三；如卑詞厚禮，從兀卒之稱，亦有大可防者三。

夏四月癸卯，朝廷以元昊名分未正，使僉署保安軍判官事邵良佐假著作郎與從勖至夏州，更議之。先是，良佐與賀從勖詣闕，館於都亭西驛。承受使臣取元昊書至中書、樞密院，諭從勖以『所齎來文字，名體未正，名上一字又犯聖祖諱，不敢進，卻令齎回。其稱男，情意雖見恭順，然父子亦無不稱臣之禮。自今上表，只稱舊名，朝廷當行封册爲夏國主，賜詔不名，許自置官屬。其宴使人，坐朵殿之上，或遣使往彼，一如接見契丹使人禮。如欲差人於界上承領所賜，亦聽之。置榷場於保安軍，歲賜絹十萬匹、茶三萬斤，生日與十月一日賜賚之。許進奉乾元節及賀正。其沿邊興復寨栅，並如舊』。仍命良佐與從勖等往議之。其大臣或謂良佐曰：『今兹用兵，如富者與貧者賭博，貧者只宜常勝，使富者勝，貧者必匱。』其不遂如此。元昊又語衆曰：『我求罷兵，而南朝不許。』用此以歸怨激衆。

秋七月乙酉，元昊復遣如定、聿捨等與邵良佐俱來，所要請凡十一事。其欲稱男而不爲臣，猶執前議也。歐陽修言：『聞朝廷欲以殿中丞任顓館伴元昊所遣來人，聞邵良佐昨來自彼，僅免屈辱而還。今元昊來人，欲乞更不差官館待，送置驛中，不須急問。至於監視饋犒，傳道語言，一了事班行足矣。』不從。諫官蔡襄言：『元昊始以「兀卒」之號爲請，及邵良佐還〔九〕，欲更號「吾祖」，足見羌戎悖慢之意。縱使元昊稱臣，而上書自稱曰「吾祖」，朝廷賜之詔蕃部，先没在西界，不因招誘而歸，骨肉住坐，本不係逃背之人，兼誓詔所不載。適因來奏，更設誓條。已勅邊臣，自今如有逃過漢界，雖係舊邊户，亦不爲容納，其緣邊封境，只以誓詔所載爲定。其堅永好，以副朕懷。』

夏四月甲戌，賜詔曰：『自膺典册，已歷歲年，敦守信盟，確然不易。朕於君臣之義，尤篤初終。昨詔自今更有人民逃過漢界，雖係舊屬户蕃部，亦不容納，即當部送本處。今所請欲以此一事，附入前來誓詔，用以祕藏，以彰悠遠。朕嘉從國主之意，兼所益事條，已頒下邊將遵守。彼所睹聞，更在嚴飭疆吏，勿縱侵犯，安民保福，以永無窮。』

秋九月甲午，賜詔曰：『嚮受册封，備覿誠節，心既傾於忠順，誼益保於悠長。比閲奏函，尚陳疆事。斯則前皆立制，已有定規，然其閒或有事理，更須通曉。今差尚書刑部員外郎張子奭於保安軍計會，差來人將邊界事節面更商議。』

冬十月丁未朔，詔：『比遣張子奭往延州與夏國議疆事，其豐州地，當全屬漢界。或所議未協，聽以横陽河外向所侵耕四十里爲禁地。若猶固執，即以横陽河爲界。』初，夏國既獻臥貴龐、吴移、已布等九寨〔二六〕，又納豐州故地，欲以没寧浪等處爲界。下河東經略鄭戩，戩言没寧浪等處並在豐州南，深入府州之腹，若如其議，則麟、府二州勢難以守，直宜以横陽河爲界。帝乃以戩所上地圖付子奭往議之。

十一月己卯，遣著作佐郎楚建中往延州同議夏國封界事，以張子奭道病故也。即以建中管勾鄜延經略司機宜。時元昊納款，建中數白主帥請備之，乃命建中築安定、黑水等八堡，以按東路之衝〔二七〕。元昊犯邊，以鄜延有備，不敢入。建中事見《合璧事類》，作《哲宗實録》，疑有誤。

校勘記

〔一〕財力不給　『財』原作『則』。按，上句言『人困』，下句當爲財乏，《宋史》卷四八五《夏國傳》即作『財』，據改。

〔二〕此繫密詔於慶曆元年十二月，《長編》卷一三八、《續通鑑》卷四五《宋紀》載於二年十二月。

〔三〕野利剛浪崚遇乞者二人皆元昊黨　『二人』原作『三人』，『三』乃『二』之訛。按，此處下文曰『剛浪崚，即旺榮也』；《長編》卷一三八亦作『剛浪凌即旺榮也』。而《長編》卷一三五與卷一六七均提及人名『野利旺榮』，中華書局校點本《長編》前者點爲一人，後者斷成『野利』、『旺榮』二人，同書同名二者標點互異。此誤將『野利剛浪崚、遇乞』稱作『三人』亦同上書後者。考司馬光《涑水記聞》卷一〇與《長編》卷一六七皆言『野利旺榮兄弟』爲元昊妻之同胞兄弟，沈括《夢溪筆談》則稱其『野利』。《宋史》、《長編》、《夢溪筆談》等皆記載野利氏乃元昊妻之一，本書卷十七亦同。足證『野利』在此乃姓氏，剛浪崚、遇乞是兄弟二人之名。故據改。參見上卷校勘記〔一〕。

〔四〕曰不若因以爲閒　『曰』，原無此字，語意與上句不連貫。此據《長編》卷一三八補。

〔五〕乃遣其教練使李文貴以剛浪崚旨至青澗報世衡　『使』上原衍『都』字，據《宋史》卷四八五《夏國傳》、《長編》卷一三八删。

〔六〕敗懷敏於定川　『定川』原作『定州』，『州』乃『川』之形訛。據本書卷十四及江蘇本、《宋史》卷三一一《龐籍傳》、《長編》卷一三八改。

〔七〕使彼此之民肝腦塗地　『彼』下原脱『此』，據《長編》卷一三八、《續通鑑》卷四五補。

〔八〕蓋如古單于可汗之類　『單于』上原脱『古』字，據《長編》卷一三九、《續通鑑》四五《宋紀》補。

〔九〕及邵良佐還　『及』字原脱，據《長編》卷一四二、《續通鑑》卷四五《宋紀》補。

〔一〇〕朝廷賜之詔書　『書』上原脱『詔』字，據《長編》卷一四二、《續通鑑》卷四五《宋紀》補。

〔一一〕元昊復遣其臣張延壽等繼來議和及歲幣　『張』原作『孫』，據《長編》卷一四五、《宋史》卷四八五《夏國傳》改。

〔一二〕其栲栳鐮刀南安承平四處地分　『其』下原衍『係』字，今據《宋史》卷四八五《夏國傳》、《長編》卷一五二删。

〔一三〕茶三萬斤　『三萬』，《長編》卷一五二作『二萬』。

〔一四〕所賜常數，據《宋大詔令集》卷二三三，尚有『衣著一千匹』，《長編》卷一五二作『雜帛二千匹』。

〔一五〕只今本國獨進誓文不合　『今』，《宋大詔令集》卷二三三作『令』。

〔一六〕惟横山一帶蕃部　『一帶』下原脱『蕃部』。按，下文『漢界』，當與上文『蕃部』相對應，《長編》卷一四九即作『横山一帶蕃部』，據補。

〔一七〕遣祠部員外郎張子奭等册元昊爲夏國主　『主』原作『王』，據《宋史》卷一一《仁宗紀》、卷四八五《夏國傳》、《宋大詔令集》卷二三三、《長編》卷一五三等改。

〔一八〕胙萬國　『萬』，《宋大詔令集》卷二三三作『方』。

〔一九〕撫爰有衆　「爰」，《宋大詔令集》卷二三三作「愛」。《長編》卷一五三同本書。
〔二〇〕率乃舊服　《長編》卷一五三作「率循舊物」，《宋大詔令集》卷二三三作「率乃舊物」。
〔二一〕嘉其自新　「其」，《長編》卷一五三作「爾」。
〔二二〕持節册命爾爲大夏國主　「命」下原脱「爾」，據《長編》卷一五三、《宋大詔令集》卷二三三補。又「主」原作「王」，亦據同上二書改。
〔二三〕仍賜對衣　「對」原作「御」，據《宋史》卷四八五《夏國傳》、宋本《長編》卷一五三、《薛鑑》卷二二《宋紀》改。
〔二四〕其令邊臣益練軍　「練」下原脱「軍」，據《長編》卷一五四、《續通鑑》卷四七《宋紀》補。
〔二五〕據《長編》卷一五七載，鄜延經略司言在是月庚辰日。
〔二六〕夏國既獻臥貴龐吴移已布等九寨　「移」上原脱「吴」字，據《長編》卷一五九、《續通鑑》卷四八《宋紀》補。
〔二七〕以按東路之衝　「按」，《宋史》卷三三一《楚建中傳》作「控」，疑當從之。

不然，爾欲之乎？爾能保有夏土，則亦衆所願也。』訛哤曰：『予何敢哉？夏自祖考以來，父死子繼，國人乃服。今没藏尼娠先王之遺腹，幸而生子，則可以嗣先王矣。誰敢不服！』衆曰：『然。』遂立没藏尼爲太后。曩霄死三月而生男，是爲諒祚。以毛惟昌、高懷正之妻更乳之，而政在没藏氏。惟昌、懷正皆中國人，本遇乞帳下，故親待之。已而懷正貸銀夏人，惟昌竊衣曩霄所與盤龍服，皆爲訛哤所族。

二月，夏遣使楊守素來告其主曩霄之喪。時京西轉運使任顓適奏計京師，乃仍命顓爲館伴。顓問守素曩霄所以死，守素不能對，訖還，不敢肆。命開封府判官曹穎叔爲祭奠使，六宅使鄧保信爲弔慰使〔七〕，賜絹、布、羊、米、麪、酒如例。夏亦遣使告於遼，遼遣使夏慰奠。

夏四月己巳，册諒祚爲夏國主，以祠部員外郎任顓等爲册禮使〔八〕。諒祚生甫三月，諸將未和，議者請因諒祚幼弱，母族專國，以節鉞啖其三大將，使各有部分，以披其勢，可以得志。陜西安撫使程琳曰：『幸人之喪，非所以柔遠人，不如因而撫之。』帝乃遣使册。時夏人方圍慶陽，琳復止詔使於鄜，曰：『敵人貪此，可紓慶陽之難。』乃具禮幣賜予之數移報之，果喜，即日迎册使，而慶陽之圍亦解。

校勘記

〔一〕爲臥香乞所告　『所』下原脱『告』，據《長編》卷一六二、《續通鑑》卷四九《宋紀》補。

〔二〕國語謂歡喜爲甯令　「歡喜」，《宋史》卷四八五《夏國傳》作「歡嘉」。

〔三〕母野利氏從元昊出獵　「野利氏」，此「野利」原作「没藏」。按，張氏敍「七娶」説，依《長編》與《東都事略》，並從其野利氏之子甯令哥弑父元昊之説，但於此同時又取《宋史·夏國傳》所載没藏氏「從元昊出獵至兩岔河而生諒祚（小字甯令哥）」，將有關甯令哥事合二爲一，否定了甯令哥乃諒祚之小字，確定甯令哥爲諒祚之異母兄。如此，從元昊出獵者當爲野利氏而非没藏氏，歷朝本即作「野利氏」，故據改。

〔四〕七曰没移氏　原作「七曰没藏氏，爲没藏訛哤之妹」，記載多有舛誤。就上下文而言，没藏氏即遇乞妻，與元昊私通而出爲尼者，非「七娶」之一，未正式娶爲妻，於元昊死後生諒祚。此處七娶之「七」者，據《長編》卷一六二、《東都事略》卷一二七《西夏傳》作「没移氏」，即前述之「没移皆山女」，故據以改正。

〔五〕没藏氏爲没藏訛哤之妹　此句原在「七曰」之下，張氏於此有誤，與上下文殊相矛盾。故據《長編》、《東都事略》所記述，移置於此。

〔六〕據《宋大詔令集》卷二三四，此詔乃諒祚母喪所賜，本書卷二十載没藏氏卒後亦引此詔。張氏此處誤。

〔七〕六宅使鄧保信爲弔慰使　「鄧保信」原作「鄧報信」，「報」乃「保」之訛。據《宋史》卷四八五《夏國傳》、《長編》卷一六三改。

〔八〕以祠部員外郎任顓等爲册禮使　「祠」，《宋史》卷四八五《夏國傳》作「刑」，《長編》卷一六四同本書。

卷十八

南壁僨軍

慶曆二年春二月，知保州王果言：『遼人潛與元昊相結，謀興師，請豫備。』因詔北邊戒嚴。

三月己巳，遼遣南院宣徽使蕭特末〔一〕、翰林學士劉六符來求關南之地，且問興師伐夏之故。其書略曰：『李元昊於北朝爲甥舅之親，設罪合致討，曷不以一介爲報。儻思久好，共遣疑懷，以晉陽舊附之區、關南元割之縣見歸敝國，亦共康黎元之意也。』

夏六月，富弼使遼。遼主曰：『南朝違約，塞雁門。』弼曰：『塞雁門者，備元昊也。』

三年春正月辛未，遼遣同知析津府事耶律敵烈、樞密院都承旨王惟吉諭夏國與宋和。並遣使來言元昊欲歸款。癸巳，元昊上書請和。

夏四月庚子，夏遣使進馬駞於遼。

秋七月庚寅，元昊遣使上表於遼，請出師南伐，遼主不從。時元昊遣呂你、如定至宋講和，已有成說矣。遼遣使來請勿納元昊，朝廷未知所答。禮部郎中吴育因上疏曰：『契丹受恩，爲日已久，不可納一叛羌，失繼世兄弟之歡。宜使人諭元昊曰：「契丹汝世姻，一旦自絶力屈而歸我，我所疑也。若無佗者，當順契丹如故，然後許汝歸款。」告契丹曰：「已詔元昊，如能投謝轅門，即聽内附。若猶堅拒，當爲討之。」如此，則彼皆不能歸罪我矣。』於是召兩制出契丹書，令兩制同上對，不易育議。

冬十月壬子，遼以夏人侵党項，遣延昌宫使高家奴讓之。元昊辭不報，自稱西朝，謂契丹爲北邊。又言請戢所管部落，所貴不失兩朝歡好。遼主既以强盛夸於中國，深恥之。

四年夏四月甲寅，遼南院大王耶律高十奏，党項等部及夾山部落呆兒族八百户叛附夏國。丙辰，西南招討都監羅漢奴、詳穩斡魯母等奏，山西部族節度使屈烈以五部叛入西夏〔二〕，乞南北府兵援送實威塞州户。詔富者遣行，餘留屯田天德軍〔三〕。遼復命耶律侯哂巡西邊沿河要地，多建城堡以鎮之。

五月壬戌朔，遼羅漢奴奏所發部兵與党項戰不利，招討使蕭普達、四捷軍詳穩張佛奴殁於陣。李元昊來援叛黨。戊辰，遼詔徵諸道兵會西南邊以討元昊。丙戌，元昊始來稱臣，自號『夏國主』。復遣尹與則、楊守素來議事，先至延州道。元昊語曰：『朝廷果欲議和，但當下輸本國，何煩遠求契丹？』

六月，元昊遣使宼邑改乞援於阻卜今準布。阻卜酋長烏八遣其子執宼邑改以聞於遼，且乞以兵助戰。許之。甲午，遼主駐永安山以將伐元昊。

秋七月癸未，遣使耶律元衡來告宋曰：『請爲中國討賊，慎無與和也。』時朝廷欲加元昊封册，而遼使適至，帝疑遼與元昊同謀以見欺，欲調發爲備，召群臣議之。富弼言：『契丹實有怨於元昊耳，保無他也。』余靖言：『契丹挾詐不可輕許。』戊戌，以右正言余靖如遼爲回謝使，致贐禮且觀其誠否。其復書略曰：『若以元昊於北朝失事大之體，則自宜問罪。或謂元昊於本朝稽效順之故，則何煩出師。矧延州昨奏元昊已遣楊守素將誓文入界，儻不依初約則猶可沮還，如盡遵承則亦難卻也。』因留夏國封册不發。是月，夏遣使朝於遼。

八月乙未，遼以夏使對不以情，羈之。丁巳，夏復遣使如遼詢以事宜，又不以實對，笞之。九月壬申，遼主乃舉衆西伐。自雲州西約五百里夾山之側，會大軍於九十九泉，以皇太弟重元、北院樞密使韓國王蕭惠將先鋒，東京留守趙王蕭孝友率師以從。國内騷動，糧餽相繼。先是，契丹預峙芻茭以備冬，元昊密令人焚之殆盡，兵多餓死。

冬十月，遼興宗親將騎兵十萬出金肅城，遣弟重元將騎兵七千出南路，樞密使蕭惠將騎兵六萬出北路，三路濟河長驅。又以蕭朮哲將衛兵，耶律義先爲十二行糺都監。庚寅，祭天地。丙申，獲党項偵人，射鬼箭。入夏境四百里不見敵，據德勝寺南壁以待〔四〕。惠與元昊戰於賀蘭山北〔五〕，以古迭爲先鋒。夏人伏兵掩之，古迭力戰，麾下士多没，乃單騎突出。遇夏王李元昊來圍，勢益急，古迭馳射，應弦輒仆，躍馬直擊中堅，夏兵不能當。晡，乃還營。迭里得亦將偏師首入敵境，多所俘掠。元昊見契丹兵盛，丁酉，上表謝罪，退師十里。己亥，元昊遣使如遼，欲收叛黨以獻，從之。

辛亥，元昊遣使且進方物，遼主詔北院樞密副使蕭革迓之。壬子，軍於河曲。革言元昊親率党項三部以待罪。遼命革詰其納叛、背盟之故，元昊伏罪。時兩甄各據山嚴兵相待。曩霄親奉卮酒爲壽，大合樂，仍折箭爲誓。遼主亦賜元昊酒，許其自新，遣之。遼主欲還，蕭惠曰：『元昊忘奕世恩、萌姦計，車駕親臨，不盡歸所掠。天誘其衷，使彼來迎。天與不圖，後悔何及！且大軍既集，宜加討伐，不可許和。』先是，元昊與遼兵戰，屢勝。而契丹至者日益衆，元昊望之大駭，曰：『何如此之衆也？』乃使人行成，退數十里以避之。契丹不許，引兵壓西師而陣。元昊以未得成言，又退師三十里以候。凡三退將百里〔六〕，每退必赭其地，契丹馬無所食，因許和。元昊乃遷延以老之，度其馬饑士疲，因縱兵急攻惠營。

癸丑，詰旦〔七〕，遼督數路兵掩襲，夏人列拒馬於河西，蔽盾以立。惠擊敗之。元昊走，惠麾先鋒及右翼邀之。夏人千餘潰圍出，遼師逆擊。大風忽起，飛沙眯目。軍亂，夏人乘之〔八〕，蹂踐而死者不可勝計。元昊乘勝攻南壁，遼師大敗。遼主從數騎走〔九〕，幾不得免。元昊命勿追。初，元昊獲遼人，輒劓其鼻，有奔北者，惟恐追及。遼主之免也，伶官羅衣輕止之曰：『且觀鼻在否？』遼主怒，以毳索繫帳後將殺之。既而，元昊入樞密使蕭孝友砦，執駙馬蕭胡覩以去。

丁巳，元昊遣使以先被執者來歸，遼亦遣所留夏使還之。遼主懼爲宋所知，乃出牓幽州，稱元昊歸款，以自夸大。其略曰：『元昊曩自先朝，求爲鉅援，據一方之裂壤，迨三世以襲封。』

又曰：『鶚音易變，犬態多端。忘牢養之深恩，恃狂悖之兇性。擅誘邊俗，巧諜歡鄰，罪既貫盈，理當難赦。是用躬驅鋭旅，往覆危巢，方邇賊庭，乞修覲禮。』云云。然燕人皆知其妄。我之諜者又見其輿尸、重傷者，自西相繼而至，其敗益明。

十一月辛酉，遼主第將校功罪，欲誅蕭孝友，以太后救免。是役也，耶律宜新一軍獨全。甲子，班師。

十二月，遼遣同知點檢司事耶律裹履奉詔索駙馬都尉蕭胡覩於夏，三返，戊申，蕭胡覩自夏歸於遼。

五年春正月丙子，遼遣使來告討夏人回。時夏人乞款於遼，遼主以其前後反覆，命遣右夷离畢蕭滴洌往覘誠否。滴洌因爲夏主陳述禍福，聽命乃還。甲申，夏遣使進鶻於遼。

夏六月庚辰，夏遣使貢於遼。

冬十月乙卯，遼遣使來致九龍車及所獲夏國羊、馬〔一〇〕。

校勘記

〔一〕遼遣南院宣徽使蕭特末　『蕭特末』，《宋史》卷一一《仁宗紀》、卷三一三《富弼傳》、《長編》卷一三五作『蕭英』，《續通鑑》卷四四《宋紀》作『蕭特默』。

〔二〕山西部族節度使屈烈以五部叛入西夏　『部族』原作『郡族』，『郡』乃『部』之形訛。據江蘇本與《遼史》卷一九《興宗紀》改。

〔三〕餘留屯田天德軍　『屯』下原脱『田』字，據《遼史》卷一九《興宗紀》、《續通鑑》卷四六補。

〔四〕據德勝寺南壁以待　『德』，《宋史》卷四八五《夏國傳》作『得』，《薛鑑》卷二二《宋紀》同本書。

〔五〕惠與元昊戰於賀蘭山北　『山』下原脱『北』字。按，賀蘭山區域較廣，應有具體方位。《宋史》卷四八五《夏國傳》、《薛鑑》卷二二《宋紀》均有『北』字，故據補。

〔六〕凡三退將百里　『百里』，《宋史》卷四八五《夏國傳》作『百餘里』，《薛鑑》卷二二《宋紀》同本書。

〔七〕癸丑詰旦　原作『詰旦癸丑』。按，《遼史》卷一九《興宗紀》紀日『癸丑』而無載時。《續通鑑》卷四七《宋紀》載於『壬子』日下脱『癸丑』，但有記時曰『詰旦』。此處先敘時後紀日，行文順序顛倒，故乙正。

〔八〕軍亂夏人乘之　原作『軍人乘之』，脱『亂夏』二字，不可解。此據《遼史》卷九三《蕭惠傳》補。

〔九〕遼主從數騎走　『數騎』，《長編》卷一五二作『數十騎』，《續通鑑》卷四七《宋紀》作『單騎突出』，《宋史》卷四八五《夏國傳》、《薛鑑》卷二二《宋紀》同本書。

〔一〇〕遼遣使來致九龍車及所獲夏國羊馬　『九龍車』原作『元龍車』，『元』乃『九』之形訛。今據《宋史》卷一一《仁宗紀》、《長編》卷一五七改。

卷十九

蕭惠再敗

慶曆八年，遼重熙十七年也。春正月〔一〕，夏國王李元昊薨，其子諒祚使告哀於遼，遼即遣永興宫使耶律裹里、右護衛太保耶律興老、將作少監王全慰奠。三月丙午〔二〕，夏諒祚遣使上其父元昊遺物於遼。丁卯，鐵不得國使遼，乞以本部軍助遼攻夏，不許。

冬十一月乙未朔，遼遣使括馬，以將伐夏故也。遼主將城西邊，命東路統軍使鐸軫相地〔三〕。鐸軫因成樓船百三十艘，上置兵，下立馬，規制堅壯，遼主嘉之。

皇祐元年春正月甲午朔，日有食之。遼將伐夏。戊戌，遼留夏國賀正使不遣。己亥，遣使以伐夏來告。

夏六月壬戌朔，遼以韓國王蕭惠爲河南道行軍都統，趙王蕭孝友、漢王貼不副之。時遼軍分三道：惠等所將爲南道；其北道則行軍都統耶律和克敵魯古將之〔四〕；中道則遼主自將，尚未發也。己巳，以遼師伐夏，遣錢明逸致賵禮且報聘也。辛巳，夏使貢於遼，遼留之不遣。

秋七月戊戌，遼主親帥師伐夏，以太弟重元、北院大王耶律仁先爲前鋒。蕭迭里得奏：『軍器械之事〔五〕，務在選將，夏人豈爲難制。但嚴設斥堠不用掩襲計，何慮不勝？』遼主曰：『卿其速行，無後軍期。』既而，迭里得失利。

八月辛酉，遼師渡河，不見敵而還。時，耶律鐸軫方奉詔由別道會於河濱〔六〕。敵兵阻河而陣，遼主御戰艦絶河擊敵。退，因以大捷聞，遼主遂親賜鐸軫卮酒，問其所欲，鐸軫曰：『臣幸被聖恩，得效駑力，萬死不能報國〔七〕，又將何求？』遼主益喜，手書鐸軫衣裾曰『勤國忠君，舉世無雙』。

九月，北院樞密使蕭惠帥師自河南進，戰艦糧船緜亘數百里〔八〕。既入敵境，偵候不遠〔九〕，鎧甲載於車，軍士不得乘馬。諸將咸請備不虞，惠曰：『諒祚必自迎車駕，何暇及我？無故設備，徒自弊耳！』數日，軍未立營。候者報夏師至，惠方詰妄言罪，諒祚從阪而下〔一〇〕，惠與麾下不及甲而走。追者射惠，幾不免，軍士死傷尤衆。

冬十月，遼北道行軍招討使都統敵魯古率阻卜諸軍，攻夏涼州，至賀蘭山，獲夏國主嫡母及其官僚家屬以歸。夏以三千人扼險力戰，破之。烏古敵烈部都詳穩蕭慈氏奴、南剋耶律斡里死焉。慈氏奴，蕭惠子也。師還，信先興宗等皆被責〔一一〕，獨以惠子慈氏奴中流矢歿於陣，詔釋其罪，贈慈氏奴平章事。是歲，夏改元延嗣寧國。

二年春正月庚子，論伐夏諸將士功罪，封耶律敵魯古爲漆水郡王，其所屬將校阻卜等部長，各進爵有差。辛丑，遼遣使問罪於夏。

二月丁亥，夏將洼普、猥貨、乙靈紀等來攻金肅城，南面林牙耶律高家奴及攝西面招討使耶律僕里〔一二〕、林牙耶律撻不也與同知金肅軍事耶律獨攧等破之，斬首萬餘級，洼普被創遁去，殺猥貨、乙靈紀。

三月戊戌，遼殿前都點檢蕭迭里得率輕兵督戰，與夏人戰於河南三角川，敗之。斬候者八人，擒觀察使，以功命知漢人行宮都部署事。庚子，遼遣殿前副點檢耶律益等來告伐夏國還。癸卯，命西南面招討使蕭蒲奴、北院大王宜新、林牙蕭撒抹帥師伐夏〔一三〕。以行宮都部署别古得監戰，案軍邊城，以爲聲援。

夏五月癸巳，遼蕭蒲奴等入夏境，不與敵遇，縱軍俘掠而還。蕭奪剌至蕭惠敗績之地，獲偵候者，知人煙聚落，多國人陷没而不能還者，盡俘以歸。丁酉，夏洼普降於遼。

秋九月壬寅，夏侵遼邊界，漆水郡王敵魯古遣六院軍將海里擊敗之。夏人數不得志於遼，始議通使。

冬十月辛未，夏國主諒祚母没藏氏遣使乞依舊稱藩。遼因其使還，詔别遣信臣至，當徐圖之。

十二月壬子，夏國諒祚遣使上表於遼，言遵母訓，乞依舊臣屬。夏改元天祐垂聖。

三年春二月甲申，遼遣前北院都監蕭友括等使夏國，索党項叛户。

夏五月癸丑，蕭友括等使夏還。夏國主諒祚之母上表乞如党項權進馬駞牛羊等物。己巳，夏遣使如遼，求唐隆鎮及乞罷所建城邑，遼主以詔答之。丙戌，遼以所獲夏國王李元昊妻及前後所俘夏人安置蘇州，以伐夏所獲物遣使來遺。

四年冬十月丁亥，夏國諒祚遣使如遼，乞弛邊備。遼即遣蕭友括奉詔諭之。

五年春三月癸亥，夏諒祚以遼賜詔許降，遣使謝。

秋九月，夏及遼平。壬辰，夏主遣使進降表於遼。甲午，遼遣南面林牙高家奴等奉詔諭之。

是歲，夏改元福聖承道。

至和元年春正月戊子，夏遣使貢方物於遼。

夏五月己巳，夏乞進馬駞於遼，遼主命歲貢之。壬辰，夏遣使貢於遼。

秋七月己巳，夏諒祚遣使如遼求昏。

冬十月，夏進誓表於遼。

二年春二月甲寅，夏遣使如遼，賀加尊號。

秋八月己丑，遼興宗殂，遣使報哀於夏。

九月壬午，遼遣使賜夏國先帝遺物。

嘉祐三年夏五月癸酉，夏遣使如遼，會葬欽哀太皇太后。

八年春正月辛未〔一四〕，遼禁民鬻銅於夏。

卷二十

諒祚淫狡

元昊既薨，慶曆八年夏四月己巳，册夏國主諒祚文：『皇帝若曰：於戲！昔周建侯以賢而王業昌，漢襲土以嫡而民風順。稽古申命，蓋天下之成憲也。咨爾諒祚生而沈正，幼且惇懿。維撫有衆，保於西垂。惟爾能壹乃心，祇率王命，載於甲令，顯有休庸。惟爾考易節效順，光膺寵禄，稟齡不永，殂謝以聞。亟閲遺章，俾爾嗣服。矧惟濟美而胙國，委贄而勤王，啟迪至懷，克篤前烈。今遣尚書户部員外郎任顓充册禮使，供備庫副使宋守約充副使，持節册命爾爲夏國主，永爲宋藩輔。夫非忠無以事於上，非孝無以繼其先。欽哉祇承禮命，可不慎歟！』是時，諒祚生三月矣。諸將未和，日與遼搆釁。

皇祐元年春正月，夏國主進奉賀正馬駞，賜詔曰：『詔夏國主，省所差人進奉賀正馬駞共一百匹頭事具悉。履端紀歲，萬邦咸稟於王正；效貢以時，奕世克修於藩職。載閲充庭之實，深惟守土之勤，遐體傾輸，不忘歎獎。今回賜銀、絹、茶等，具如别録，至可領也。其差來人所賜物色亦具賜目。故兹詔示，想宜知悉。春寒比平安好否。書指不多及。』

嘉祐元年冬十二月戊申朔甲子，夏國主諒祚遣使來告其母没藏氏之喪。初，有李守貴者，嘗與遇乞掌出納。寶保細乞多已者，嘗侍曩霄及没藏氏於佛舍，故出入無所閒。没藏氏既通於李守貴，又通於寶保細乞多已。守貴憤怒，殺寶保細乞多已及没藏氏。諒祚母族訛哤乃族殺守貴，獨保養諒祚，以其女妻焉。時諒祚生九歲矣。乙丑，輟朝，以諒祚母喪故也。二十五日，賜夏國主詔，詔曰：『詔夏國主，喪葬之儀，孝子之大節；賵賻之禮，國家之至恩。眷惟忠順之邦，宜厚哀榮之卹。緬知荼毒，深用惻傷，俾遣使車，勉膺慰錫。今差文思院使張惟志充弔慰使〔一〕，兼賜安葬故母。物色具如別録，至可領也。故兹詔示，想宜知悉。冬寒比平安好否。書指不多及。』此歐陽修詞也。

二年夏五月〔二〕，夏人寇邊，管勾麟府軍馬郭恩死之。初，屈野河西地，夏人數侵耕。知麟州武戡已築一堡於白草平爲候望。會經略使龐籍檄并州通判司馬光行邊，與戡議更增二堡，籍遂檄麟州如其議。於是恩及走馬承受黄道元等，以巡邊爲名往按視，遂爲所襲。恩衆大潰，戡走還，恩、道元及府州都監劉慶皆被執〔三〕，軍士死者三百餘人，亡失器甲萬七千有餘。恩不降，見害。事聞，贈觀察使。

六月戊午，夏國主諒祚遣人來謝弔祭。

秋七月壬辰，麟州武戡除名，編管江州〔四〕，坐與夏人戰，斷道隖而棄軍先入城也。

冬十二月，賜夏國主詔〔五〕：『詔夏國主，省所差人進賀正馬駞共一百頭匹事具悉。履端紀歲，萬邦咸稟於王正；效貢以時，奕世克修於藩職。載閱充庭之實，深惟守土之勤。遐體傾輸，不忘歎獎。今回賜銀、絹、茶等，具如别録，至可領也。其差來人所賜物色亦具賜目。故兹詔示，想宜知悉。春寒比平安好否。書指不多及。』是歲，夏改元𢡺都。

三年，賜夏國主贖《大藏經》詔曰：『詔夏國主，省所奏伏爲新建精藍〔六〕，載請贖《大藏經》帙、籤牌等，其常例馬七十匹充印造工直，俟來年冬賀嘉祐四年正旦使副附進，至時乞給賜藏經事具悉。封奏聿來，祕文爲請，惟覺雄之演説，推善利於無窮。嘉乃純誠，果於篤信，所宜開允，當體眷懷。所載請贖《大藏經》并經帙、籤牌等已令印造，候嘉祐七年正旦進奉人到闕，至時給付〔七〕。故兹詔示，想宜知悉。春寒比平安好否。書指不多及。』

四年十二月，賜夏國主進奉賀正旦馬駞詔有曰：『王正首歲，皇曆頒春。眷惟繼世之忠，克效守藩之職。勤修時貢，來旅明庭。言念傾輸，良深歎獎。』

六年冬十一月，諒祚益長而驕，心忌訛哤專，且通訛哤之子妻梁氏。訛哤患之，梁氏密告訛哤將叛。又有漫咩者，其官高於訛哤，然勢力反出其下，於是亦惡訛哤。諒祚乃與漫咩等舉兵誅訛哤，滅其族，並殺其妻没藏氏，而以梁氏忠於己，因以爲妻。諒祚性狂傥無常，好爲亂。時過酋豪大家，輒私其婦女，酋豪多怨。納叛人景詢，親而用之，以爲樞密使，棄蕃禮用漢制。至是，諒祚言：『本國竊慕漢衣冠，今國人皆不用蕃禮〔八〕，明年欲以漢儀迎待朝廷使人。』許之，詔曰：『詔夏國主，省所奏昨因宥州申覆，稱迎接朝廷使命，館宇隘陋，軒檻阽危，儻不重修，誠爲慢易，於是鳩集材用，革故鼎新，來年七月臣生日〔九〕，用蕃禮館接使命，十月中冬，用漢儀迎接事具悉。使傳之馳，爲規固久。候亭之陋，能飭而新。既肩世服之忠，又樂邦儀之慕。忽披來牘，具體乃誠。如用漢儀，只依昨來張宗義所行儀式次第，餘並依誓詔。』

七年春正月，夏國主遣賀正旦使大首領祖儒嵬名聿正、副首領樞銘靳允中來進馬駞，賜詔曰：『詔夏國主，省所差人進奉賀正旦馬駞共一百頭匹事具悉。春元應律，王朝班常。載惟藩守之虔，爰任風宜之貢。有堅勤節，良厚褒懷。今回賜銀、絹、茶等，具如別幅，至可領也。其差來人所賜物色亦具賜目。』祖儒、樞銘者，乃西夏之官稱。大者姓嵬名，名聿正。其所貿易約八萬貫，安息香至金精石之類，以估價賤，卻將迴。其餘硇砂、琥珀、甘草之類，雖賤亦售。盡置羅帛之舊，價例太高，皆由所管內臣並行人擡壓價例虧損遠人。其人至賀聖節，即不帶安息香之類來，只及六萬貫。

夏四月己丑，夏國主諒祚上表，求太宗御製詩草隸書石本，欲建書閣寶藏之。且進馬五十匹，求九經、唐史、《册府元龜》及本朝正至朝賀儀。詔賜九經，還其馬。諒祚恣爲不道，淫佚遊畋，無時少息，復侵犯鄰國。唃廝囉有少子董氊，最號桀黠，病其侵己，乃與契丹結姻，既而復與契丹絶。諒祚知其隙，舉兵擊之。戰於青唐，敗還。

諒祚求尚主，詔答以昔嘗賜姓，不許。又乞買物件，孔氏《談苑》：蘇涣郎中押伴夏人云，賣銀五千兩，買樂人幞頭四百枚，薰衣香、龍腦、朱砂凡數百兩，及買綾爲壁衣。賜詔曰：『詔夏國主，省所奏買幞頭帽子并紅鞓腰帶及紅鞓襯等物件，乞從今後凡有買賣，特降指揮，無令艱阻以聞事具悉。善纂前修，逖守西土，通奏函於信介，易服用於上都。體乃馳誠，勤於嚮化。特從開允，用洽睠私。已令管勾都亭西驛所，依例收買應付。』諒祚得詔，乃出狂言，欲與中國相敵及要熟户。

六月，鄜延經略司言：『得宥州牒，夏國改西壽監軍司爲保泰軍〔一〇〕，韋州監軍司爲靜塞軍〔一一〕，石州監軍司爲祥祐軍〔一二〕，左廂監軍司爲神勇軍。』且言：『諒祚舉措，近歲多不循舊規，恐更僭擬朝廷名號，漸不可長。乞擇一才臣下詔詰問，以杜姦萌。』從之。於是遣供備庫副使張宗道賜生辰禮。宗道初入境，迎者至，欲先宗道行馬。及就坐，又欲居東，宗道固争之。迎者曰：『主人居左，禮之常也，天使何疑焉？』宗道曰：『宗道與夏主比肩以事天子，夏主若自來，當爲賓主。爾陪臣也，安得爲主人？當循故事，宗道居上位！』争久不決，迎者曰：『君有幾首，乃敢如是？』宗道大笑曰：『宗道有一首耳！來日已別家人，今欲取宗道首則取之，宗道之死得其所矣，但夏國必不敢耳！』迎者曰：『譯者失詞，某自謂無兩首耳。』宗道曰：『譯者失詞，何不斬譯者？』乃先宗道。迎者曰：『二國之歡有如魚水。』宗道曰：『然。天朝，水也；夏國，魚也。水可無魚，魚不可無水。』夏國主乞贖《大藏經》，詔曰：『詔夏國主，省所奏請贖佛經《大藏》、籤牌、經帙等〔一三〕，欲乞特降睿旨，印造靈文，以俟至時，幸垂給賜，所有舊例紙墨工直，馬七十四，續具進止以聞事具悉。大雄流教，善利無方，信士篤緣，群迷釋趣。喜觀心於法境，願繹理於祕文，載省控陳，所宜開允。其請贖經文，已指揮印經院印造，候嘉祐十一年正旦進奉人到闕給付。』

八年春正月癸丑，詔夏國主諒祚所遣進奉人石方，稱宣徽南院使，非陪臣官號，自今宜遵用誓。詔曰：『詔夏國主，維乃祖考，克有西土，世爲漢藩輔。今爾弗蹈於前烈，迺竊署重爵，以使奉幣於朝。方邊吏拒還，仍復稽留境上，不及廷見之期。洎朕親覽貢函，而僭我王命，實如所聞。朕疑風俗荒遠，未達朝廷之儀〔一四〕，雖然棄信慢常，誼不可長。其務思先世之約，以保綏於斯民，毋忽是圖，以奸我有邦之罰。今後所差使人，即不得僭儗。故兹示諭，想宜知悉。』

三月，帝崩。

夏四月，遣使告哀於夏國。丙戌，以國子監所印九經及正義、《孟子》、醫書賜夏國，從所乞也。又乞工匠，賜詔曰：『詔夏國主，省所奏蓋以蕃方素稀工巧，變革衣冠之度，全由製造之功，欲就考工，聊倩庶匠以聞事具悉。謹固世封，述修邦貢，率我朝廷之化，時乃祖父之規。遽閱來章，蓋無前比，宜敦爾守，難循所陳。自西平王以來，無此陳請，且宜循守舊規。』

秋七月丙辰，夏主遣使來祭弔。其使者固求入對，弗許。諒祚所上表，輒改姓李，賜詔詰之：『詔夏國主，上旻降禍，萬國纏哀，馳遣使人，肅申慰禮。情雖深於永慕，事或異於舊聞。維乃祖之稱藩，有先朝之賜姓，撫綏隆於君義，親愛篤於人倫。自再納於誓言，亦且循於軌式。忽形需奏，靡固宗盟。言念舉錯之違，得非左右之惑，宜存遠慮，用迪前猷。今後所上表章，宜

卷二十一

大順受創

嘉祐八年春三月〔一〕，英宗即位。夏國賀登極進奉人吴宗等至順天門，欲佩魚及以儀物自從，引伴高宜禁之，不可，留止廄置一夕，絶供饋。宗出不遜語，宜折之，如故事。良久，乃聽入，及賜食殿門。訴於押伴張覲，詔令赴延州與宜辯。宜者，延州所遣也，程戡授詔通判詰之。宗曰：『引伴謂當一百萬兵，遂入賀蘭穴，此何等語也？』通判曰：『聞使人目國主爲少帝，故引伴有此對，是失在使人，不在引伴。』宗沮服。

治平元年，以内侍省押班王昭明爲環慶鈐轄，帶御器械李若愚爲涇原路鈐轄。令體測蕃情，治其訴訟，小事與帥議，其大事則以聞，各許歲一乘馹奏事。前世以宦人預邊事，而將帥不盡其用，及有是命，人不以爲便也。諫官御史傅堯俞、趙瞻言不便，後卒罷之。

秋九月庚午，賜諭夏國主，精擇使人，不令妄舉。詔曰：『朕嗣守丕圖，日新庶政，方推大信，以協萬邦。思與藩屏之臣，永遵帶礪之約。矧勤王而述職，固奕世以推誠。而近年來將命之使，不體朝廷之意，罔循規矩之常〔二〕，多於臨時，率爾改作。既官司之有守，致事體以難從。

且下修奉上之儀，本期效順；而君有錫臣之寵，所以隆恩。豈宜一介於是閒，輒以多端而生事。在國家之撫御，固廓爾以無疑；想忠孝之傾輸，亦豈欲其如此。故特申於旨諭，諒深紉於眷懷〔三〕。今後所遣使人，更宜精擇，不令妄舉，以紊彝章。所有押賜、押伴、引使臣等，亦已嚴行戒飭，苟有違越，必寘典刑。載惟信誓之文，炳若丹青之著。事皆可守，言貴弗違，毋開閒隙之萌，庶敦悠久之好。』

是秋，夏數出兵寇秦鳳、涇原，抄熟户，擾邊寨弓箭手〔四〕，殺掠人畜以萬計。司馬光言：『伏見去歲先帝登遐，諒祚遣使者來致祭。延州差指使高宜押伴入京。宜言語輕肆，傲其使者，侮其國主〔五〕，使者臨辭自訴於朝〔六〕，朝廷不以爲意。今諒祚招引亡命，點集兵馬，窺伺邊境，攻圍堡寨，驅脅熟户八十餘族，殺掠弓箭手約數千人。悖逆如此，而朝廷乃更遣使齎詔撫諭，無乃非文王懷德畏力之意乎？』

二年春正月，始，朝廷遣王無忌齎詔責諒祚。諒祚遷延弗受詔，而因其賀正使荔茂先附表〔七〕，自言起兵之由，歸罪於邊吏，詞多非實。丁卯，復以詔戒侵擾，曰：『朕紹承丕命，撫育多方。念遐邇之所懷，唯恩信之是篤。迺顧涇秦之道，適當蕃塞之交。謹封守以有常，列部加而相望，安其生聚，積有歲年。不圖非意之閒，忽此無名之舉。侵掠堡障，蕩焚糧資，始成生事之端，殊失奉藩之體。此雖馳於詔命〔八〕，復尚滯於使人，洎覩奏陳，尤異聞聽。況先朝之厚德，從乃父之再盟，仰要日月之臨，共固山河之界。今輕渝舊約，規肆末圖。苟非所以致福有邦，保名厥後。儻未思於遠略，終曷釋於疑懷。交兵殘民，朕豈樂此？其涇原、秦鳳路一帶熟户及弓箭手地分，宜遵誓詔，自今不可更行侵擾。所掠過生口，並須發遣，各還住坐。其孳畜等亦各令歸户下。庶二邊之俗，得遂耕耘之安；而累世之忠，更同金石之久。永毗王室，不亦美歟？』諒祚終弗聽。

冬十月二日，賜詔曰：『詔夏國主，據環慶路經略司奏，取問無名舉兵，近迫大順。國家戢威武以安中夏，推恩信以待四夷，豈欲與衆興勞，爲邊生事？乃眷西陲之守，嗣推累世之忠。故於歲時，曾無賜與之缺；每戒將吏，務謹封隅之常。所宜恪奉朝彝，紹遵先訓。爰自近歲，頗乖素誠。或侵蹂元禁之土田，或焚蕩近邊之族帳〔九〕。閒雖形於旨諭，久莫悉其事端。載循撫御之方，終示含容之體。今復大驅兵衆，奄至塞垣，拒敵官軍，賽酬蕃户。覽守臣之上奏，至終食之興嗟。豈邪謀之所惑，而輕舉弗思；將大義之不存，而肆惡未已。質諸天地，既隳乃父之盟；殘爾人民，殊非有邦之福。朕惟自昔罰罪，必先陳文告之詞；若將因心，猶足凜誓言之事。儻終不悛〔一〇〕，安免用懲。今特遣齎詔往彼取問，到日可具理聞奏〔一一〕。』

十一月甲辰，諒祚使人來賀正旦。丁未，使人來賀壽聖節。司馬光言：『近來諒祚雖外遣使人，稱臣奉貢，而内蓄姦謀，陰以官爵、金帛誘中國不逞之人及熟户蕃部。其違拒不從者，諒祚輒發兵殺掠。弓箭手有住在沿邊者，諒祚皆迫逐使入内地。』

三年夏四月，夏人寇邊，環慶經略使蔡挺擊走之。

秋九月壬子朔，日有食之。諒祚舉兵寇大順城，入寇柔遠寨，燒屈乞等三村，柵段木嶺。初，環慶經略安撫使蔡挺知諒祚將入寇，即遣諸將分屯要害，以大順城堅，雖被攻不可破，不益兵。柔遠城惡，命副使總管張玉將重兵守之。敕近邊熟户入保清野，戒諸寨無得逆戰。諒祚將步騎數萬攻圍大順三日，熟户蕃官趙明與官兵合擊之，諒祚裹銀甲氈帽以督戰〔一二〕，挺先遣强弩分列於濠外〔一三〕，注矢下射，重甲洞貫，諒祚中流矢遁去。復徙寇柔遠，挺又使副總管張玉募膽勇三千人夜出擾營，賊驚潰。挺按視馬練平，左通鄜延，右固華池，地形便可城。即遣將護築，城成，分屬羌三千守之，賜名荔原堡，遣中使慰勞。諒祚退屯金湯，聲言益發十萬騎圍大順，且出嫚詞。須已得歲賜，復攻圍大順城。鄜延經略安撫使陸詵止其歲賜銀幣，曰：『朝廷積習姑息，故虜敢狂悖。不稍加折誚，則國威不立。』因留止不與，移牒宥州問故。諒祚遂大沮，盤桓塞下，取糧而反〔一四〕，卒不敢入寇。又歲儉貧，願得賜物，因遣使謝罪，言：『邊吏擅興兵，行且誅之矣。』

冬十月癸未，遣西京左藏庫副使何次公齎詔賜夏國主，問所以入寇之故，仍止歲賜銀帛。陸詵言不若且賜時服，不從。先是，諒祚入寇，韓琦議停其歲賜，絶其和市，遣使問罪。文彦博難之，舉寶元、康定時事，琦曰：『諒祚狂童也，非有元昊智計，而吾邊備過當時遠甚。亟詰之，必服。』會陸詵策與琦合，而諒祚果歸款。

十一月，次公還，以諒祚表進。帝已臥疾，琦扣御榻曰：『諒祚服否？』帝力疾顧琦曰：

『一如卿料也。』諒祚所上表，雖云『受賜累朝，敢渝先誓』，然尚多遊詞，歸罪於其邊吏。乃復誡約夏國，詔曰：『國家遠撫方域，並推恩信，不專用武，蓋務息民。夏國世服忠勞，爲國藩衛。故於歲時賜與，恩禮甚備；期於惇守誓約，傳之永久。不謂累年以來，數興兵甲，侵犯疆陲。驚擾人民，誘脅熟户。蕩覆族帳，亡失生業。被邊數路，略無寧歲。朝廷姑務含恕，不欲遽然生事，止令所在移文理辯，而夏國終不承稟。乃復多聚人馬，直叩大順，圍迫城寨，焚燒村落，張其兵勢，以抗官軍。不順之狀，人神共憤。朕獨排群議，特降詔書，直究歸由，先行詰問。今覽封奏，所稱「受賜累朝，敢渝先誓」。祈衂民氓之患，欲見和平之理。推心及此，良可歎嘉，詳觀敘陳，尚達誠懿。至如屯聚兵馬，即託言是邊上首領；攻圍城寨，又指説作小可邊事。誓詔所載，豈容如此！況夏國兵甲，何可都無統制〔一五〕；緣邊首領，必然不可擅興。若向去更有侵犯，又復假此爲詞，則使朝廷何以信憑，盟好必難保守。故復諭旨，所宜審圖。儻欲善繼前勳，不渝先志，則當專遣使人，别貢誓表。具言今後嚴誡邊上酋首，各守封畺，不得點集人馬，侵犯邊上。其鄜延、環慶、涇原、秦鳳等路沿邊一帶，久係漢界熟户，並順漢西蕃，不得更行劫擄及偪脅歸投；所有漢界不逞叛亡之人，亦不得更有招納。有渝此約，是爲絶好。餘則遵依誓詔。如此方明效順，以釋衆疑。朝廷恩禮賜與，一切如舊，況緣邊熟户等，朝廷素有約束，若不來侵犯，必不先起事端。畺埸之閒，共期康靖。』

四年春正月丁巳，帝崩，使鎮戎軍駐泊都監高遵裕告哀於夏。抵宥州下宫，夏人遣王盥受命，至則吉服廷立，遵裕切責之，遂易服聽遺命。既而具食上宮語及大順城事〔一六〕，盥曰：『剽掠輩耳。』遵裕曰：『扶傷而遁者，非若主邪？』夏人怒曰：『王人蔑視下國。敝邑雖小，控弦數十萬〔一七〕，亦能躬執櫜鞬，與君周旋。』遵裕嗔目叱之。時諒祚覘於屏間，摇手使止。上聞而嘉之。

閏三月甲申，夏主諒祚遣使獻方物謝罪，請戒飭酋長守封疆，如去冬所賜詔旨。因復以詔答之曰：『朕以夏國累年以來，數興兵甲，侵犯疆陲，驚擾人民，誘偪熟户。去秋乃復直叩大順，圍迫城寨，焚燒村落，抗敵官軍。邊奏屢聞，人情共憤。群臣皆謂夏國已違誓詔，請行拒絶。先皇帝務在含恕，且詰端由，庶觀逆順之情，以決衆多之論。逮此露章之稟命，已悲仙馭之上賓。朕纂極云初，包荒在念，仰循先志，俯徇乃誠。既自省於前辜，復願堅於永好。苟奏封所敘，忠信無渝，則恩禮所加，歲時如舊。安民保福，不亦休哉！』仍賜絹五百匹、銀五百兩。

夏六月，陝西轉運使薛向言，知青澗城种諤招西人朱令陵〔一八〕，最爲横山得力酋長，已給田十頃、宅一區，乞除一班行〔一九〕，使夸示諸羌，誘降横山之衆，詔增給田五頃。

秋七月，夏國遣使奉慰及進助山陵，因諭夏國主令遵守藩儀詔曰：『詔夏國主，朝廷戢兵所以息民，施德所以懷遠。顧西夏之封守，奉累朝之詔書。不意近歲以來，繼有無名之舉，邊隅多擾，生聚靡寧。乃至去秋，忽迫大順。雖云報仇於熟户，實亦拒戰於官軍。皆謂已萌之情，可見不順之蹟。先皇帝終務全於國體，具往詰其事端。洎朕纂承之初，尤思撫御之略。載覽來章之述，有嘉大義之存。矧舊載於宗盟，復躬承於忠訓。宜念祖先之服，益遵藩侯之儀〔二〇〕。使永無兵革之虞，衆遂耕耘之樂。自享多福，以傳無窮。』

八月戊午，復夏人和市。又諭夏國主，令發熟户仍不得侵踐漢地，詔曰：『詔夏國主，朕修文德所以懷遠人之安，戢威武所以廣諸夏之福。豈欲爲邊生患，與衆興勞？今據逐路經略司奏，自嘉祐七年春至今秋以來，夏國人騎或脅略近邊熟户，或侵踐當界民疇，或假以金錢搆亡命之卒，或誘以官爵致無賴之夫，爲日滋深，其害未已。朕新膺大統，奄宅中區。既思輯藩臣之和，又將杜邊事之漸。按西平之舊則，參慶曆之再盟。未肩祖父之忠，頗忽朝廷之制。緬懷裔土，久缺化風，豈委任之失人，致講陳之非計。夫享盛福者莫如躬德義，蹈後艱者靡不由僭狂，勉循至言，庶保先約。其前後招脅過熟户，並須盡底發遣過界，仍今後不得信縱人騎〔二一〕，侵踐漢地，致射傷人命。及潛購下第舉人、逃背軍卒等。所有逐次邊奏因依〔二二〕，已具別録。』

冬十月癸酉，知青澗城种諤襲擄夏監軍嵬名山，遂復綏州。初，邊吏上言，西戎部將嵬名山欲以横山之衆，取諒祚以降，詔邊臣招納其衆。諫議大夫司馬光上疏極論，以爲：『名山之衆，未必能制諒祚。幸而勝之，滅一諒祚，生一諒祚，何利之有？若其不勝，必引衆歸我，不知何以待之？臣恐朝廷不獨失信於諒祚，又將失信於名山矣。若餘衆尚多，還北不可，入南不受，窮無所歸，必將突據邊城以救其命。陛下獨不見侯景之事乎？』神宗不聽，至是遣將种諤發兵迎之。嵬名山者，部落在故綏州，名山弟曰夷山，請降於种諤。諤使人因夷山以誘名山，賂以金盂。名山小吏李文喜受之，陰遣銀夏監軍牙吏史屈子，托言嵬名山來報内附，而名山未之知也。諤即奏言：『諒祚累年用兵，人心離貳。嘗欲發横山族帳盡過興州，族帳皆懷土重遷。其首領盡收河南之地，取諒祚以降。』帝信之。陸詵言：『以衆來降，情僞未可知。』戒諤毋妄動，諤持之力。詔詵召諤問狀，且與轉運薛向議撫納。乃共畫三策，令幕府張穆之入奏。穆之因受向指，詭言必可成。帝意詵不協力，徙之秦鳳[二三]。諤不待命，募可使者通蠟書於名山，與屈子定計，領所部期日會於銀州[二四]。諤起所部蕃漢兵會於懷遠砦[二五]，移折繼世赴銀夏應接，長驅入綏州。夜度大理水，駐師離思曲，圍其帳。厥明，屈子及諸酋長脇名山開門迎納，名山驚，援槍欲鬭。夷山呼曰：『兄已約降，何爲如是？』文喜因出所受金盂示之。名山投槍大哭，遂舉衆從諤而南。名山賜名趙懷順，得酋領三百、户萬五千，勝兵萬人。將城其地，詵以無詔出師，召諤還，將劾諤擅興之罪，欲捕治之。未果而徙命至，諤軍還次懷柔，虜衆四萬人坌集城下，諤出兵擊走之。適折繼世亦領兵來會，遂築綏州城，西方用兵自此始。

十一月，种諤既受嵬名山降，夏主諒祚乃詐爲會議，誘知保安軍楊定殺之，邊釁復起。朝廷以諤生事，欲棄綏誅諤。陝西宣撫主管機宜文字趙卨言：『虜既殺王官，而又棄綏不守，示弱已甚。且名山舉族來歸，當何以處？諤無名興舉，死有餘責。若將改而還之。彼能聽順而亡絶約之心乎？不若諭諒祚以虜衆餓莩，投死中國，邊臣雖擅納，實無所利，特以質往年景詢輩爾。可遣詢等來與降羌交歸，各遵紀律，而疆埸安矣。如其蔽匿，則我留横山之民，未爲失也。』又移書執政：『請存綏州，以張兵勢。先規度大理河川，建堡砦，畫稼穡之地三十里以處降羌。若棄綏不守，則無以安新附之衆。援种世衡招蕃兵破賊，屯青澗城故事。』朝廷從之。乃改命韓琦判永興軍經略陜西，卒存綏州。貶諤四官，安置隨州。

十二月，初，諒祚凶忍好爲亂，舉兵犯慶州大順城，乘駱馬，張黄屋，自出督戰。埤者管勾東路都巡檢司軍馬林廣以彍弩射之中，乃解圍。中創甚，馳入一佛祠，有牧牛兒不得出，懼伏佛座下，見其脱韡，血涴於踝，使人裹創，舁載而去。至其國殂，年二十一。國人謚曰昭英皇帝，廟號毅宗，葬安陵。

校勘記

〔一〕嘉祐八年春三月　《宋史》卷四八五《夏國傳》繫夏使吴宗賀英宗登極事於『治平初』，《長編》卷二〇二、《續通鑑》卷六二《宋紀》繫於治平元年九月而云『先是』，則似當從《夏國傳》。

〔二〕罔循規矩之常　『罔』原作『因』。按，上句説夏國使人『不體朝廷之意』，此句言其『罔循規矩之常』，句式對偶，『不』與『罔』意相應。『因』乃『罔』之訛。《宋大詔令集》卷二三四即作『罔』，據改。

〔三〕諒深紉於眷懷　『紉』原作『認』。『紉於眷懷』爲當時常用語，故據《宋大詔令集》卷二三四改。

〔四〕擾邊寨弓箭手　『邊寨』，《宋史》卷四八五《夏國傳》作『邊塞』，《長編》卷二〇二、《續通鑑》卷六二《宋紀》同本書。

〔五〕侮其國主　『國主』原作『國王』，『王』乃『主』之形訛。今據《長編》卷二〇二、《續通鑑》卷六二《宋紀》改。

〔六〕使者臨辭自訴於朝　『臨』上原脱『使者』二字，則『臨辭自訴』承上乃高宜所爲。今據《長編》卷二〇二、《續通鑑》卷六二《宋紀》補。

〔七〕而因其賀正使茘茂先附表　『而』之上，《宋史》卷四八五《夏國傳》有『已』字，《長編》卷二〇二、《續通鑑》卷六二《宋紀》同本書。

〔八〕此雖馳於詔命　『此』，《宋大詔令集》二三四卷作『比』，結合其下『復尚滯於使人』之句式來看，似當從之。

〔九〕或焚蕩近邊之族帳　『焚』原作『禁』，形近而誤。據歷朝本及《宋大詔令集》卷二三四改。

〔一〇〕儻終不悛　『悛』原作『便』。按『不便』與下句『用懲』，語義不相承，《宋大詔令集》卷二三四作『不悛』，則『便』乃『悛』之訛，故據改。

〔一一〕到日可具理聞奏　據《宋大詔令集》卷二三四，『理』上有『事』字。此詔乃責問西夏舉兵近逼大順之事，『事理』與『理』語意有別，疑當依上書補『事』字。

〔一二〕諒祚裹銀甲氈帽以督戰　『裹』原作『衷』，《長編》卷二〇八、《宋史紀事本末》卷四〇《西夏用兵》及《薛鑑》卷三〇《宋紀》亦作『衷』。按，衷指穿在裹面，而銀甲雖可在其外罩上外衣，氈帽豈能『衷』？宜當作『裹』字，《續通鑑》卷六四《宋紀》即删『衷』字，大約畢沅已覺『衷』字不妥。《太平治跡統類》卷一一《治平西夏擾邊》作『裹』字，此據改。

〔一三〕挺先遣强弩分列於濠外　『分』原作『八』，《宋史》卷三二八《蔡挺傳》作『伏强弩壕外』，無『八』字，《續通鑑》卷六四《宋紀》同本書。『八』數量似嫌少，故《西夏書事》改作『八百』。《長編》卷二〇八作『分列』，按理較妥，故據改。

〔一四〕取糧而反　『而』原作『四』，形近而誤。據《長編》卷二〇八、《續通鑑》卷六四考異改。
〔一五〕何可都無統制　『可』上原無『何』字。《宋大詔令集》卷二三五稱『可』上脱一字，歷朝本作『何』字，據補。
〔一六〕既而具食上宫語及大順城事　『上宫』原作『土官』，據《宋史》卷四六四《高遵裕傳》、《東都事略》卷四二《高遵裕傳》改。
〔一七〕控弦數十萬　同上二書中，《宋史》作『十數萬』，《東都事略》同本書。
〔一八〕知青澗城种諤招西人朱令陵　『朱令陵』，《宋史》卷三三五《种諤傳》作『令㖫』，《長編拾補》卷一作『朱陵』，《續通鑑》卷六五《宋紀》同本書。
〔一九〕乞除一班行　『班』下原脱『行』字。按，『班行』義爲朝班的行列、朝官的位次，借指朝官，故當補『行』字。《長編拾補》卷一、《續通鑑》卷六五《宋紀》皆作『班行』，據補。
〔二〇〕益遵藩侯之儀　『侯』原作『漢』。按，蕃漢之别不用『藩』，此詔令西夏遵守藩鎮之儀，故當依《宋大詔令集》卷二三四作『侯』，據改。
〔二一〕仍令後不得信縱人騎　『令』原作『今』，形近而誤。據《宋大詔令集》卷二三五改。
〔二二〕所有逐次邊奏因依　『有』原作『言』。按，邊奏指宋各路經略司奏狀，若作『所言』，則指對方，即被詔之西夏，故當依《宋大詔令集》卷二三五作『有』，據改。
〔二三〕徙之秦鳳　『之』，《宋史》卷三三二《陸詵傳》作『知』。《宋史紀事本末》卷四〇《西夏用兵》、《薛鑑》卷三〇《宋紀》、《續通鑑》卷六五《宋紀》均同本書。
〔二四〕領所部期日會於銀州　『州』上原脱『銀』字，據《長編拾補》卷二、《東都事略》卷六一《种諤傳》補。

〔二五〕謂起所部蕃漢兵會於懷遠砦　「懷遠」，《宋史》卷二五三《折繼世傳》、《長編紀事本末》卷八三作「懷寧」，《宋史》卷三三五《种諤傳》作「懷遠」，本書附圖《陝西五路之圖》有「懷寧」地名，故似當從前二者作「懷寧」。又，下文「還次懷柔」之「懷柔」，亦似當作「懷寧」。存疑待考。

卷二十二

梁氏擅政

慶曆八年春正月，夏國主曩霄既殂，三月而没藏太后生諒祚。訛哤之相諒祚也，有梁氏者，其先中國人，爲訛哤子婦。諒祚既長，私焉。日視事於國，夜則從諸。其初，妻訛哤之女。没藏氏與訛哤皆懟甚，謀伏甲梁氏之宫，須其入以殺之。梁氏知焉，私以告諒祚。諒祚乃使召訛哤，執於内室。没藏，强宗也，子弟族人在外者八十餘人，悉誅之，夷其族。以梁氏忠於己，因以爲妻。又命其弟乞埋爲家相，許其世襲。

治平四年冬，諒祚殂，子秉常立。尚幼，而梁氏爲太后，自主國事。梁乞埋死，其子移逋繼之，謂之没甯令。没甯令者，華言天大王也。秉常之世，執國政者有嵬名浪遇，元昊之弟也，最老於軍事，以不附諸梁，遷下治而死。其時存者三人：移逋以世襲居長契；次曰都羅馬尾；又次曰鬬萌訛，略知書，私侍梁氏。移逋、萌訛皆以昵倖進，唯馬尾但有戰功，然皆庸人。秉常荒孱，梁氏自主兵，不以屬其子。

熙寧三年秋九月，夏賊寇荔原堡，李信戰不利。鬧訛堡之築，梁氏引兵犯慶州大順城，慶帥遣北路巡檢林廣拒守，深入牽制賊勢，遂破十二盤、多娘、大原、詐娘四寨。先是虜圍白豹城，不解。廣使城兵皆以弱弓弩射之，虜度其勢之所及，稍稍近城，乃易强弓勁弩叢射，虜多死，遂相擁而潰。深入遇賊數千，戰敗之，因追擊至金湯城，又大破走之，因毁其城壘，引兵歸。夜過洛河，有賊來襲，廣揚聲令軍選强弩數百列岸側，實卷甲疾行，賊聞之不敢渡。時賊圍羅兀城甚急。賊得吾禁卒，語之曰：『汝語城中，張大吾軍，使速降，當與汝爵録。』卒敬諾之。致卒危梯上，下瞰城中，卒輒大呼曰：『西賊人少糧盡，朝夕去矣，城中堅守之。』賊怒醢之。

冬十月，夏人寇環慶。

四年秋九月，夏國主請綏州。

五年春，賜夏國主乞贖《大藏經》詔曰：『詔夏國主，省表乞收贖釋典一《大藏》并簽帙複帕，前後新舊翻譯經文，惟覬宸慈，特降旨命，令有司點勘，無至脱漏卷目，所有印造裝成紙墨工直，並依例進馬七十匹，聊充資費，早賜近年宣給事具悉。維是佛乘，著爲象教〔一〕，載覽需章之奏，懇求具譯之編。已降允俞，特行賜予，眷言信嚮，良用歎嘉。所請贖經文已指揮印經所，應有經本，並如法印造給賜。令保安軍移牒宥州，差人於界首交割，至可領也。所有馬七十匹，更不用進來，故兹詔示，想宜知悉。春寒比平安好。遣書指不多及。』是歲，以秉常七歲即位計之，才十有二齡耳。

元豐四年夏六月，夏人幽其主秉常。初，秉常既不得志，常慕中國。有李清者，本秦人，亡虜中，秉常昵之，用以爲將軍。清因説秉常以河南地歸朝廷〔二〕。梁氏知之，屢勸秉常不行漢禮，秉常不從。清又爲秉常誘漢倡婦、樂人。梁氏遂置酒執李清，誅之。奪秉常政而幽之，國人乖亂。元豐中，梁氏嘗遣將引兵卒至保安軍順寧寨，圍之數重。時寨兵至少，人心兇懼。有倡姥李氏得梁氏陰事甚詳，乃掀衣登陴，抗聲駡之，盡發其私。虜人皆掩耳，併力射之，莫能中。李氏言愈醜，虜人度李終不得，恐且得罪，遂託以他事，中夜引其軍去。

八年冬十月戊辰，夏國主秉常遣使於遼，報其母梁氏哀。丁亥，以夏國主母喪，遣使弔祭。

校勘記

〔一〕著爲象教　『象教』原作『象數』。按，象數乃占卜，象教指佛教，『數』乃『教』之訛。故據《宋大詔令集》卷二三五改。

〔二〕清因説秉常以河南地歸朝廷　『河南』下原脱『地』字，據《宋史》卷四八六《夏國傳》、《長編》卷三一二改。

卷二十三

綏城易砦

治平四年冬十一月，夏主諒祚詐爲會議，誘知保安軍楊定殺之，邊釁復起。

十二月己巳，夏人求以亡命景詢易嵬名山，郭逵曰：『詢，庸人也。受之則不得不還名山，恐自是蕃酋無復向化矣。』是月，郭逵詗得殺楊定等首領姓名，諜告將斬之於境以謝罪，逵曰：『是且梟死囚以紿我。』報曰：『必執李崇貴、韓道喜來〔一〕。』夏人言：『殺之矣。』逵命以二人狀貌物色詰問敵，情得，乃錮而獻之。判永興軍兼陝西經略安撫使韓琦至永興。初，薛向、郭逵等議欲存綏州，詔琦度其可否。琦奏：『賊今已誘殺楊定等，綏州不可棄也。』及諒祚病死，其子秉常方幼。琦因奏，當此變故，非棄綏之時。

神宗熙寧元年春三月庚辰，夏主諒祚殂，子秉常立，遣其臣薛宗道等來告哀〔二〕。帝遣韓縝詰問宗道以殺傷楊定及擄掠熟户、不遣使賀即位、降詔不承等事。宗道言李崇貴等見已禁錮，候朝旨即拘送〔三〕，及陳夏主秉常母子悔過之意。帝命縝諭旨，恐國主幼小，未能戢服沿邊蕃部，他日或再來侵犯，度彼親任事止三五人，欲自朝廷除官，仍於歲賜内割五萬充俸，及候李崇貴等至方可行册慰之禮。令縝録本付宗道，仍以詔書賜秉常曰：『惟爾先父，保有西陲，忽覽訃書，良深軫念。眷言荼毒，情何可任，勉勵孝忠，用副存撫。逮諸親信之列，亦同慰諭之懷。餘令薛宗道等宣諭。』及崇貴等至，言楊定奉使諒祚，嘗拜稱臣，且許以歸沿邊熟户，諒祚遺之寶劍、寶鑑及金銀物。初，定歸時，上其劍、鑑而匿其金銀〔四〕，言諒祚可刺。帝喜，遂擢知保安軍。既而夏人失綏州，以爲定賣己，故殺之。至是事露，帝薄責崇貴等，而削定官，没其田宅萬計。

秋七月乙亥，名秦州新築大甘谷口砦曰甘谷堡。初，秦州生户爲諒祚劫而西徙，有空地百里，名篳篥。知州馬仲甫請城而耕之，即大甘谷口砦也，至是特賜名。

冬十月，遼遣使册李秉常爲夏國王。

十一月，秉常遣使都羅重進來言〔五〕：『主上方以孝治天下，奈何反教夏國之臣叛其君！』朝廷乃罷分賜酋豪之議，止令歸塞門、安遠二寨，還賜以綏州。重進凡三往返議之，始奉表聽從。

十二月庚戌，乃遣劉航賜秉常詔曰：『朕肇膺皇曆，奄宅萬邦。凡撫遠人，必推大信。乃顧西陲之守，實殫累世之忠。爰自近年〔六〕，頗隳故矩，以至閒令首領，誘害邊臣。寖違憲度之常，自絶貢輸之路。方行詰問，忽報凶哀。而能懲事以謝愆，瀝哀而請命。念方罹於荼毒，嘗曲示於慰存。乃復羈送罪酋，載馳使介，願堅誠節，規欲自新〔七〕。今又奉表，及奏已稟從聖旨，歸納塞門、安遠二砦，仍乞别進誓文，永遵臣禮。詳覽來請，朕意嘉之。夏國既再修職貢，所宜謹守信誓，無或擾犯邊圉，重取悔尤。至於順漢西蕃，亦毋得輒有侵掠。候誓表到日，即遣使封册，並以綏州給還。所有歲賜，自封册後並依舊例。朝廷必當誡飭邊吏，約束屬户，各守疆埸，不得交侵。則阜安邊俗，式臻富庶之期；紹續世封，克保寵榮之福。』時夏人屢欲款塞，每虚聲摇邊。詔問方略，知延州趙卨審計形勢，爲破賊之策以獻，遣裨將曲珍、吕真以兵千人分巡東西路。賊方以四萬衆，自開道欲取綏州，道遇曲珍，皇駭亟戰，吕真繼至，賊衆散走。賊自失綏州，意未能已。卨揣知其情，奏言：『賊使請和，必欲畫綏州界，願聽本路經略司分畫，歲賜則俟通和之日復焉。』

辛酉，以王韶管勾秦鳳經略司機宜文字〔八〕，詔遂行邊。西蕃俞龍珂帥其衆内附。初，韶爲建昌軍司理參軍〔九〕，詣闕上《平戎三策》，以爲西夏可取：『欲平西夏，當先復河、湟〔一〇〕。今古渭之西，熙、河、蘭、鄯皆漢隴西等郡〔一一〕，吐蕃唃厮囉一族國其閒。宜併有之，以絶夏人右臂。』帝異其言。王安石以爲奇謀，故韶有是擢。夏遣使貢於遼。是歲，夏改元乾道。

二年春正月〔一二〕，夏國主乞早頒封册。詔曰：『詔夏國主，比輸忠款，願襲世榮。已飭攸司，式備封册，屬使人之勤請，欲誓詔之早頒。庶彼邊民，聞我朝命，得遂耕耘之便，更無兵革之虞。所宜允從，當體睠遇。今差某官先齎誓詔往彼，至可領也。』夏人寇秦州，陷劉溝堡，殺守將范愿，死傷者不可勝計。

首千級，乞加旌賞，從之。

三月丁亥，夏人陷撫寧諸城。初，种諤進築永樂川、賞逋嶺二砦〔二八〕，分遣都監趙璞、燕達築撫寧故城，及分荒堆三泉、吐渾川、開光嶺、葭蘆川四砦與河東路修築〔二九〕，各相去四十餘里。絳得空名告身宣勑及錦袍、銀帶，撫納降附，至邊盡召蕃官、蕃部厚犒之，軍士怨望。又奪騎兵馬，曰此輩不能戰，以與蕃部，有抱馬首號泣者。絳又嘗遣權管勾機宜文字游師雄按視囉兀城、撫寧和市。師雄言：『囉兀無井泉，撫寧在平川，皆不可守。』

已而，夏人來攻順寧砦，遂圍撫寧。折繼世〔三〇〕、高永能擁兵駐細浮圖，去撫寧咫尺，囉兀兵勢尚完。諤在綏德節制諸軍，聞夏人至，茫然失措，欲作書召燕達，戰悸不能下筆，顧運判李南公涕泗不已。由是新築諸堡悉陷，囉兀亦不守，將士没者千餘人。初，上遣户部副使張景憲等按視，景憲受命即奏曰：『二城不可守，臣固不待到而後知。』行未半道，撫寧已陷。至鄜延，條奏所見，『百姓憔悴，師旅咨嗟』。及言入鄜延界，詢囉兀利害，無一人言便者，乞速毀廢。會慶州軍叛，詔棄囉兀城，治諤罪。諤稱得密旨於高遵裕，遵裕降爲乾州兵馬監押。而責諤授汝州團練副使，潭州安置。韓絳坐興師敗衄，罷知鄧州。

王文諒者，夏國用事臣没藏訛哤家奴，得罪，因自歸。王安石薦其才，加閤門祗候。韓絳先遣文諒出界，凡官軍斬級，多奪與蕃軍，至掘冢戮屍爲功。邠寧廣鋭都虞候吴逵嘗與文諒争功，文諒怨之，誣以夜至野貉會與賊鬭，呼逵不至，及扇摇軍士。宣撫司送逵慶州獄四十日，絳至慶州，將斬逵，部卒喧呼，乃復送獄。數日，賊攻囉兀甚急，絳命慶州出兵牽制。廣銳兩指揮謀擁逵爲亂，雨作，不授甲，乃止。遂焚北門，大譟縱略，斬關而出。林廣説以逆順〔三一〕，多投降者。時逵已擁衆出，餘黨猶在城下，廣諭降之者曰：『亂首去矣，爾曹出非同惡。若聽我，不惟得活，且有功。』因收集得百餘人，至營，激厲約束之，授以兵器，令攻城下兵，擒戮皆盡，慶州遂安。涇原路總管張玉、鄜延劉永年並令再任，玉與一子官，樞密使文彦博曰：『兩人同是用，而推恩不同。』上曰：『玉累有戰功，永年但久熟鄜延，未有代之者。若一槩推恩，無以激勸。』

秋九月庚子，夏主秉常遣使入貢，表乞綏州城，願依舊約。詔答曰：『昨覽邊臣所奏，以夏國去秋自絶朝廷，深入環慶路，殺掠熟户，侵偪城寨，須舉兵入討。朕爲人父母，亟令班師，無得窮武。今國主遣使歸款，欲繼舊好，休兵息民，甚善。綏州前已降詔，更不令夏國交割塞門、安遠二寨，綏州更不給還，今復何議！止令鄜延路經略司定立綏德城界，其餘及諸路，並依見今漢蕃住坐、耕牧界至立封堠。掘壍内外，各認地分，樵牧耕種，貴彼此更無侵軼。俟定界畢，別進誓表，回頒誓詔，恩賜如舊。』因並賜陝西、河東經略使司詔曰：『勑夏國再差嵬名嚷寨等進誓表謝恩，朝廷已降詔，並依慶曆五年正月二十二日誓詔施行〔三二〕。』又賜鄜延等路經略使不得生事詔曰：『勑夏國再差都羅重進等齎到誓表，及進納安遠、塞門二寨，詞理恭順，朝廷已降誓詔，並依慶曆五年誓詔施行〔三三〕。』

十二月戊午，歸夏俘。

五年秋，又詔陝西毋侵掠夏境。時夏人已進誓表，故有是命。詔曰：『詔夏國主，省所上表：臣依准制命，將綏德城下界至打量二十里，明立封堠，交付了當訖者。臣幼叨世緒，遵奉皇猷。宿兵累年，空阻瞻雲之望；通盟此日，遐陳獻土之歡。上奉高明，更無渝變，虔遵聖訓，分定式畺。踐土約詞，昭著先朝之誓；推忠納款，堅持歸信之誠。載圖方岳之勤，庶答乾坤之施事〔三四〕。具悉。世膺爵寵，爲我翰藩，來陳封章，率服詔令。載惟忠順，良所歎嘉，弭兵息民，子育萬國。終始惟一，時乃朕心，爾不有渝，朕無過舉，已戒邊吏各守封畺。所宜顯諭國人，永遵先誓，其餘約束事節，一依慶曆五年正月二十二日誓詔施行。自今以後，恩禮歲賜並如舊例。故茲詔示，想宜知悉。』復賜立夏國主册文曰：『維某年月日，皇帝若曰：古先哲王，奄有區夏，選賢維世，以立諸侯。外則撫鎮畛封，内則屏毗中國。肆朕纂服，遹追令猷，敷考貢圖，誕頒顯册。咨爾某性資沈勇，世載忠良，夙懷來極之誠，深明事大之節。底綏種落，式遏寇虞，奉承前修，嗣守舊約。是用策勳而懋賞，備物以嚴師。緒茷旃旌，苴茅分土，涓辰令吉，長於西陲。今差某官持節，册命爾爲夏國主。於戲！世爲宋藩，惟忠實可以保位；畺以戎索，非信順無以乂民。允懷於茲，罔墜厥緒，欽哉！迪予一人之休命，可不慎歟！』

校勘記

〔一〕必執李崇貴韓道喜來　『韓道喜』，《宋史》卷四八五《夏國傳》作『韓道善』，卷二九〇《郭逵傳》、《東都事略》卷一二八《西夏傳》、《太平治跡統類》卷一五《神宗經制西夏》均同本書。

〔二〕據本書卷二十一及《續通鑑考異》，諒祚死於治平四年十二月，而『熙寧元年春三月庚辰』乃遣使告哀到日。然此處『夏主諒祚殂』緊承『庚辰』後，則易致誤解，故應於『夏主』前補『初』字。並依本書通例，下句『遣其臣薛宗道』之前補『至是』。如此，則文義顯明。

〔三〕宗道言李崇貴等見已禁錮候朝旨即拘送　『見已禁錮候朝旨即拘送』《宋史》卷四八六《夏國傳》、《薛鑑》卷三一《宋紀》作『先已執送之矣』，《長編紀事本末》卷八三同本書。

〔四〕上其劍鑑而匿其金銀　『鑑』原作『鏡』，爲求一致，據上句及江蘇本、歷朝本、《宋史》卷四八六《夏國傳》、《薛鑑》卷三一《宋紀》改。

〔五〕秉常遣使都羅重進來言　『羅重進』上原脱『都』字，據下文二年冬十月條及《宋史》卷四八六《夏國傳》、《長編紀事本末》卷八三補。

〔六〕爰自近年　『年』原作『來』，據《宋大詔令集》卷二三五、《長編紀事本末》卷八三改。

〔七〕規欲自新　『自』原作『日』，據《宋大詔令集》卷二三五、《長編紀事本末》卷八三改。

〔八〕以王韶管勾秦鳳經略司機宜文字　『勾』原作『幹』。按，『管幹』爲避宋高宗趙構名諱而追改，今據《續通鑑考異》改從當時本稱『管勾』。又『文字』原作『文事』，『事』乃『字』之訛。據《宋史》卷三二八《王韶傳》、《薛鑑》卷三一《宋紀》、《續通鑑》卷六六《宋紀》改。

〔九〕韶爲建昌軍司理參軍　『司理』下原脱『參軍』二字，據《宋史》卷三二八《王韶傳》、《續通鑑》卷六六《宋紀》補。

〔一〇〕當先復河湟　『復』上原脱『先』字，據《宋史》卷三二八《王韶傳》、《薛鑑》卷三一《宋紀》、《續通鑑》卷六六《宋紀》補。

〔一一〕今古渭之西熙河蘭鄯皆漢隴西等郡　據《宋史》卷三二八《王韶傳》，「熙」作「洮」，「郡」下有「縣」字。《薛鑑》同本書。

〔一二〕二年春正月　《宋史》卷四八六《夏國傳》載宋册秉常爲夏國主在二月，而寇秦州陷劉溝堡殺范愿在三月。

〔一三〕三月戊子　「戊子」上原脱「三月」，《長編紀事本末》卷八三載三月頒誓詔，《宋大詔令集》卷二三五作「二月」。考陳垣《二十史朔閏表》，三月二十一爲戊子日，故據《長編》補。

〔一四〕夏主遣其臣罔萌訛來言　「罔」原作「岡」，形似而誤。據《宋史》卷四八六《夏國傳》、《薛鑑》卷三一改。下句此名誤同亦據改，不另出校。

〔一五〕應難起移　「難」原作「雖」，「雖」爲「難」之形訛。按，「應雖起移」，與上下文義不合，上句「久已著業」，此句當作「應難起移」，則下句承上爲「任令蕃族依舊住坐」。《宋大詔令集》卷二三五即作「應難起移」，今據改。

〔一六〕自守所宜　「守」，《宋大詔令集》卷二三五作「今」。疑當從「今」，則此四字連下「遵循誓詔」爲句。

〔一七〕鄜延地皆荒瘠　「延」上原脱「鄜」字，史籍一般「鄜延」並稱，今據《宋史》卷三三二《趙卨傳》補。

〔一八〕卨曰　「曰」上原脱「卨」字，則主語承前易誤解爲「酋」，故據《宋史》卷三三二《趙卨傳》書補。

〔一九〕築八堡　「築八」二字原作「尋入」，形近而訛。按，下文載郭逵所言及「既成堡，各留戍三百人」等，可知當作「築堡」，而非「入堡」。《長編》卷二一四即作「築八堡」，此據改。

〔二〇〕時虜人又築堡於慶州荔原堡北　「原」原作「源」，據《宋史》卷四八六《夏國傳》、《長編》卷二一四、

《薛鑑》卷三二《宋紀》改。下文八月條、冬十月條中此地名亦據改。

〔二一〕乃縱兩翼圍之　『兩翼』原作『西翼』，『西翼』與文義不符，『西』乃『兩』之形訛。據《長編》卷二一四改。

〔二二〕復圭遣將復出兵邛州堡　『邛州』下原脱『堡』字。慶州無『邛州』，故據《宋史》卷四八六《夏國傳》、《長編》卷二一四補。

〔二三〕破金湯白豹萌門和市等寨　『豹』原作『芍』，『萌』與『和』下原各脱一字，代之以『□』，今據《長編》卷二一四及《宋史》卷四八六《夏國傳》補改。

〔二四〕夜入欄浪和市　『市』上原脱『和』字。據《長編》卷二一四及《太平治跡統類》卷一五《韓絳宣撫陝西》補。

〔二五〕懷安鎮東谷西谷二砦業落鎮　『懷安鎮』，《宋史》卷四八六《夏國傳》作『淮安鎮』。『業落鎮』，同上書作『業樂鎮』。《長編》卷二一四二者均同本書。

〔二六〕兵多者號三十萬少者號二十萬　《太平治跡統類》卷一五《韓絳宣撫陝西》作『兵多者號二十萬，少者二萬』。《宋史》卷四八六《夏國傳》、《薛鑑》卷三二《宋紀》、《宋史紀事本末》卷四〇《西夏用兵》作『兵多者號二十萬，少者不下一二萬』。《長編》卷二一四、《編年綱目》卷一八均同本書。

〔二七〕絳又命德順軍判官游師雄同提舉常平劉瑄往鄜延與主帥措議戰守之策　『德順』原作『順德』，據《宋史》卷八七《地理志》、卷三三二《游師雄傳》乙正。

〔二八〕賞逋嶺二砦　『逋』原作『捕』，據《宋史》卷四八六《夏國傳》、《長編》卷二一九改。

〔二九〕葭蘆川四砦與河東路修築　『川』原作『州』，據《宋史》卷四八六《夏國傳》、《宋史紀事本末》卷四爵禄賞賜，各倍常科，許依舊土地住坐，子孫世世常享安榮。其或違拒天兵，九族並誅無赦。蓋天道助順，必致萬靈之歸；王師有征，更無千里之敵。咨爾士庶，久罹困殘，共肩向化之心〔一四〕，咸適更生之路。敢稽朕命，後悔何追！』是日，王中正發麟州，禡祭祝詞曰：『臣中正代皇帝親征，兵六萬人，民夫亦六萬餘人。』行數里，至白草平，即奏已入夏界，留屯九日不進，遣士卒往來就芻糧於麟州。高遵裕發慶州蕃漢步騎凡八萬七千人，民夫九萬五千人。种諤以鄜延兵五萬四千，畿内七將兵三萬九千，分爲七軍方陣而進，自綏德城出塞。丁未，攻圍米脂寨。

庚戌，夏兵救米脂砦。鄜延經略副使种諤率衆擊破之。諤因乞不受王中正節制，上以其米脂之功大喜，遣使撫諭曰：『昨以卿急相滅賊，恐或妄進，爲一方憂，欲俾王中正節制進止。今乃能功先諸路，朕甚嘉之，自今可不受中正節制。』辛亥，諤又敗夏人於無定川，斬首八千級〔一五〕。

冬十月丁巳，米脂砦降。初，圍米脂城，虜以衆十萬來援，前鋒將高永能謂從弟永亨曰〔一六〕：『虜衆暴至，易吾軍。吾營當大川，右山左水，宜令前設嚴陣，待其至，選精騎張右翼擊之〔一七〕，可破也。』永亨從之。詰朝霧四塞，虜果大至，與前軍戰良久。奇兵翼進，虜潰自相蹈躪於無定河，水爲不流。大軍乘之，自寅至辰，斬首數千級，獲馬三千，橐駞、牛、羊以萬計，器甲不可勝數。城猶不下，永能密遣諜埋都統説其東壁守將，諭以禍福。翼日來降，永能請厚賞之，衣以錦，示諸城下〔一八〕，導以鼓吹，城中乃擒其僞鈐轄令介訛遇出降〔一九〕。种諤下令：『入城敢殺人及盜者斬！』收城中老小萬四百二十一口，給以衣巾，仍命訛遇等各統所部以禦敵。

庚申，熙河兵至女遮谷，與夏人遇〔二〇〕，戰敗之。癸亥，种諤至石州。賊棄積年文案、簿書、枷械，舉衆遁走。移軍據之。乙丑，涇原兵至磨臍隘〔二一〕，遇夏兵，與戰敗之。先是，詔涇原兵聽高遵裕節制，仍令環慶與涇原合兵擇便路進討。夏人之諜者，以爲環慶阻橫山〔二二〕，必從涇原取胡盧河大川出塞，故悉河南之力以支涇原。既而環慶兵不至，劉昌祚與姚麟率本路蕃漢兵五萬獨出，離夏界堪哥平十五里，遇夏人三萬餘衆扼磨臍隘口〔二三〕，不得進，諸將欲舍而東出韋州，與環慶合，昌祚曰：『遇賊不擊，枉道自全，是謂無次。且爲客利速戰，古今所聞。公等去此，自度能免乎？』麟曰：『賊衆我寡，將迎擊之，且以臨大軍之聲必濟！』即馳騎中軍告急憲進兵，麟使人聲言姚公已破賊，乃謀分軍度胡盧河奪隘，牌手當前，神臂弓次之，弩又次之，選鋒馬在後。諭衆以立功者三倍熙河之賞，衆驩甚，響震山谷。昌祚既挾兩牌先登，弓弩繼前，麟鼓而出，與夏統軍國母弟梁大王戰。自午至申，夏人小卻，大軍沓至，夏人遂大敗。追奔二十里，斬獲大首領十五級、小首領二百十九級，擒首領統軍侄吃多埋等二十二人，斬二千四百六十級，獲僞銅印一，自是大軍通行無所礙。

戊辰，知夏州索九思遁去，种諤入夏州。己巳，种諤入銀州。庚午，環慶行營經略高遵裕攻城，麟先登，矢石下如雨，氣益振，城且拔，會班師，麟復以涇原兵爲後軍，賊追躡，慷慨激厲，士衆争出死力，全師而還。

是役也，涇原軍入爲前、出爲殿、戰嘗爲最，而麟實將之。後昌祚言：『靈武不克，實受制，非戰之罪。』朝廷問麟是非，麟曰：『首至靈武，昌祚之功。城不能取，皆臣之罪。』人以此多之。麟，字君瑞。王韶取熙河，知麟材可用，爲熙河管界巡檢，至是以功遷内殿承制。辛亥，置延州塞門、浮屠二寨。

十二月壬午，置延州義合寨。

五年春正月庚子，討敗師罪。辛丑，高遵裕責授郢州團練副使，本州安置。种諤、王中正、劉昌祚並降官。昌祚初爲通事舍人，夏人以百餘騎寇劉溝堡，昌祚出援。夏人伏萬騎黑山外，僞遁，昌祚卒遇之，戰不解。夏人鋭甚，大酋突而前，昌祚抽矢，一發殪之，賊遁去。自西事以來，以寡禦衆，未有如昌祚者。李憲欲以開蘭、會功贖後期之罪，帝以憲有功，但令詰其不待報命之由。憲以餽餉不接爲詞，釋弗誅。

《漁隱叢話》：東坡云：『張舜民芸叟，邠人也。通練西事，稍能詩，從高遵裕西征，回中作詩二絶。一云：「靈州城下千株柳，總被官軍斫作薪。他日玉關歸去路，將何攀折贈行人。」一云：「青銅峽裏韋州路，十去從軍九不回。白骨似沙沙似雪，將軍莫上望鄉臺。」爲轉運判官李察聞奏，得罪貶郴州監税。』

校勘記

〔一〕都巡檢使劉惟吉敗之　『惟』原作『維』，形近而訛。今據《宋史》卷一五《神宗紀》、《長編》卷二四三改。

〔二〕王韶破西蕃結河川族　『西』原作『四』，形近而訛。據江蘇本及《宋史》卷一五《神宗紀》、《薛鑑》卷三五《宋紀》改。

〔三〕大會平第四將高永能等擊敗之　『大會』二字原脱，查《宋史》卷四八六《夏國傳》有『大會平』。又，『第』原作『等』。今據《長編》卷二九九、《續通鑑》卷七四《宋紀》補改。

〔四〕蕃部巴鞫等以譯書來告　『譯書』原作『驛書』，『驛』乃『譯』之形訛。據《長編》卷三〇六、《續通鑑》卷七四《宋紀》改。

〔五〕臣往持其臂而來爾　『往』上原脱『臣』字，《宋史》卷三三五《种諤傳》、《長編》卷三一三、《續通鑑》卷七六《宋紀》有『臣』字，《宋史紀事本末》卷四〇《西夏用兵》、《薛鑑》卷三八《宋紀》無『臣』字，此依前三書補。

〔六〕且秉常事大國　『大』下原脱『國』字，『事大』語意表達不清，故據《長編》卷三一三補。

〔七〕夏人寇臨川堡　『川』原作『州』，據《宋史》卷一五《神宗紀》、《長編》卷三一五改。

〔八〕熙河經制李憲總熙秦七軍及董氊兵三萬　『經制』原作『經略』。按，考《長編》等，此時鄜延、環慶、涇原路設經略司，熙河爲經制司。故當據《宋史》卷一五《神宗紀》、《長編》卷三一五、《宋史紀事本末》卷四〇《西夏用兵》、《薛鑑》卷三八《宋紀》改。

〔九〕有天澗五六重　『天澗』原作『大澗』，形近而誤。據《長編》卷三一六、《續通鑑》卷七六《宋紀》改。

失轡。或云面上中箭，在甕城内夜黑沸濤中，面上中箭，恐非敵人也。獨徐禧不知所歸，或云有還人見之夏國者。惟曲珍、王湛、李浦、吕整裸跣走免，蕃部指揮馬貴獨持刀殺數十人而死。夏人耀兵於米脂城下，乃還。舜舉資性安重，與人言未嘗及宫省事。

冬十月戊申朔，沈括、种諤奏：『永樂城陷，蕃漢官二百三十人、兵萬二千三百餘人皆没。』帝涕泣悲憤。劉昌祚言：『永樂之敗，一日失馬七千匹，不知平時費幾何？而致是寧不惜哉？』或言緣是役而死者亦十餘萬人，云城下沙燼中大小團茶可拾也，乃是將以買人頭者。乙丑，詔贈永樂死事臣徐禧、李舜舉、李稷、高永能、高品張禹勤官，禧、舜舉並謚忠愍，永能子世亮録爲忠州刺史。

六年春二月丁未，夏人數十萬衆奄至，圍蘭州，已據兩關〔一〇〕。李浩閉城距守，鈐轄王文郁請擊之。浩曰：『城中騎兵不滿數百，安可戰？』文郁曰：『賊衆我寡，正當折其鋒以安衆心，然後可守，此張遼所以破合淝也。』乃夜集死士七百餘人，縋城而下，持短刀突之，賊衆驚潰，争渡河，溺死者甚衆。時以文郁方尉遲敬德，擢知州事。

是月〔一一〕，帝賜李憲詔曰：『西賊首領最爲兇黠者，惟仁多唛丁，而自來多於本國西南邊出入。料彼方蕃部必能有識其狀貌者，宜多方選委將佐，廣募蕃兵，有能别識之人，令密結敢死儕類，遇事，謀生擒致之，不然斬首前來，當以團練蕃部鈐轄及皇城使蕃兵將官酬之。』丙辰，貶李憲爲經略安撫都總管，以王文郁爲西上閤門使，代李浩知蘭州。

三月辛卯，夏人寇蘭州。副總管李浩以衛城有功，復隴州團練使〔一二〕。丙申，河東將薛義敗夏人於葭蘆西嶺。己亥，河東將高永翼敗夏人於真卿流部。

夏四月甲子，李浩敗夏人於巴義谷〔一三〕。

五月，夏人寇蘭州，圍九日。甲午，大戰，侍禁韋定死之。尋又入寇麟州，麾將郭忠紹敗之。又寇麟州神堂砦，知州訾虎躬督兵出戰，敗之。詔虎自今毋得輕易出入，遇有寇邊，止令裨將出兵捍逐，恐失利損威，以張虜勢。

冬十二月乙亥〔一四〕，復賜李憲詔曰：「近麟府、鄜延、環慶、涇原路探事人言，西賊已點集河南、河北諸監軍司人馬，或稱十分中五，或稱九分，並要於十二月十五日葫蘆河取濟，雖作過路分，未知其的。然聚兵去處，必是委實，不可不廣爲枝備。」

校勘記

〔一〕禼遣將李昭甫 《宋史》卷三三二《趙禼傳》作「李照甫」。

〔二〕种諤西討得銀夏宥三州而不能守 「銀、夏、宥」上原脱「得」字，據《宋史》卷三三四《徐禧傳》、《續通鑑》卷七七《宋紀》補。

〔三〕竊惟銀夏宥三州 「夏宥」前原脱「銀」字，此句言三州而缺一。據上文及《宋史》卷三三四《徐禧傳》、《續通鑑》卷七七《宋紀》、《宋史紀事本末》卷四〇《西夏用兵》補。

〔四〕舊來疆塞 「疆」原作「强」，據《宋史》卷三三四《徐禧傳》、《續通鑑》卷七七《宋紀》、《宋史紀事本末》卷四〇《西夏用兵》改。

〔五〕時夏人三十萬已屯涇原北　「涇原」下原脱「北」字。按，夏人不當屯駐宋之涇原，故據《宋史》卷三三四《徐禧傳》、《長編》卷三二九補「北」字。又「三十萬」，《宋史》本傳作「二十萬」，《長編》同本書。

〔六〕騎兵緣崖而上　「騎」下原脱「兵」。按，乘馬不能攀崖而上，故《長編》卷三二九言「騎兵皆棄馬緣崖而上」，《宋史》卷三三四《徐禧傳》亦作「騎卒緣崖而上」。據改。

〔七〕种諤怨禧不遣救師　「救」下原脱「師」字，據《薛鑑》卷三八《宋紀》、《宋史紀事本末》卷四〇《西夏用兵》、《續通鑑》卷七七《宋紀》補。

〔八〕顧易一卒敝衣戰而死　「顧」原作「願」，形近而訛。據《宋史》卷三三四《高永能傳》、《續通鑑》卷七七《宋紀》改。

〔九〕李復上馬　「復」，疑爲「稷」之訛。按，「復」意爲「再」而非人名，「李」則難辨指上文「李舜舉」還是「李稷」。故從此段文字描述似可看出，當爲「李稷上馬」。待考。

〔一〇〕已據兩關　「兩關」，《長編》卷三三三、《宋會要輯稿》職官六六之二二作「西關」，《宋史》卷三五〇《王文郁傳》、卷四八六《夏國傳》同本書。

〔一一〕是月　《宋大詔令集》載賜李憲詔在十二月，《長編》卷三四一在十二月癸酉日，可證此載於二月有誤。

〔一二〕復隴州團練使　「隴州」原作「隴西」，「西」乃「州」之訛。據《宋史》卷一六《神宗紀》、卷三五〇《李浩傳》、《長編》卷三三四、《宋會要輯稿》職官六六之二二改。

〔一三〕李浩敗夏人於巴義谷　「谷」，《宋史》卷一六《神宗紀》作「谿」，《長編》卷三三四同本書。參見《續通鑑》卷七七考異。

〔一四〕冬十二月乙亥　此六字原脱。據《宋大詔令集》卷二一三、《長編》卷三四一，均載此詔於十二月乙亥日，故據補。

卷二十六

四砦之還

元豐六年夏閏六月乙亥朔，夏主秉常遣使來貢。永樂之役夏人亦以困敝於兵，令西南都統、昴星嵬名濟移書示涇原劉昌祚，乞通好如初。昌祚以聞，帝諭昌祚答之。及入寇屢敗，國用益竭，乃遣謨箇咩迷乞遇來貢，上表曰：『臣自曆世以來，貢奉朝廷，無所虧怠，至於近歲，尤甚歡和。不意憸人誣閒，朝廷特起大兵，侵奪疆土城砦，因兹搆怨，歲致交兵。今乞朝廷示以大義，特還所侵，倘垂開納，别效忠勤。通遐域之貢輸，庶生民之康泰。』帝賜詔曰：『朕以爾膺受封爵，世爲藩臣，職貢之修，歲時無怠。朝廷待遇，恩禮加隆。頃以權强，敢行廢辱。達於予聽，良用震驚。嘗令邊州，就往移問，匿而不報，繼犯疆陲。王師徂征〔一〕，蓋討有罪，義存拯患，非獲已焉。今者遣使造廷，辭禮恭順。仍聞國政，悉復故常，朕心釋然，深所嘉納。已戒邊吏無輒出兵，爾其遵守先盟，永勵臣節，永綏寵禄，庸副眷懷。』帝令録本付李憲。戊寅，復詔陝西、河東經略司，其新復城砦，徼巡毋出二三里，夏之歲賜悉如其舊。惟乞還侵疆不許。

冬十月癸酉朔，夏國主秉常遣使上表，請復修職貢，乞還舊疆。帝賜秉常詔曰：『惟爾祖考，介居邊陲，蒙恩朝廷，享有爵土，拊循備厚，歷年滋多。昨者王師出征，義存拯患，謂宜委戈而聽命，敵愾以奏功。豈虞靡思，弗喻朕志，殺害吏士，捍拒甲兵。問罪正名，方圖再舉。迨使辭之效順，聞國政之復常。旋納懇誠，許修貢職。遽披來奏，論請故疆。朕惟蕃服不恭，削地示過，資於故實，匪朕所私。爾其審思厥終，務體至意。所言地界，已令鄜延路移牒宥州施行。』其歲賜，俟地界了日依舊。』

七年春正月癸丑，夏人寇蘭州。甲寅，賜李憲詔曰：『西賊雖已傷敗散去，然兇酋仁多唛丁倔强任氣[二]。深慮恥於傷殘，不快所欲，忿不思難，出我不意。其人如犬彘，乘隙忽有奔衝，不可不念。宜多方廣布斥堠，督責守將，無怠防虞。仍須弓箭、火礮之類百萬有餘，以備禦賊。』初，李憲以夏人數至蘭州河外而翱翔不進，意必大舉，乃增城守之備。經略安撫使劉昌祚以鄜延自義合至德靖砦，綿亘七百里，堡砦五十餘，疎密不齊，烽燧不相應，昌祚立爲定式，凡耕墾、訓練、戰守、屯戍，度强弱分地望，圖山川形勢上之。至是，果大舉入寇，步騎號八十萬圍蘭州，意在必取，督衆急攻，矢如雨雹，雲梯革洞，百道並進，凡十晝夜不克，糧盡引去，城外得賊尸五萬。昌祚乃遣姚兕趨宥州、王愍趨納乞會拒之。又寇塞門、安遠砦，復遣米贇拒之[三]。

夏四月癸巳，夏人寇延州安塞堡[四]，將官呂真敗之。復詔李憲曰[五]：『蘭州大衆傷敗之餘，士氣摧喪，在理可知。兼兇酋仁多唛丁殘忍，虐用其人，今既不能如欲，上則必得罪於國中，下須逞其躁心。』

六月丙子，夏人寇德順軍，巡檢王友死之。
秋九月乙丑，夏人圍定西城，燒龕谷族帳，熙河將秦貴敗之。
冬十月，夏人寇熙河。乙未，夏人寇靜邊砦，涇原鈐轄彭孫敗之。
十一月丁酉朔〔六〕，寇清邊砦，隊將白玉、李貴死之。甲辰，夏國主秉常遣使來貢。
八年春三月，帝崩。
夏四月庚辰，知太原府吕惠卿遣步騎二萬襲夏人於聚星泊，斬首六百級。
冬十月甲子，夏國遣使進助山陵馬匹。丁亥，以夏國主母喪，遣使弔祭。
十二月，夏人以其母遺留物、馬、白駝來獻。
哲宗元祐元年春二月庚午，禁邊民與夏人爲市。庚辰，夏國遣使來貢。
夏五月庚申，夏國遣使來賀即位。
六月，夏主遣使來求蘭州、米脂等五砦。初，神宗於熙河路增置蘭州，鄜延路增置塞門、安疆、米脂、浮圖、葭蘆五寨〔七〕。上即位，夏國纔遣使來賀登極，還未出境，又遣使入界，朝廷知其有請地之意，然棄守之議未決。知陳州韓維言：『先帝以夏國主秉常受朝廷爵命，而國母擅行囚廢，故興兵問罪。今國母死，秉常復位，所請恭順有藩臣禮，宜復還其故地，以成先帝聖恩。』因陳兵之不可不息者有三，地之不可不棄者有五。使人至，見於延和殿，輒妄奏曰：『神宗自知錯。』上起立怒久之。内侍張茂則日與押伴理會，移時方退。於是，孫覺首議棄蘭州。

秋七月乙丑，夏國主秉常殂。是年改元天安禮定，國人謚曰康靖皇帝，廟號惠宗，墓號獻陵。子乾順即位。庚午，夏國遣使來賀坤成節。

冬十月壬辰，夏人來告哀。初，秉常遣訛囉聿求蘭州、米脂等五砦，神宗不許。及帝即位，秉常復遣使來請。司馬光言：『此乃邊鄙安危之機，不可不察。』文彥博與光合，太后將許之。光又欲併棄熙、河，安燾、邢恕固争之，光乃召禮部員外郎、前通判河州孫路問之。路挾輿地圖示光曰：『自通遠至熙州纔通一徑〔八〕。熙之北已接夏境，今自北關瀕大河，城蘭州，然後可以扞蔽。若捐以予敵，一道危矣！』光乃止。姚麟奏書以爲：『夏人逐其君，王師是征。今秉常不廢，即爲順命，可因以息兵矣。獨蘭、會不可與。願召諸將帥飭邊備，示進討之形，以絶其望。』朝廷是其議。兵出殺胡平，而夏兵壓境，麟屯兵瓦亭，賊逼静邊，麟將兵以待賊至，邀擊之，賊遁去。

會秉常卒，遣使來告哀，詔：『除元係中國及西蕃舊地外，自元豐四年用兵所得城砦待歸我永樂所陷人民，當盡畫以給還。』遣穆衍、張楙往弔祭。衍奏以爲：『蘭棄則熙危，熙危則關中震。唐自失河、湟，西邊一有不順，則警及京都。今二百餘年，非先帝英武，孰能克復？若一旦委之，恐後患益前〔九〕，悔將無及矣！』議遂止。又詔：『諸路探報，自秉常身死，梁氏族人侵擅國事，遂致諸部酋豪往往不服，變亂交攻，日相屠害。若有投來西人，仰相度可否收留？仍更切厚與賞物，募人遠探目今邊情向去利害，縷細詳究措置聞奏。』庚子，詔曰：『故夏國主嗣子乾順，惟爾先人世修職貢，訃音忽至，愍悼良深，想與諸臣同增悲慕。惟忠可以保國，惟孝可以得民，各祗乃心，以服王命。』

十二月十六日，太皇太后弔慰詔曰：『詔夏國主嗣子乾順，念爾守邦，藐然在疚，日月逾邁，祖葬有時。緬懷孝愛之深，想極攀號之戚。往助襄事，式昭異恩。今差供備庫使張楙充弔慰使，兼賜安葬故夏國主物色，具如別録，至可領也。故兹詔示，想宜知悉。冬寒汝比平安好，遣書指不多及。』太皇太后祭奠詔曰：『詔故夏國主嗣子乾順，惟我列聖，眷爾有邦。非徒極其寵榮，亦與同其憂患。念爾哀疚，惻然顧懷。臨遣行人，往諭至意，且致奠贈之禮，以爲存没之光。今差朝奉大夫、尚書金部郎中、上輕車都尉、賜紫金魚袋穆衍充祭奠使，兼賜故夏國主贈奠物色，具如別録，至可領也。故兹詔示，想宜知悉。冬寒比平安好。遣書指不多及。』

二十四日，乾順進奉賀正旦馬駞至，使回賜詔曰：『詔故夏國主嗣子乾順，省所差人進奉賀正旦馬駞共一百頭匹事具悉〔一〇〕。遠奉王正，來歸時事，惟此充庭之實，率皆任土之宜，乃眷忠勤，良深嘉歎。今回賜卿銀、絹、茶等〔一一〕，具如別録，至可領也。其差來人所賜物色，亦具賜目。故兹詔示，想宜知悉。春寒比平安好。遣書指不多及。』又太皇太后詔曰：『詔故夏國主嗣子乾順，省所差人進奉賀正旦馬駞共一百頭匹事具悉。述職春朝，歸誠宰旅，修此效牽之禮，致其乘服之良。再閲來章，式嘉忠節。今回賜卿銀、絹、茶等，具如別録，至可領也。其差來人所賜物色，亦具賜目。故兹詔示，想宜知悉。春寒汝比平安好。遣書指不多及。』乾順復進謝恩馬駞。回詔曰：『詔故夏國主嗣子乾順，省所上表，進謝恩御馬一十四、長進馬二百匹、駞一百頭事具悉。臨弔之重，以寵世臣，恩報之深，復馳來介。載閲充庭之實，備形述職之心，乃眷忠勤，不忘嘉歎。其差來人所賜物色，亦具賜目。故兹詔示，想宜知悉。』太皇太后詔曰：『同遣行人往賻襄事，繼陳方物，來奉謝儀。惟忠可以附民，惟禮可以定國。勉終誠節，以副眷懷。』

時梁乙埋數擾邊，延安帥趙卨知賊將入寇，檄西路將劉安、李儀曰：『賊即犯塞門，汝徑以輕兵擣其腹心。』已而，果然。安等襲洪州，俘斬甚衆。夏人入貢，既而以重兵壓境，諸將亟請益戍兵爲備，卨徐諭之曰：『第謹斥堠、整戈甲，無爲寇先，戍兵不可益也。』因遣人詰虜，虜遂潰去。乙埋終不悛。卨使閒以善意問乙埋：『何苦與漢爲仇。必欲寇，第數來，恐汝所得不能償所亡，洪州是也。能改之，吾善遇汝。』遺之戰袍、錦彩，自是乙埋不復窺塞。因復縱閒，國中遂疑而殺之。

二年春正月，夏國以其故主秉常留遺物，遣使來進。乙丑，宋遣劉奉世、崔象先齎册封乾順爲夏國主，如明道二年元昊除節度使、西平王例。册曰：『皇帝若曰：於戲！堯建萬邦，黎民時雍；周立五等，重譯來賀。此帝王之所同，而國家之成法也。咨爾乾順，惟我列聖，眷乃西陲。錫壤建邦，衛於王室；保姓受氏，同於宗盟。爵命襃嘉，恩體甚渥。今爾承其胄緒，紹兹蕃屏。而能事上欽肅，飭躬靖虔。申遣使人，來陳方物，達於朕聽，深惟汝嘉。是用稽酌典故，表顯寵名，錫爾以茆土之封，加爾以服乘之數。誕頒丕册，以鎮一方。今遣朝奉大夫、起居郎、直集賢院、上輕車都尉、賜紫金魚袋劉奉世，崇儀副使、上騎都尉、安喜縣開國男、食邑三百户崔象先，持節册命爾爲夏國主〔一二〕，永爲宋藩輔。夫篤於好德，乃克顯先；忠於戴君，永膺福祉。往祇明命，無忝予一人之猷訓。』夏人復以地界爲詞。

三月，夏國遣使來謝封册，宥州送到陷蕃人三百十八口，因分畫西夏地界，詔鄜延經略司候到日，葭蘆、米脂、浮圖、安疆四寨並特行給賜，其餘不係可還城寨、地土，各委官畫定界至，開立濠堠。

夏五月癸丑，夏人及西蕃酋鬼章圍南川砦，遂城洮州，遣游師雄行邊。

秋七月，夏人寇鎮戎軍諸堡，劉昌祚等禦之而退。

八月癸巳，詔：『夏國政亂主幼，失藩臣禮，皆强臣梁乙逋等擅權逆命，其君民非有罪也。興師討伐，有所未忍。諸路帥臣，宜嚴兵自備。如能洗心效順，與之自新。』辛丑，涇原路言夏人寇三川諸砦，官軍敗之。

九月己未，夏人寇鎮戎軍，尋遁去。時西邊稍寧，而近塞時苦寇掠。

是歲，夏改元天儀治平。時梁乙逋用事久，得前後所積歲賜金帛，輒語人曰：『嵬名家人管事有此功否？我之所以連年點兵者，欲使宋朝憚我，而爲國人求罷兵耳。』

三年春三月乙亥，夏人寇德靖砦〔一三〕，將官張誠等敗之。

夏六月辛丑，夏人寇塞門砦，米贇〔一四〕、郝普等死之。

四年春正月甲申，以夏人通好，詔邊將毋生事。

二月乙卯，夏國主遣使來謝封册。

夏六月，夏遣使來貢。戊申，賜夏國詔曰：『省所奏事具悉。所有蘭州、塞門兩處地土，前詔批述已明，毋復更有論請。其永樂陷没人口，緣自牒報，後來經隔歲久，慮其間實有死亡，或後來卻有續尋到人數。今已降指揮下鄜延路經略司，候將來送還到日，若與元報人數不同，亦令據今割計口支與賞絹，仍將葭蘆、米脂、浮圖、安疆四寨，約一日給賜。所有應合立界至去處，並依已降朝旨及自來體例，計會鄜延路經略司關牒逐路帥臣，各委官隨宜相度，認定守把，不得更相侵越。』丁巳，又賜詔曰：『省所奏，昨差人赴延州，計會將永樂等人口及所還四處城寨，交換塞門、蘭州兩處地土，實在朝廷酌中裁決事具悉。爾嗣守世封，虔修貢職，頃屬罷兵之後，繼陳復地之言。累降詔音，備諭朕志，豈謂歷時之久，尚稽聞命之行。忽覽奏封，深亮誠款。顧改圖之議，猶有披陳；然事大之恭，實聽裁決。再惟忠順，殊用歎嘉。雖易地之求，當一遵於前詔；而酌中之請，宜別示於優恩。除漢蕃地土，指論已明，難復換易外，所有歲賜，據前降詔命，合候地界了日依舊。今推特恩，已勅有司更不候地界了當，便仰檢會依例施行。爾其體朝廷恩信之隆，謹封畺慎守之戒，永思安靖，用保悠長。』

初，朝議以米脂等四寨與夏人，權涇原經略劉昌祚以爲不可，不報。既而，夏國宥州牒已九月丁亥，夏人寇府州。壬辰，詔：『州民爲寇所掠。廬舍焚蕩者，給錢帛；踐稼者，賑之；失牛者，官貸市之。』丁酉，詔歲出内庫緡錢五十萬備邊費。

冬十二月，夏人犯邊，知太原府范純仁，自劾禦敵失策。詔貶一官，徙知河南府。

是歲，夏改元天祐民安。

七年春二月丁卯，詔陝西、河東邊要進築守禦城砦。

夏五月，築李諸平城，賜名定遠城。初，熙河分界議久不決，遣陝西轉運使穆衍往視，請介兩壘之間城諸平以控要害〔一八〕，至此始成。

秋八月己未，詔西邊諸將嚴備，毋輕出兵。

九月己酉，永興軍、蘭州、鎮戎地震。

冬十月庚戌朔，環州地震。丁卯，夏人寇環州。

八年夏四月丁未朔，夏人來謝罪，請以蘭州易塞門、安遠二砦，以違順不常卻其請。庚申，詔曰：『省所上表，遣使詣闕，悔過上章及獻納蘭州一境地土，綏州至義合寨亦取直畫定〔一九〕，卻有塞門乞還賜夏國等事具悉。朕統御萬邦，敦示大信。眷爾嗣蕃之始，亟馳請命之誠，爰給土疆，復頒歲幣。豈謂受賜而往，輒興犯順之師，中外交章，神民共憤。朕以爾在位未久，勢匪自由，姑戢伐罪之大兵，聊用禦邊之中策。仍敕疆吏〔二〇〕，許爾自新。今則遣使來庭，托詞悔過，何乃謝章之初達，遽形畫境之煩言。況西藩故疆，中國舊地，已載前詔，不係可還。其分界雖曾商量，在用兵亦合隔絕。然則塞門之請，殊非所宜；定西以東，已有前論。除河東、鄜延路新邊界至許從前約，令逐路經略司依前，亦已令蘭岷經略司依先降朝旨，委官候夏國差到官，詳先降指揮，同共商量分畫。緣夏國自元祐通貢受賜，後來累次犯邊，仍候諸路地界了日，可依前別進誓表。然後常貢歲賜，並依舊例。』

六月，夏人自得四砦，累遣使以地界爲言，詔二府議。

紹聖元年春正月丙申，夏國遣使來貢。

二月，夏國進馬助太皇太后山陵。復遣使再議易地，詔不允。

二年秋八月，詔熙河、蘭岷、鄜延、河東路地界，令諸路沿邊當職官司，更不商量分畫，只以巡綽卓望處把守，牒報夏國。先是，元祐初，諫議大夫孫覺議棄蘭州。其後司馬光謂：『此數砦者，田非肥良，不可以耕墾；地非險要，不可以守禦。欲因繼統悉皆毀撤，歸其侵地。』劉摯謂：『供給戍守，窮竭財力，其最大者莫如蘭州，不若捐一空城與之。至於鄜延、河東等路，近置堡砦，深詔大臣，早有定計。趙卨欲留塞門、安遠二砦。其餘或存或廢，乞密降畫一，付臣遵守。』呂陶謂：『實於邊防無分豪之益。』范純粹謂：『收復故砦廢州略無所制，乞令以虜陷官吏丁夫悉歸朝廷，而所削之地並從給賜。』純仁之論亦然。蘇轍謂：『增置州砦，坐困中國，願決計棄之。』王存謂：『夏國疆地終久難守。』王岩叟謂：『自有葭蘆、吴堡兩砦，守之無所得，棄之不足惜。』文彦博謂：『邊臣欺罔，爲國生事，第恐不能持久。卻須自棄，不若推恩賜予。』至是，章惇爲相，以爲十年之閒，含容備至，而夏人犯邊如故，遂罷熙河等路分畫地界。蓋章惇、曾布方謀用兵，故先勸上罷分畫，開邊自此始。

校勘記

〔一〕王師徂征　『征』原作『往』，形近而訛。據《宋史》卷四八六《夏國傳》、《長編》卷三三六、《宋大詔令集》卷二三六改。

〔二〕然兇酋仁多唛丁倔强任氣　『仁多唛丁』，『仁』原作『人』，本卷下文亦同。按，卷二五作『仁多唛丁』，卷二七作『人多零定』，同一人而音同字異，今均依《宋史》卷四八六《夏國傳》作『仁多唛丁』，卷二七則徑改二字，不出校。

〔三〕復遣米贇拒之　『贇』原作『斌』，據《宋史》卷四八六《夏國傳》、《長編》卷三四五、《西夏書事》卷二七改。

〔四〕夏人寇延州安塞堡　『安塞』原作『安寨』，『寨』乃『塞』之形訛。據《宋史》卷一六《神宗紀》、《長編》卷三四五改。

〔五〕此詔《宋大詔令集》卷二一四、《長編》卷三四二均載於是年正月乙卯日。又，詔文所引不全，前後約少八十字。

〔六〕十一月丁酉朔　『丁酉朔』原作『朔丁酉』，不合文法順序和本書通例。故據《宋史》卷一六《神宗紀》、《長編》卷三五〇乙正。

〔七〕鄜延路增置塞門安疆米脂浮屠葭蘆五寨　『塞』原作『寨』，形近而訛。今據《宋史》卷八《地理志》、《長編》卷三八二改。又，『浮圖』原作『浮屠』，據下文元祐四年六月戊申條及《宋史》卷八七《地理志》、卷四八六《夏國傳》、《長編》卷四二九改。下文元祐二年三月條亦據改。

〔八〕自通遠至熙州纔通一徑　『通遠』原作『通達』，『達』乃『遠』之形訛。今據《宋史》卷三三二《孫路傳》、《宋史紀事本末》卷四〇《西夏用兵》、《續通鑑》卷七九《宋紀》改。

〔九〕恐後患益前　『前』原作『滋』。按，『益前』乃就上述唐失河湟而言，故當作『前』。今據《宋史》卷三三二《穆衍傳》、《宋史紀事本末》卷四〇《西夏用兵》、《薛鑑》卷四〇《宋紀》改。

〔一〇〕省所差人進奉賀正旦馬駞共一百頭匹事具悉　『正』下原脱『旦』字，據上文及《宋大詔令集》卷二三六補。

〔一一〕今回賜卿銀絹茶等　『回』下原脱『賜』字，據同上書補。

〔一二〕持節册命爾爲夏國主　『主』原作『王』，形近而訛。據上文及《宋大詔令集》卷二三六改。

〔一三〕夏人寇德靖砦　『德靖』原作『德静』，『静』乃『靖』之訛。今據《宋史》卷八七《地理志》、卷四八六《夏國傳》、《長編》卷四〇九改。

〔一四〕米賨　『米』原作『朱』，形近而訛。今據《宋史》卷四八六《夏國傳》、《長編》卷四〇九改。參見本卷校勘記〔三〕。

〔一五〕夏人寇質孤勝如二堡　『質孤』原作『質姑』，『姑』乃『孤』之音訛。今據下文六年夏四月辛丑條及《宋史》卷四八六《夏國傳》改。

〔一六〕蓋指延州塞門　『塞』原作『寨』，形近而訛。據上文三年、四年條及《宋史》卷八七《地理志》、卷四八六《夏國傳》、《長編》卷四五二改。參見本卷校勘記〔七〕。

〔一七〕閏月　《宋史》卷一七《哲宗紀》、卷四八六《夏國傳》、《薛鑑》卷四二《宋紀》均載夏人寇麟、府在九月。考《長編》卷四六五、卷四六六略同本書，即閏八月庚辰，先圍麟州，九月丁亥，河東經略司奏報夏人寇麟、府，直至壬辰，樞密院言夏人遁去，前後歷時約旬日。

〔一八〕請介兩壘之間城諸平以控要害　「控」原作「按」，據《宋史》卷四八六《夏國傳》、《續通鑑》卷八二《宋紀》「元祐七年五月」條《考異》改。又，「諸平」前似當依《夏國傳》補「李」字。

〔一九〕綏州至義合寨亦取直畫定　「義合」原作「合儀」，乃倒文。今據上文元豐七年春正月條、元祐六年夏四月條及《宋史》卷八七《地理志》、《長編》卷四八三乙改。

〔二〇〕仍敕疆吏　「敕」原作「策」，涉上文而訛。今據《長編》卷四八三、《宋大詔令集》卷二三六改。

卷二十七

平夏初城

元豐五年春二月，進封常樂郡公董氈爲武威郡王，以會兵討夏故也。時夏人欲與董氈通好，許割賂斫龍以西地，云：『如歸我，即官爵一隨所欲。』董氈拒絕之，整甲兵以俟入討，且遣使來告。帝召見其使，令歸語董氈盡心守圉。帝知邈川事力固不足與夏人拒，但欲解散其謀，使不與結和而已。

六年，是歲帝賜李憲詔曰：『昔六谷首領羅支、厮鐸督輸忠朝廷，協力擊賊，後終成奇功，殺李繼遷於三十九井，當時朝廷報賞甚厚。今董氈、阿里骨既效誠如此，宜更激勉，使深入賊土，求如上功。』阿里骨者，董氈養子也。

七年冬十月，夏人寇涇原。夏監軍仁多唛丁用事，常率兵出入蘭州。安塞之役，皆其主謀。神宗募人生致之，不得。時引兵十萬入涇原，蕃漢民死者甚衆。涇原經略使盧秉遣姚麟、彭孫引兵趨靜邊砦扼其歸路，仁多唛丁戰死，獲其器甲以獻。按：蔡絛《叢談》以仁多唛丁爲青唐羌〔一〕，誤。

元祐二年夏五月，阿里骨及夏人寇邊，都監吴猛死之。癸丑，夏人圍南川砦。

秋八月庚子，授西蕃首領心牟欽氊銀州團練使、温溪心瓜州團練使，以不從結哤龊入寇故也。丁未，岷州將种誼復洮州。西蕃大酋領鬼章，董氊別將也。桀黠有謀，所部兵甚鋭，神宗時數爲邊患。至是，知夏人之怨失蘭州也，與夏人解仇爲援，築洮州居之。遂合縱寇邊。

時夏人聚兵於天都山，而鬼章亦駐兵常家山，前鋒已屯通遠境上。軍器監游師雄將先發以制之[二]，告於熙帥劉舜卿。舜卿曰：『彼衆我寡，奈何？』師雄曰：『在謀不在衆，鬬智不鬬力。此機一失，後將噬臍。不濟焉，願爲首戮。』三夕而後從之。總管姚兕、种誼請分兵兩路，急裝輕齎並洮水而進。兕部洮西，領武勝正兵合河州熟户，破六逋宗城，斬首一千五百級。攻講朱城，遣人走閒道焚黄河飛橋，青唐十萬之衆不得渡。誼部洮東，以岷州蕃將包順爲前鋒，由哥龍谷會通遠蕃兵宵濟邦金川，黎明至洮州城下。版築未收，一鼓而破，遂擒鬼章青宜結，并獲首領九人[三]，檻送京師，斬馘數千，牛羊、器械、芻糧以萬計，餘衆奔潰，溺死者數千，洮水爲之不流。於是奏捷曰：『臣聞憺天威、震皇武，所以討不庭也。今西夏授策而不謝，輒陰援吐蕃鬼章，結釁搆姦，欲爲邊患。臣與主帥合謀，將義兵行伐，賴陛下聖神，陷城克敵，斬獲以萬計，生擒元惡，系送北闕下，願戮尸藁街蠻夷邸閒以示萬里。』書奏，百寮班賀。

安燾曰：『乾順幼豎，非秉常近親，獨梁乙逋利於持權，與梁氏立之。其族黨酋渠善用兵者，如嵬名、阿吴輩，皆秉常族黨，多反側顧望。不若有以離閒之。彼阿吴等既不自安，一旦得領重兵，未必不回戈而復仇梁氏，此一奇也。』其後夏人自相攜貳，使來修貢，悉如焘策。种誼之知鄜州也〔四〕，夏人將犯，延安帥趙卨以誼統制諸將。賊聞誼至，皆潰。鄜延人謂：得誼勝强兵二十萬。爲熙河、蘭岷路鈐轄，知蘭州。蘭州與通遠皆絶塞，中閒堡鄣不相接，質孤、麻子川田美宜稼，皆棄不耕。誼請城納迷堡、李諸平〔五〕、大柳平、結珠龍扼其要害，募民耕植以省饋運。於是城李諸平，凡二十四日而成，賜名定遠。

三年秋七月辛亥，賜阿里骨詔曰：『惟爾祖先，世篤忠孝。本與夏賊日尋干戈，亦惟我朝廷爵秩之隆。用能保爾子孫黎民之衆，肆朕命爾嗣長乃師。而自承襲以來，彊酋外擅，爾弗能禁，恣其所爲，遂據洮城，以犯王略。陰連夏賊，約日盜邊。朕愍屬羌之無辜，出偏師而問罪，元惡俘獲，餘黨散亡，山後底平，河南綏服。朕惟率酋豪而捍疆埸，乃爾世功；叛君父而從仇讎，豈其本意。庶能改過，未忍加兵。果因物以貢誠，願洗心而效順。爾既知悔，朕復何求。』

七年冬十月辛酉〔六〕，夏人寇環州及永和諸砦，凡七日始解去。初，知慶州章楶數遣輕兵出討，屢有斬獲〔七〕。部族不敢寧居，楶策其必報，乃取黠羌，啗以厚利，笞而遣之，若得罪而逸者。因使事虜，刺其舉兵所向，即馳歸以告，果知羌情，將寇環州。楶乃選精兵萬餘統以二驍將，使營遠塞，而授之策曰：『賊進一舍，我退一舍，彼必謂我怯，爲自衛計，不備吾邊壘。乃銜枚由閒道繞出其後，或乘障堡，或伏山谷閒，伺以擊其歸。』又以境外皆沙磧，近城百里有牛圈，所瀦水足以飲人馬，乃夜遣寘毒藥。虜圍環州數日，無所獲而歸。所遣驍將折可適屯師洪德城，伺夏師退，識其母梁氏旗幟，城中鼓譟而出，馳突躪轢，虜大敗而去。斬首千餘級，獲牛、馬、橐駞、鎧仗以萬計。過牛圈，飲其水且盡，人馬被毒，而奔迸蹂踐墜塹谷而死、重傷而歸者不可勝計。梁氏幾不得脱，盡棄其供帳、襜褕之物而逃。前此，邊上功狀多虚，或以易爲難，或奪甲與乙，廣張俘級，習以爲常。粢獨覈實第勞，無少欺。徼倖者不悦，頗有謗之者，粢不恤也。

紹聖三年春二月丁亥，夏人寇義合砦。

三月癸巳，夏人圍塞門砦。

秋八月辛酉，夏人寇德靖、寧順二砦。

九月，折可適與夏人戰於雞靶嶺，敗之。

冬十月壬戌，夏人寇鄜延，陷金明砦。戊辰，詔被邊諸路相度城砦要害，增嚴守備。甲申，以知大名府吕惠卿知延安府。夏人自得四砦，連歲以畫界未定侵擾邊境。且遣使欲以蘭州一境易塞門二砦，朝廷不許。至是，又將大舉入寇鄜延，經略使吕惠卿諜知之，乃制策應十一軍悉屯於城裹，與外軍相近。部分既定，夏主李乾順奉其母梁氏率衆五十萬〔八〕，大入鄜延，渡河至烏延口，分爲三路：西自順寧、招安砦；東自黑水、安定砦；中自塞門、龍安砦、金明以南，二百里間相繼不絶。是月，自長城晝夜疾馳至青龍平，距府城五里，盡圍諸寨，而以輕兵與諸將戰。賊亦爲十一寨，其二在金明北，其九在金明南，列營環城，乾順子母親督桴鼓，縱騎四掠。

知麟州有備，復還金明，而後騎之精鋭者留龍安，邊將悉兵掩擊，不退。

初，賊欲以重兵圍延州，而後南掠鄜州。及至延州，見有備，欲攻則城不可近，欲掠則野無所有，欲戰則諸將按兵不動，欲南則有腹背受敵之患，留二日即拔寨北去，攻陷金明砦。守兵二千八百，惟五人得脱〔九〕，城中糧五萬石、草千萬束皆盡。惠卿遣將追之，賊以精騎殿而不奔，第四將張輿及李淮戰死〔一〇〕，諸將不敢擊。先是，七月閒，阿里骨以夏人師期來告，賜詔曰：『阿里骨累據熙河路經略安撫司等奏，及近准進奉渴失納余龍到闕〔一一〕，累以夏人情狀傳報朝廷事具悉。卿嗣有封域，世爲藩垣，而能屢覘敵情，密陳邊計，緬惟誠篤，深眷余懷。』至是，帝聞有夏寇，泰然笑曰：『五十萬衆深入吾境，不過十日，勝不過一二砦須去。』已而，果破金明引去。

既去，留一書寘漢人頸上曰：『貸汝命，爲吾投經略使處。』其言曰：『夏國昨與朝廷議疆場〔一二〕，小有不同，方行理究。不意朝廷改悔，卻與坐團鋪處立界。本國以恭順之故，亦黽勉聽從，遂於境内立數堡以護耕。而鄜延出兵，悉行平蕩，又數數入界殺掠。國人共憤，欲取延州，終以恭順，止取金明一砦，以示兵鋒，亦不失臣子之節也。』延帥吕惠卿上樞密院而不以聞。

十二月乙亥，夏獻金明之俘於遼。

四年春正月甲午，涇原路鈐轄王文振敗夏人於没煙峽。

二月丙寅，夏人寇綏德城。

三月壬戌，夏人犯麟州神堂堡。出兵討之，進築胡山砦。庚午，夏人大至葭蘆城下，知石州張構等擊走之〔一三〕。辛巳，西上閤門使折克行破夏人於長波川，斬首二千餘級，獲牛馬倍之。初，克行居行閒，無所知名。賊寇慶州，种諤拒之，令河東出師爲援，克行請行，爲先鋒，戰葭蘆川，以功遂知府州。西夏久窺河外，克行每出必勝，賊畏之。

夏四月庚子，知保安軍李沂伐夏國，破洪州。環慶鈐轄張存入鹽州，俘戮甚衆。及還，夏人追襲之，復多失亡。

甲辰，知渭州章楶城平夏。楶以夏人猖獗，上言城葫蘆河川，據形勝以偪夏。朝廷許之。遂合熙河、秦鳳、環慶、鄜延四路之師，陽繕理他砦數十所以示怯，而陰具版築守戰之備，出葫蘆河川，築二砦於石門峽江口、好水川之陰。夏人聞之，帥衆來襲，楶迎擊，敗之。二旬又二日城成，賜名曰平夏城、靈平砦。楶檄知鎮戎軍□□□固守鎮戎。時四路之兵無慮三十萬聽命於楶，以總管王文振爲統制，以折可適爲前軍而副之。前軍遇敵求援，可適請文振益兵，發熙河卒二千人〔一四〕，失道盡赴坑谷死。文振懼，歸罪可適，劾其擅興違制，奪十三官而罷。楶請留之，乃以可適權第十三將〔一五〕，而趙隆爲第九將，與夏人戰，隆功爲多。其涇原路第一將則劉仲武子文也。夏人欲犯天聖砦，主帥檄仲武會兵，約過某日賊不來，則分屯去。仲武得賊的期，乞緩分屯。主帥止留一將及仲武軍。賊果至，仲武力戰禦之，賊乃遁去。遂遷仲武熙河路兵馬都監。

時李顯忠亦爲鄜延路兵馬都監，兼充第六正將。西戎入寇，顯忠屢擊之，自是無敢犯塞。章惇因請絶夏人歲賜，而命沿邊諸路相繼築城於要害，以進拓境土，凡五十餘所。

六月丁酉，環慶路安疆砦成。甲辰，熙河進築青石峽成，詔賜人役及防拓軍兵緡錢有差，尋賜名西平。

秋八月己酉，彗星見西方。鄜延經略使吕惠卿復宥州。惠卿乞諸路出兵乘便討擊，詔河東、環慶並聽惠卿期約，遂遣將官王愍攻破宥州。尋又奏築威戎、威羌二城，加惠卿銀青光禄大夫。時章惇肆開邊隙，故諸道興役進築，屢被爵賞。

元符元年春二月戊申〔一六〕，知蘭州王舜臣討夏人於塞外，築興平城。

三月丙辰，米脂砦成。丙子，築熙河通會關。

夏五月，吕惠卿帥師使劉安、苗履破夏人於大沙堆。

六月，夏遣使求援於遼。丙戌，遣官分詣鄜延、涇原、河東、熙河按驗所築城砦。

冬十月，夏人寇平夏。渭州之西，地數百里，而平夏處其中。初，涇原經略章楶謂諸將曰：『新邊控扼，誰可付者？』皆曰：『非郭成不可。』遂辟成爲第十一將，以戍平夏。西賊自失地之後，朝夕憤恚。至是，以兵號三十萬犯塞，國主與其母自將攻平夏城。自己卯至壬辰，晝夜疾攻，成等城守益堅。寇乃造高車以臨城，載數百人填壕而進，俄有大風震折，寇一夕遁去。戎母慚憤，剺面而還。章楶追擊，獲其勇將嵬名阿埋〔一七〕、西壽監軍妹勒都逋，斬獲甚衆，夏人震駭。

阿埋、西壽妹勒都逋二人者，乃西羌之將，皆勇悍善戰，屢爲邊患，朝廷密詔圖之。楶知其虛可襲，會二酋以放牧爲名窺伺境上。十二月，遣折可適、郭成等間以輕騎二千，銜枚捷走，出盪羌，六道分進。寇不及知，夜入其室執之，盡得其家屬，俘馘三千餘人，獲牛、羊不啻十萬，種羌震懾。計其地即天都山也。可適因請以秋葦川爲砦、南牟爲州，詔名砦曰臨羌，州曰西安。而以可適知州事。曾布白上，此非常之功，可賀。上曰：『可賀否？』布曰：『鬼章亦賀，及告陵廟，此功不在鬼章下。』惇等皆曰：『此奇功也。』捷至，帝御紫宸殿，受百官賀。楶在涇原日久，嘗言：『夏嗜利畏威，不有懲艾，邊不得休息。宜稍取其土疆，如古削地之制，以固吾圉。然後諸路出兵，擇要害〔一八〕，不一再舉，勢將自蹙矣。』因召知府州折克行問策，克行條具所見，遂以師出界分，遣諸將約束爲深入窮討之狀，賊疑不敢動，遂城葭蘆。時河東進築八砦，通道鄜延。延帥遣秦希甫至〔一九〕，議築先後，克行請以兩路兵同時深入，先築遠者，出賊不意。帥用其策，卒城之。蓋章惇與楶同宗，言多見采。由是創州一、城砦九，屢敗夏人。進築西安城於天都山，建西安州，而諸路亦多建城砦以偪夏。及是有平夏之捷，夏人不復振矣。

十一月辛酉，夏復遣使求援於遼。

二年春二月甲申，夏人以國母喪，遣使來告哀，且謝罪。詔卻其使。因進章楶等官秩。嵬名阿埋等至闕下，並貸其命。

秋九月庚子朔，夏國遣使來。

校勘記

〔一〕蔡條叢談以仁多唆丁爲青唐羌　『談』原作『話』，據蔡氏《鐵圍山叢談》書名改。

〔二〕軍器監游師雄將先發以制之　據《宋史》卷三三二《游師雄傳》，『監』下有『丞』字，疑當從之。

〔三〕并獲首領九人　『九人』原作『五人』，據《宋史》卷三三二《游師雄傳》及《長編》卷四〇四改。

〔四〕种誼之知鄜州也　『鄜州』原作『廓州』，『廓』乃『鄜』之形訛。據下文及《宋史》卷三三五《种誼傳》改。

〔五〕李諸平　『諸』下原脱『平』字，據下文及《宋史》卷三三五《种誼傳》補。

〔六〕七年冬十月辛酉　『辛酉』原作『丁卯』，據《長編》卷四七八、《續通鑑》卷八二考異改。

〔七〕屢有斬獲　『斬獲』上原衍『功』字，今據《長編》卷四七八、《續通鑑》卷八二刪。

〔八〕夏主李乾順奉其母梁氏率衆五十萬　『順』原作『德』，誤。據下文及《長編拾補》卷一三改。

〔九〕惟五人得脱　『五人』，《長編拾補》卷一三引《通鑑續編》作『五百人』。《宋史》卷四八六《夏國傳》、《薛鑑》卷四五《宋紀》同本書。

〔一〇〕第四將張輿及李淮戰死　『李淮』，《長編拾補》卷一三引《續宋編年資治通鑑》作『李惟』。

〔一一〕及近准進奉渴失納余龍到闕　『准』原作『淮』，形似而誤。今據江蘇本及《宋大詔令集》卷九四一改。

〔一二〕夏國昨與朝廷議疆埸　「國」原作「團」，涉下而訛；又，「朝廷」下原脱「議」字，據下文所述及《宋史》卷四八六《夏國傳》改補。

〔一三〕知石州張構等擊走之　「石」原作「右」，形近而訛。今據《宋史》卷一八《哲宗紀》、《薛鑑》卷四六《宋紀》改。又，「張構」原作「張搆」，據同上書改。

〔一四〕發熙河卒二千人　「卒二千人」，《宋史》卷二五三《折可適傳》作「千人」。

〔一五〕乃以可適權第十三將　「十三將」，《宋史》卷二五三《折可適傳》、《長編》卷四九九及卷五〇一作「十二將」；《東都事略》卷一〇四《折可適傳》、李之儀《姑溪居士後集》卷二〇《折渭州墓誌銘》同本書。

〔一六〕元符元年春二月戊申　「戊申」原作「戊辰」，據《宋史》卷一八《哲宗紀》、《長編》卷四九四改。

〔一七〕獲其勇將嵬名阿埋　「埋」原作「里」，據《宋史》卷三二八《章楶傳》、卷四八六《夏國傳》、《宋史紀事本末》卷四〇《西夏用兵》、《薛鑑》卷四六《宋紀》改。又，下文「阿埋」及二年條「嵬名阿埋」亦爲據此改。

〔一八〕擇要害　《宋史》卷三二八《章楶傳》作「擇據要害」，《薛鑑》卷四六《宋紀》作「據其要害」，《續通鑑》卷八五《宋紀》、《宋史紀事本末》卷四〇《西夏用兵》同本書。按，就紹聖、元符年間鋭意進築堡寨的形勢而言，章楶此言似當從其本傳。

〔一九〕延帥遣秦希甫至　此句原作「帥秦希甫至」，「帥」上下脱「延」、「遣」二字。按，時鄜延路經略使乃吕惠卿而非秦希甫，再者帥臣理不當親至議築堡寨。故據《宋史》卷二五三《折克行傳》補。

卷二十八

契丹婚媾

雍熙三年初，西夏臣宋有年，賜姓曰趙。春二月癸卯，繼遷叛宋，始來降遼，遼授以定難軍節度使、銀夏綏宥等州觀察處置等使〔一〕、特進、檢校太師、都督夏州諸軍事，弟繼沖爲副使。遂復姓李。是爲遼聖宗統和四年也。冬十月，遣使貢於遼。十二月，李繼遷率五百騎款遼境，言願昏大國，永作藩輔。

端拱元年春三月癸未，繼遷遣使貢於遼。

二年春正月壬辰，李繼遷與兄繼捧有怨，乞與遼通好，遼主知其非誠，不許。三月壬辰〔二〕，繼遷貢於遼。戊戌，遼以王子帳節度使耶律襄之女封義成公主，下嫁繼遷，賜馬三千匹。

淳化元年春正月，繼遷遣使如遼謝。三月丁丑，繼遷遣使貢於遼。秋九月壬辰，繼遷遣使如遼獻宋俘。冬十月丙午，繼遷以大敗宋軍，如遼告。十二月癸卯，繼遷下宋麟、鄜等州，使告於遼。十二月庚戌，遼遣使封繼遷爲夏國王。

二年春二月丙午，夏國遣使告伐宋之捷於遼。夏四月乙亥，夏國王李繼遷遣杜白如遼謝封册〔三〕。秋七月，繼遷以復宋銀、綏二州告於遼。冬十月壬申，夏國王李繼遷遣使上宋所授敕命於遼。丁丑，繼遷之兄定難軍節度使李繼捧自宋附遼，授開府儀同三司、檢校太師兼侍中，封西平王，仍賜推忠效順啟聖定難功臣。十二月，遼始聞夏國王繼遷潛附於宋。初，夏州李繼遷叛宋請附於遼，遼招討使韓德威請納之。既得繼遷，諸夷皆從。未幾，以山西城邑多陷，奪兵柄。李繼遷受宋賂，潛懷二心。至是，遼命德威持詔率兵往諭之。

三年春二月乙丑朔，日有食之。韓德威奏繼遷託以西征不出，德威至靈州俘掠以還。庚寅，夏國以韓德威俘掠，遣使告於遼，遼賜詔安慰。冬十月壬申，夏國王遣使貢於遼。

五年遼以夏人梗邊，皇太妃受命蕭撻凜總烏古及永興宫〔四〕，分軍討之。

至道元年春三月癸丑，夏國遣使貢於遼。秋八月丙子，夏國遣使如遼進馬。冬十二月辛巳，夏國以敗宋師遣使告於遼。初，宋永安節度使折御卿病，遼諜知之。韓德威復爲繼遷所誘，遂率衆入邊，以報子河汊之役。御卿輿疾而出，德威聞之，遂頓兵不敢進。

二年春正月丙寅，夏國遣使貢於遼。

三年春二月丙午，夏國遣使貢於遼。三月己巳，夏國破宋兵，遣使告於遼。己卯，遼封夏國王李繼遷爲西平王。夏六月壬子，夏國遣使如遼謝封册。冬十二月，夏國遣使貢於遼。

真宗咸平元年春二月庚子，夏國遣使貢於遼。

三年冬十一月甲戌朔，遼授西平王李繼遷子德明爲朔方節度使。

四年春三月乙亥，夏遣李文貴貢於遼。夏六月戊午，夏國奏下宋恒、環、慶等三州於遼，遼賜詔褒之。

五年春正月甲寅，夏國遣使貢馬駞於遼。夏六月，夏遣劉仁勖告遼下宋靈州。

六年夏五月丁巳，西平王李繼遷薨，其子德明遣使告於遼。先期，於行宫左右下御帳，設使客幕次於東南。至日，北面臣僚各常服，其餘臣僚並朝服，入朝。使者至幕次，有司以嗣子表狀先呈樞密院，准備奏呈。先引北面臣僚并矮敦已上近御帳，相對立，其餘臣僚依班位序立。引告終人使右入，至丹墀面殿立。引右上，立，揖少前，拜，跪奏訖〔五〕，宣問。若嗣子已立，恭身受聖旨。奏訖，復位。嗣子未立，不宣問。引右下丹墀，面北鞠躬。通班畢，引面殿再拜。不出班奏『聖躬萬福』，再拜。出班，謝面天顏〔六〕，復位，再拜。出班，謝遠接，復位，再拜。贊『祗候』，退就幕次。再入，依前北面鞠躬，通辭，再拜；敘戀闕，再拜。贊『好去』。禮畢。六月己卯，贈繼遷尚書令，遣西上閤門使丁振弔慰。秋九月己亥，夏國李德明遣使如遼謝弔贈。

景德元年春三月乙未，李德明遣使如遼，上繼遷遺物。秋七月甲申，遼遣使封夏國李德明爲西平王。冬十月己酉，德明遣使如遼謝封册。

二年春二月丁巳，夏國遣使告遼下宋青城。

三年，遼以耶律唐古爲西南面巡檢，歷豪州刺史，禁姦民鬻馬於夏界。

四年秋七月壬申，西平王李德明母薨，遼遣使弔祭。甲戌，遣使起復。

大中祥符二年夏四月，遼於中京大定府設來賓館，以待夏使。凡西夏國進奉使至遼朝見儀：臣僚常朝畢，引使者左入，至丹墀，面殿立。引使者上露臺，立，揖少前，拜，跪附奏起居訖，俛興，復位。閤使宣問『某安否』，鞠躬聽旨，跪奏『某安』。俛伏興，退，復位。引左下，至丹墀面殿立。禮物右入左出，畢，閤使鞠躬，通某國進奉使姓名候見，共一十七拜。贊祗候，平立。有私獻，過畢，揖使者鞠躬，贊『進奉收訖』。贊祗候，引左上殿，就位立。臣僚、使者齊聲喏。酒三行，引使左下，至丹墀謝宴，五拜。畢，贊『有勑宴』，五拜。祗候，引右出。禮畢。於外賜宴，客省伴宴，仍賜衣物。西夏朝辭儀：常朝畢，引使者左入，通某國某使祗候辭，再拜。不出班，起居，再拜。出班，戀闕致詞，復再拜。賜衣物，謝恩如常儀。若賜宴，五拜。畢，贊『好去』，引右出。冬十二月辛卯，遼皇太后崩於行宫。壬辰，遣使報哀於夏。

三年秋九月乙酉，遼使册西平王李德明爲夏國王。

五年夏四月壬寅，夏國遣使進良馬於遼。冬十一月己亥，遼賜夏國使、東頭供奉官曹文斌、吕文貴、竇珪祐、守榮、武元正等爵有差。

六年秋七月乙未，遼西南招討使、政事令斜軫奏：『党項前後叛者多投西夏，西夏不納。』上怒，欲伐之，遂詔李德明：『今党項叛，我欲西伐，爾當東擊，毋失犄角之勢。』八月壬戌，遼遣引進使李延宏賜夏國王李德明及義成公主車馬。

天禧二年夏六月戊午〔七〕，吐蕃王并里尊奏：『凡朝貢，乞假道夏國。』從之。

五年冬十一月癸未，夏遣使貢於遼。

乾興元年冬十月壬寅〔八〕，遼遣堂後官張克恭充夏國王李德明生日使。

天聖四年冬十月庚辰，遼遣使問夏國五月與宋交兵之故。

六年夏六月，遼以吴克荷充賀夏國王生辰使。

九年夏六月己卯，遼聖宗崩，興宗即位。甲申，遣使告哀於夏。秋九月庚申，夏國使遼奉慰。冬十月丁酉，夏國遣使賻於遼。十二月，是歲，遼以興平公主下嫁夏國王子元昊，以元昊爲夏國公、駙馬都尉。

明道元年冬十一月丙戌，夏國遣使賀遼應聖節。辛卯，夏國王李德明薨，册其子夏國公元昊爲夏國王。

二年春正月乙酉，夏遣使貢於遼。冬十二月己酉，遼禁夏國使沿路私市金鐵。

寶元元年春三月辛亥，夏遣使貢於遼。夏四月己巳，遼以興平公主薨，遣使於夏問故。

康定元年秋七月乙丑〔九〕，宋遣郭禎以伐夏報遼。

慶曆元年春正月庚戌，遼遣南院宣徽使蕭特末、翰林學士劉六符使宋，問興師伐夏。二月，知保州王果言：『遼人潛與元昊相結。』冬十二月壬子，遼禁吐渾、党項鬻馬於夏國，詔沿邊築塞以防之〔一〇〕。

三年春正月辛未，遼遣同知析津府事耶律敵烈、樞密院都承旨王惟吉諭夏國與宋和。二月己酉，夏國使遼，賀加上尊號。甲寅，耶律敵烈等使夏國還，奏元昊罷兵，遼即遣使報宋。夏四月庚子，夏遣使進馬駞於遼。秋七月庚寅，夏遣使上表於遼，請伐宋，不從。冬十月壬子，夏人侵党項，遼遣延昌宮使高家奴讓之。自是，遼夏連兵數載。

至和元年春正月戊子，夏遣使貢方物於遼。夏五月己巳，夏乞進馬駞於遼，遼主命歲貢之。壬辰，夏遣使貢於遼。秋七月己巳，夏遣使求昏於遼。冬十月，夏進誓表於遼。

二年，遼興宗崩，遣使報哀於夏，道宗即位。十一月甲寅，夏遣使如遼，賀加尊號〔一一〕。秋九月，遼以先帝遺物賜夏。

嘉祐三年夏四月〔一二〕，夏遣使如遼會葬。

八年春正月，遼禁民鬻銅於夏。

英宗治平二年夏五月，夏遣使貢於遼。

四年冬十一月，夏遣使進回鶻僧、金佛、《梵覺經》於遼。十二月，夏國王諒祚薨〔一三〕。

神宗熙寧元年春二月壬子，諒祚子秉常遣使報哀於遼。三月丙子，遼遣使弔祭。乙未，秉常上遼以其父遺物。冬十月戊申〔一四〕，遼册秉常爲夏國王。十二月辛亥，夏遣使貢於遼。

二年七月乙丑朔，日有食之。戊辰，夏國遣使如遼謝封册。閏十一月戊申〔一五〕，夏遣使如遼乞賜印綬。

六年冬十二月壬辰〔一六〕，夏遣使貢於遼。

九年春三月辛酉，遼太后殂。癸亥，遣使報哀於夏。戊寅，遼以太后遺物遣使遺夏。夏六月，夏遣使如遼弔祭。

元豐二年冬十月戊戌，夏遣使貢於遼。

五年春二月己巳，夏國獲宋將張天一〔一七〕，遣使獻俘於遼。夏六月丙辰，夏遣使貢於遼〔一八〕。

八年冬十月戊辰，夏國王秉常遣使於遼，報其母梁氏哀。

哲宗元祐元年冬十月丁亥，遼以夏國王李秉常薨，遣使詔其子乾順知國事。十二月己亥〔一九〕，夏國王乾順遣使上其父遺物於遼。

三年秋七月丙辰，遼遣使册乾順爲夏國王。

四年夏六月，夏遣使如遼謝封册。

紹聖二年冬十一月甲辰，夏國進貝多葉佛經於遼。

元符二年春正月己酉，遼詔夏國王李乾順伐拔思母等部〔二〇〕。冬十一月乙酉，夏國以宋罷兵遣使謝遼。

三年冬十一月戊子，夏國王乾順遣使於遼請尚公主。

徽宗建中靖國元年春正月，遼道宗殂，天祚即位，改元乾統〔二一〕。二月乙未，遣使告哀於夏。夏六月丙申〔二二〕，夏遣使如遼慰奠。冬十二月丁酉，夏遣使如遼賀。

崇寧元年夏六月丙午[二三]，李乾順復遣使於遼請尚公主。壬子，李乾順爲宋所攻，遣李造福、田若水求援於遼。

二年夏六月辛酉，乾順復遣使於遼請尚公主。冬十月庚申，夏遣使求援於遼。

三年夏六月甲寅，夏復遣李造福、田若水如遼求援。

四年春正月乙亥，夏復遣李造福等至遼求援，且乞伐宋。丁酉，遼遣樞密直學士高端禮等諷宋罷伐夏兵。三月壬申，遼以族女南仙封成安公主，下嫁夏國王李乾順。夏六月甲戌，夏遣使如遼謝及貢方物。冬十二月己巳，夏復遣李造福、田若水求援於遼。癸酉，宋遣林洙如遼議與夏約和。

五年夏六月辛巳，夏遣李造福等如遼謝。冬十一月[二四]，宋與夏通好。

大觀二年夏六月壬寅，夏李乾順以成安公主生子，使告於遼。

三年春三月戊午，夏以宋不歸侵地，復遣使告遼。

四年夏六月癸未，夏遣李造福等貢於遼。

政和元年夏六月戊戌[二五]，夏成安公主朝於遼。

三年夏六月丙辰，夏國貢於遼。

校勘記

〔一〕銀夏綏宥等州觀察處置等使　前一『等』字下原脱『州』字，據《遼史》卷一一《聖宗紀》補。又，『置』下脱『等』字，亦據補。

〔二〕三月壬辰　『壬辰』前原脱『三月』，則涉上爲春正月事，且與上文『壬辰』重複。當據《遼史》卷一二《聖宗紀》補『三月』。又，《宋史》卷四八五《夏國傳》載爲雍熙三年事，考此年乃遼主許婚，而非『下嫁』。

〔三〕夏國王李繼遷遣杜白如遼謝封册　『杜白』，《遼史》卷一一五《西夏外紀》作『李知白』，卷一三《聖宗紀》同本書。《遼史》紀、傳互異。

〔四〕皇太妃受命蕭撻凜總烏古及永興宫　據陳漢章《遼史索引》言，『皇太妃』當作『王太妃』。闕疑。

〔五〕跪奏訖　『奏』原作『奉』，形近而訛。據《遼史》卷五〇《禮志》改。

〔六〕謝面天顔　『謝面』原倒文作『面謝』，文義不通。據《遼史》卷五〇《禮志》乙正。

〔七〕天禧二年夏六月戊午　《遼史》卷一六《聖宗紀》載吐蕃奏事在閏四月。

〔八〕乾興元年冬十月壬寅　『冬十月』原作『秋九月』。考陳垣《二十史朔閏表》，九月無『壬寅』，當爲十月六日，故據改。參見《遼史》卷一六《聖宗紀》校勘記。

〔九〕康定元年秋七月乙丑　《遼史》卷一八《興宗紀》載於是月癸酉日，《宋史》同本書。按，乙丑當爲自宋出發之日，則癸酉日至遼，行程九天。

〔一〇〕詔沿邊築塞以防之　『塞』原作寨。按，『塞』爲關塞，『寨』乃堡寨。禁邊貿當設關卡，而不當建駐軍城堡。《遼史》卷一一五《西夏外紀》即作『障塞』，故據改。

〔一一〕二月甲寅夏遣使如遼賀加尊號　遼興宗死於是年八月，故此句應緊承「二年」下，載於「遼興宗崩」之前。

〔一二〕嘉祐三年夏四月　「三年」上原脱「嘉祐」年號。按，遼興宗葬於清寧元年十一月，即宋至和二年，此次夏未參與會葬。清寧四年（宋嘉祐三年）五月遼葬欽哀皇后，夏使來會。故當據《遼史》卷二一《道宗紀》所載和本書體例，補宋年號「嘉祐」，如此於下條八年才不相矛盾。

〔一三〕夏國王諒祚薨　「王」原作「主」。按，遼册封夏不同於宋，皆稱「夏國王」。故據歷朝本和下文，以及《遼史》卷二二《道宗紀》改。又，下文元豐八年、元祐元年二條亦據改。

〔一四〕冬十月戊申　「戊申」，《遼史》卷二二《道宗紀》作「戊辰」。

〔一五〕閏十一月戊申　「閏」原作「冬」。考陳垣《二十史朔閏表》，是年十一月無「戊申」日，而閏十一月十五日爲「戊申」。故據《遼史》卷二三《道宗紀》改。

〔一六〕六年冬十二月壬辰　「十二月」原作「十一月」，「一」乃「二」之訛。考同上《朔閏表》，是年十一月無壬辰日，而十二月二十四日爲「壬辰」。故據《遼史》卷二三《道宗紀》改。

〔一七〕五年春二月己巳夏國獲宋將張天一　「五年」原作「八年」。按，考此條所載夏獻俘於遼事，見於《遼史》卷二四《道宗紀》，繫於太康八年即宋元豐五年。此紀年當爲忽略本書通例而誤用遼紀年，故據改。又，「張天一」，《遼史》卷一一五《西夏外紀》作「張天益」，卷二四《道宗紀》同本書。異字同音，《遼史》紀、傳互異。

〔一八〕夏六月丙辰夏遣使貢於遼　「五年春二月己巳」條前原有「五年六月，夏遣使貢於遼」，與此重複，故删去上「五年六月」條。並在此注明。

〔一九〕十二月己亥　「己亥」上原脱「十二月」，則誤爲十月事。《遼史》卷二四《道宗紀》前載「十二月辛卯」事，後接「己亥」事。此當爲引用《遼史》資料，而因文字間隔致誤脱「十二月」，故據補。

〔二〇〕遼詔夏國王李乾順伐拔思母等部　「拔思」下原脱「母」字，據《遼史》卷二六《道宗紀》、卷一一五《西夏外紀》補。

〔二一〕改元乾統　此四字接「天祚即位」則誤爲「春正月」改元。據《遼史》卷二七《天祚紀》載「二月壬辰朔，改元乾統」，可證其舛誤。應屬下文「二月」。

〔二二〕夏六月丙申　「六月」原作「四月」，涉引文而誤。《遼史》卷二七《天祚紀》六月條與四月條之間僅一字，作「夏四月旱六月」，故易涉上而訛。此據改。

〔二三〕崇寧元年夏六月丙午　「夏」下原脱「六月」，據《遼史》卷二七《天祚紀》補。

〔二四〕冬十一月　《遼史》卷二七《天祚紀》載宋夏通好於十月。

〔二五〕政和元年夏六月戊戌　「成安公主朝於遼」事，《遼史》卷二七《天祚紀》繫於政和二年。

疆之臣，審觀情僞之狀。倘或徒爲空語，陰蓄姦謀，暫示柔伏之形，終懷窺伺之志，則決須討伐，難議矜容。若出自至誠，深悔前罪，所言可信，聽命無違，即當徐度所宜，開以自新之路。載惟聽達，必亮悃悰，方屬清和，冀加葆嗇，續遣使人咨謝以次〔四〕。』

又回劄子曰：『夏國自李繼遷之後，建國賜姓，莫非恩出當朝，所有疆土，並是當朝郡縣之地。昨自元豐以來，累次舉兵犯塞，中閒亦曾赦其罪戾，加以封册，許令朝貢，兼歲賜金帛。又遣官與之分畫疆界，而狡詐反覆。前來於陝西、河東作過不一，無非母子同行，舉國聚兵，攻圍州軍城寨。去冬，又於涇原路攻打城寨近二十日，攻城之人，被殺傷者不啻萬數。勢窮力屈，方肯遁歸，比之日前愆過，不爲不重。以此逐路邊臣，各須出兵討逐捍禦，及於控扼賊馬來路，修築城寨，禦其犇衝。夏人自知罪惡深重，乃更搆造詭詞，飾非文過，干告北朝，求爲救助。緣南北兩朝，百年和好，情義至厚，有同一家。夏國犯順，罪惡如此，在北朝所當共怒。

『兼詳慶曆四年興宗皇帝致書仁宗皇帝云：「蠢爾元昊，早負貴朝。疊遣林牙，齎詔問罪，尚不悛心。近誘過邊民二三百户。今議定秋末親領師徒，直臨賊境。」又云：「恐因北軍深入，卻附貴朝，或再乞稱臣，或依常作貢。緬惟英晤，勿賜允從。」

『又慶曆五年書云：「元昊縱其凶黨，擾我親鄰，屬友愛之攸深，在蕩平之亦可。」又云：「藩服亂常，式貢修之不謹；親鄰協力，務平定以斯宜。」

『又皇祐元年再報西征云：「元昊伺窺邊事，特議討除，再幸邊方，欲殲元惡。而夏國馳告，元昊云亡，嗣童未識於矜存，狡佐猶懷於背誕。載念非緣逃户，可致親征，熟料凶頑，終合平蕩。苟有稽於一舉，誠無益於兩朝。」

『至皇祐二年報西征回，則云：「爰自首秋，親臨寇境。先驅戰艦，直濟洪河。尋構浮梁，洎成戍壘。六軍蓄鋭，千里鼓行。」又云：「專提騎旅，徑趣梟巢。郡牧貨財，戈甲印綬，廬帳倉敖，駞橐之餘，焚燒殆盡。螫毒尋挫，噍類無遺，非苟竄殘，全除必去〔五〕。」又云：「兼於恃險之津，已得行軍之路，時加攻擾，日蹙困危。雖悔可追，不亡何待？」」

『載想同休之契，頗協外禦之情。深惟北朝興宗皇帝惇篤勸和〔六〕，情義兼致。方夏人有罪，則欲協力討除，及西征勝捷，則馳書相慶。慮彼國稱臣修貢，則欲當朝勿賜允從。今來兩朝歡好歲久，契義日深，在於相與之心，宜有加於前日。今乃以夏人窮蹙之故，詭詞干告，既移文計會，又遣使勸和，恐與昔日興宗皇帝書義稍異。況所築城寨，並無與北朝邊界相近之處，即非有違兩朝信誓。必料北朝臣寮，不曾檢會往日書詞及所立誓約，子細聞達，尋具進呈奉旨。據夏人累年於當朝犯邊作過，理合討除，況今來旨是驅逐備禦，於兩朝信誓，及久來和好，殊不相干。兼夏人近以事力困窮，見累次叫關諭命，且云國母喪亡，姦臣授首，欲遣使告哀謝罪。緣夏國久失臣節，未嘗開納，今以北朝遣使勸和之故，見令邊臣與之商量。及緣夏人前來，曾一面請款，一面犯邊，慮彼當計窮力屈之時，暫爲恭順，以緩我邊備。候邊臣審察，見得情僞，若依前狡詐，内蓄姦謀，俟後少蘇，復來作過，則理須扞禦，及行討伐。若果是出於至誠，服罪聽命，亦當相度應接，許以自新。』

初，德崇堅乞國書内增『退休兵馬，還復土疆』等語，往復議論，卒不從。德崇留京師，凡三十七日乃歸。丁酉，築威羌城。戊戌，築鄜延、河東路暖泉、烏龍砦。章惇乞退，遂徑出居僧舍，其家已先出，帝乃令約攔行李，勿受惇乞解機務章奏。

夏五月，以進築畢功赦陝西、河東。先是，夏人三遣使至鄜延，而諜言梁氏之死，乃北遼遣人酖殺之，使乾順自理國事。吕惠卿以謂：『若誠有之，則北朝欲西人之歸己可知。我若應答太迂，所求難與，則是怒彼，以堅之北歸，而畫河爲界，必無聽從之理。』乃上疏曰：『兩敵之所以在河外者，以有河南爲之限；所以有河南者，以有横山爲之阻。今若畫河爲界，則皆失之彼，豈不思一葦可渡而據山之險。他路臣不能知，如本路所築九寨與暖泉、金湯二寨，幸皆就緒，東西殆千里。而新築之外，更拓二三十里以爲堡鋪，則形勢膏腴，佔據殆盡。乾順因其母死，歸咎姦臣，殺之以謝罪，而請入貢。則我雖未能一舉而覆巢穴，然自有國以來，用兵西方，未有如今日之盛也。』是春，夏人又四遣使來，其詞滋恭。朝廷亦得其近土首領，道其密謀，以爲急則納土北歸，遂命吕惠卿説諭，漸示接納之意。庚戌，築鄜延金湯城。癸亥，建西安州及天都等砦。

六月庚辰，賜蘭會州新砦名會川城〔七〕。甲午，賜環慶路之字平關城名曰龍平關〔八〕。戊戌，築定邊、白豹城訖工。

秋九月庚子朔，夏人來謝罪。樞密院言，西人近寇涇原，狼狽遁歸，計窮請命，理難便收。假令異日許和，亦當畫河爲界。既而遣使三至，乃詔呂惠卿諭以謝表止是虛文，若將首謀二人先執以獻，方敢受表。

冬十二月庚子〔九〕，夏人屢敗，遣其臣令能嵬名濟等來謝罪，且進誓表，略曰：『伏念臣國起禍之基，由祖母之世，蓋大臣專僭竊之事，故中朝興弔伐之師〔一〇〕。今母氏殂殞，姦臣誅竄，故得因馳哀使，附上謝章。願追列祖之前猷，特賜曲全之大德，仍通常貢，獲紹先盟。』

丁未〔一一〕，詔曰：『勑夏國主乾順，省所上表，具悉。爾國亂常，歷年於此，迨爾母氏，復聽姦謀，屢興甲兵，擾我畺埸，天討有罰〔一二〕，義何可容？今凶黨殲除，爾既親事，而能抗章引慝，冀得自新。朕嘉爾改圖，姑從矜貸，已指揮諸路經略司，令各據巡綽所至處明立界至，并約束城寨兵將官，如西人不來侵犯，即不得出兵過界。爾亦當嚴戒緣邊首領，毋得侵犯邊境。候施行訖，遣使進納誓表，當議許令收接。』至是來上誓表，有『飭畺吏而永絶争端，誡國人而常遵聖化。若違茲約，則咎凶再降；倘背此盟，則基緒非延』等語。

壬寅，答詔曰：『爾以凶黨造謀，數干邊吏，而能悔過請命，祈紹先盟。爾之種人亦吾赤子，措之安靖，乃副朕心。嘉爾自新，俯從厥志，爾無爽約，朕不食言。所宜顯諭國人，永遵信誓。除畺界並依已降詔旨，以諸路人馬巡綽所至已立界堠之處爲界，兼邈川青唐已係納土歸順，各有久來界至，今來並依漢界，及本處部族有逃叛入夏國者，即係漢人。並其餘應約束事件，一依慶曆五年正月二十二日誓詔施行。自今後恩禮歲賜，並如舊例。」自是，西陲之民少安。是歲，夏改元永安。

三年夏，帝崩，徽宗登極，賜夏國主銀、絹，詔曰：「詔夏國主，朕欽承駿命，嗣守丕基。眷西土之世臣，實本朝之蕃衍，宜推慶賜，昭示寵恩。今差左藏庫副使李昭珙賜登極銀、絹，具如別録，至可領也。故茲詔示，想宜知悉。夏熱比平安好否，書指不多及。」

冬十月，賜夏國主曆日，詔曰：「詔夏國主，朕始承天命，恭授人時。眷言西陲，世稟正朔。乃前嗣歲，誕布新書。俾我遠民，咸歸一統，尚遵時令，益楙政經。今賜元符四年曆日一卷，至可領也。故茲詔示，想宜知悉。冬寒比平安好否，書指不多及。」

冬十二月，又賜進登位土物，回詔曰：「西夏國主，省表具所賀登位〔一三〕，并差人進奉御馬一十匹、長進馬二百匹、駞一百頭事，具悉。朕丕承七聖，光宅萬邦，眷西土之世臣，效本朝之貢職。黄朱布乘，陪隸在廷，備見悃誠，彌嘉恭恪。其差來人所賜物色，亦具賜目，故茲詔示，想宜知悉。冬寒比平安好否，書指不多及。」

校勘記

〔一〕遼遣使詔夏國王秉常子乾順知國事　「王」原作「主」，據上卷校勘記〔一三〕改。

〔二〕時以嵬名阿埋及妹勒都逋見獲於章楶故也　「埋」原作「里」，據卷二十七校勘記〔一六〕改。

〔三〕遼主遣僉書樞密院事蕭德崇來爲夏人議和　「蕭德崇」，《宋大詔令集》卷二三三作「蕭崇」。
〔四〕續遣使人諮謝以次　《宋大詔令集》卷二三三「次」上無「以」字。
〔五〕全除必去　「去」，《宋大詔令集》卷二三三作「矣」，疑當從之。
〔六〕深惟北朝興宗皇帝惇篤勸和　「勸」，《宋大詔令集》卷二三三作「歡」。
〔七〕賜蘭會州新砦名會川城　「會川」原作「會州」，「州」乃「川」之形訛。今據《宋史》卷一八《哲宗紀》、《長編》卷五一一改。
〔八〕賜環慶路之字平關城名曰龍平關　前一「關」字下原脱「城名曰龍平關」六字，涉後一「關」字而脱。此據《長編》卷五一一及本書卷首下之《歷代疆理節略》補。《宋史》卷一八《哲宗紀》「龍平關」作「清平關」。
〔九〕冬十二月庚子　此月日有誤，據《長編》卷五一五、卷五一九，十二月進誓表在壬寅日。又下載謝表乃九月庚子日於崇政殿所進，十二月之誓表文字與此殊異。
〔一〇〕蓋大臣專僭竊之事故中朝興弔伐之師　「專」原作「等」，形近而訛。今據《長編》卷五一五、《西夏書事》卷三一、《西夏紀》卷二一改。又，「弔」原作「平」，亦據改。
〔一一〕丁未　此詔亦非在十二月。其詔，據《宋大詔令集》卷二三六，乃載於九月丁未。參見本卷校勘記〔九〕。
〔一二〕天討有罰　「罰」，《宋大詔令集》卷二三六作「罪」。
〔一三〕省表具所賀登位　「所」，《宋大詔令集》卷二三六作「之」。

卷三十

二蔡構釁

元符三年春三月，王贍留鄯州，縱所部剽掠，羌衆攜貳。森摩等結諸族帳謀反〔一〕，贍擊之，悉捕斬，城中羌積級如山。詔棄鄯、湟州。初，王贍諷諸羌酋籍勝兵者皆涅其臂，無應者。籛羅結請歸帥本部爲倡，贍聽之去，遂嘯聚數千人圍邈川，夏衆十萬助之，城中危甚。苗履、姚雄帥所部來援，圍始解。

徽宗崇寧元年夏改元貞觀。

二年夏五月，王厚與童貫及諸將議曰：『南宗寨在州之北，距夏國卓羅右廂監軍司百里〔二〕，而近夏人交構諸羌，易生邊患。今若城之，可以控制夏人。』

三年春三月壬寅，童貫、王厚帥大軍發熙州，遣知通遠軍潘逢權領湟州，知會州姚師閔權領蘭州，控禦夏國邊面。

夏四月庚午，王厚過湟州並夏國東南境上，耀兵巡邊。

秋九月，初，蔡京使王厚招夏卓羅右廂監軍仁多保忠。厚言：『保忠雖有歸意，而下無附者。』章數上，不聽。京責厚愈急，厚乃遣弟詣保忠，還爲夏邏者所獲，遂追保忠赴牙帳。厚以『保忠縱不爲夏所殺，亦不能復領軍政，使得之，一匹夫耳，何益於事？』京怒，令以金帛招致之。夏乃點兵，延、渭、慶三路各數千騎出没〔三〕，聲言假兵於遼。而朝廷用京計，又命西邊能招致夏人者，毋問首從，賞同斬級。令陶節夫經制陝西、河東五路，在延安大加招誘。夏主遣使巽請，皆拒之。又令殺其放牧者。夏人遂入鎮戎，略數萬口而去。既而，又遣渭州蕃落兵士翟勝持檄抵鎮戎軍城下〔四〕，自稱詰斥蔡京、蔡卞主權，故京、卞必欲舉兵討之，實因此檄也。於是羌酋溪賒羅撒居臨哥城，誘夏國入寇，合兵逼宣威城下塞〔五〕，知鄯州、隴右都護高永年用知河州劉仲武爲統制，發五萬人禦之，出西寧城未三十里而賊至，仲武欲持重固壘，永年易賊迎戰，遂大敗。永年帳下親兵，皆所招納蕃部熟户也，遽執永年以叛。多羅巴謂其下曰：『此人奪我國，使我宗族漂落無處所。』遂殺之，探其心肝以食焉。已而，溪賒羅撒羌衆復焚大通河橋以叛，新疆大震。事聞，帝怒，親書五路將帥劉仲武等十八人姓名，勑御史侯蒙往秦州逮治〔六〕，仲武亦引咎自劾，長流嶺表。命未下，會復與夏人戰，傷足，帝閔之，免赴貶所。

四年春閏二月，夏屢遣使請昏於遼。至是，遼封族女爲成安公主嫁夏國王李乾順。遼、夏以鐵錢爲兵器，若雜以錫、鉛，則脆而不可用。詔從之〔七〕。

三月，夏遂乘勝犯熙河，城中羸卒僅四千，城主楊維忠以便宜發常平錢募敢死士。虜有善礮者，所擊樓櫓摧折，維忠以一矢殪之，賊大駭。乃開門出敢死士接戰。時韓世忠在行閒，夏以重兵次蒿平嶺，世忠出間道，部敢死士死鬬。一騎士鋭甚，問知爲駙馬兀啰，世忠手斬之而還。樞密院言，鄜延路經略司奏，已收復銀州，乞賜名，詔依舊。先是，陶節夫議出師城銀州，官屬皆不願至，有引永樂事以争者，又曰：『夏人東出不過至麟、府，此去不逾旬，奈何？』節夫曰：『我計之熟矣。夏人必西趨涇原，諸君不我從，當以二子與士卒同死生。』遂選耿彦端爲都統制，而節夫二子隨行，疾驅至銀州，夏衆來拒者猶萬人，我師既陣，一擊而敗，遂城之，五日而畢。夏人果趨涇原，擾蕭關築事，洎聞城銀州，亟引兵來争，城成已幾月矣。事聞，節夫、彦端各遷一官。是月，夏人攻塞門砦。

夏四月辛未，遼遣其僉書樞密院蕭良來爲汎使，言朝廷出兵侵夏國，今兹大遼以帝妹嫁夏國主，請還所侵夏地。又遣樞密直學士高端禮來聘，並爲夏人請罷兵也。蔡京謂虜書悖慢，答書甚峻，上令易之曰：『夷狄當示包容。今西邊方用兵，不宜開北隙。』遣翰林學士林攄報之。戊寅，夏寇臨宗砦。己丑，夏人寇順寧砦，鄜延路第二副將劉延慶擊破之，生擒賞屈，并熙河招到僞王子益麻党征。復攻湟州北蕃市城，知州辛叔獻等擊卻之。冬十一月，林攄使遼。因蔡京密諭，見遼主，跪上國書，仰首曰：『夏人數寇邊，朝廷興師問罪，以北朝屢遣講和之使，故務含容。今踰年不進誓表，不遣使賀天寧節，又築虎徑嶺、馬練川兩堡，侵寇不已。北朝若不窮詰，恐非所以踐歡和之意也。』

五年春正月辛丑，遼又遣知北院樞密使事蕭得里底、知南院樞密使事牛温舒來諷歸所侵夏地〔八〕。三月乙卯，許夏人平，廢銀州爲銀川城，罷五路經制司，徙陶節夫知洪州。秋七月，夏人納款。李乾順奉表謝罪，詞極恭順。答詔略曰：『除先朝所畫之疆，損崇寧新取之地。』時，知樞密院張康國奏：『詔内難爲帶北朝遣使和解之語。』上曰：『北朝於夏國以此爲恩，若不言及，疑中國不信。』乃詔夏國：『其城堡，誓表至則賜之。』夏又言：『故事地界先定，載於誓言，所以守之也。』未肯進誓表。八月，以與夏通好，遣禮部侍郎劉正夫如遼報聘。

大觀二年夏五月，以復洮州功，賜蔡京玉帶。六月甲午，以平夏城爲懷德軍。冬十二月，夏人入貢。秦州觀察使、知府州折克行沈勇有力，在邊三十年〔九〕，戰功最多，夏人畏其威名，號『折家父』。

四年春正月丁卯，夏人入貢。

校勘記

〔一〕森摩等結諸族謀反　『等結』原倒文作『結等』。又，『諸族』原作『諸侯』，『侯』乃『族』之訛。今據《宋史紀事本末》卷四一《熙河之役》、《薛鑑》卷四六《宋紀》、《續通鑑》卷八六《宋紀》乙改。

〔二〕距夏國卓羅右厢監軍司百里　『監軍』原作『監庫』，『庫』乃『軍』之訛。今據下文三年條及《長編拾補》卷二一、《宋史》卷四八六《夏國傳》改。

〔三〕延渭慶三路各數千騎出没　『千』上原脱『數』字，據《宋史》卷四八六《夏國傳》、《長編拾補》卷二四注引《通鑑續編》補。

〔四〕又遣渭州蕃落兵士翟勝持檄抵鎮戎軍城下　『渭州』原作『渭川』，『川』乃『州』之形訛。今據《長編拾補》卷二四注引《續宋編年資治通鑑》、《十朝綱要》改。

〔五〕合兵逼宣威城下塞　《長編拾補》卷二四注引《九朝編年備要》『城』下無『下塞』二字，疑衍。

〔六〕勅御史侯蒙往秦州逮治　『秦州』原作『秦川』，『川』乃『州』之形訛。據《長編拾補》卷二四注引《通鑑續編》及《宋史紀事本末》卷四〇《西夏用兵》改。

〔七〕自『遼夏以鐵錢爲兵器』至『不可用』，與上下文無關聯，似爲舛誤，當删。又，其下『詔從之』三字當移置於『至是』上。

〔八〕遼又遣知北院樞密使事蕭得里底知南院樞密使事牛温舒來諷歸所侵夏地　『知北院樞密使事』，『使』下原脱『事』字。又『知南院樞密使事』，『使』下亦原脱『事』字，據《遼史》卷二七《天祚紀》、卷八六《牛温舒傳》、卷一〇〇《蕭得里底傳》補。

〔九〕在邊三十年　『三十』原作『三十三』，據《宋史》卷二五三《折克行傳》、《續通鑑》卷九〇《宋紀》改。

卷三十一

横山進築

政和元年秋九月，童貫既得志於夏，遂並輕遼。

三年夏六月丙辰，夏國貢於遼。

政和四年冬十二月，以童貫爲陝西經略使。初，環慶蕃將李遇昌及其父環州定遠大首領夏人李訛哆〔一〕，以書遺其國統軍梁哆唛曰：『我居漢二十七年〔二〕，每見糧草轉輸，例給空券，方春未秋〔三〕，士有饑色。若徑擣定遠，唾手可取，既得定遠，則旁十餘城不攻而下矣。我儲穀累歲，掘地藏之，大兵之來，斗糧無齎，可坐而飽也〔四〕。』哆唛遂以萬人來迎。轉運使任諒先知其謀，募兵盡發窖穀，哆唛圍定遠，失所藏。越七日，訛哆遂以其部萬餘歸夏，夏主築臧底河城。故詔童貫爲經略以討之。

五年春正月，童貫遣熙河經略使劉法將步騎十五萬出湟州，秦鳳經略使劉仲武將兵五萬出會州，貫以中軍駐蘭州，爲兩路聲援。仲武至清水河，築城屯守而還。法與夏右厢軍戰於古骨龍，大敗之，斬首三千餘級。兵馬鈐轄趙隆以奇兵擣之，虜大潰。

二月庚午，以童貫領六路邊事。時永興、鄜延、環慶、秦鳳、涇原、熙河各置經略安撫司，以貫統領之，於是西兵之柄，皆屬於貫。

三月，夏人寇邊。

秋九月，王厚與劉仲武合涇原、鄜延、環慶、秦鳳之師攻夏臧底河城，敗績，死者十四五，秦鳳等三將全軍萬人皆没。厚懼，重賂童貫，匿不以聞。未幾，夏人深入，過定邊軍，築城佛谷口，名洪夏軍。知西安州种師道率衆往平之。師初臨城，渴甚，師道指山之西麓曰：『是當有水。』命工求之，得水滿谷，夏人以爲神。時姚平仲年十八，從從父在軍，斬獲甚衆，賊不能支，軍中號之爲『小太尉』。夏人大掠蕭關而去。

冬十月戊午，夏人入貢。是歲，夏改元雍寧。

六年春正月，童貫使劉法、劉仲武合熙、秦之師十萬，攻夏仁多泉城，城中力守，援不至，乃降，法受而屠之。又使知渭州种師道節制諸道兵，往城席葦平，方庀工，而賊坌至，據葫蘆河壁老我師。師道陣河滸，若將決戰者，使人揚言曰：『援兵至矣。』賊方疑顧，而楊可世潛軍其後，姚平仲以精甲衷擊之，賊大潰，斬首五千級〔五〕，獲橐駝、馬、牛萬計，其酋僅以身免。卒城而還。又詔師道率陝西、河東七路之師，征臧底河城，期以一旬必克。既薄城下，虜守備甚飭。官軍稍怠，小校有據胡牀自休者〔六〕，立斬之，尸於軍門。令諸將曰：『今日城不下，當視此。』衆股栗，既而登城，即潰去〔七〕。師道，世衡之孫也。

冬十一月，夏大舉攻涇原靖夏城。時久無雪，夏先使數萬騎繞城踐之，塵起漲天，乃潛穿濠爲地道入城中，城遂陷，屠之而去。

七年春，都統制种師道與殿前劉延慶、步軍劉仲武出蕭關，夏人棄永和、割沓兩城而遁。師及鳴沙，無所見而還，以師道爲保静軍節度使。

秋七月壬辰，熙河、環慶、涇原地震，旬日不止，壞城壁廬舍，居民壓死者甚衆。夏人圍丁星原。築平陽、瞎令古、仁多泉及靖夏、制戎、伏羌等城。

重和元年春二月，夏人寇邊，將官張迪死之。

宣和元年春三月，童貫出師收割牛城，至蕭關古骨龍砦，斥池置烽燧，扼據要害，謂可制賊死命。逼使熙河經略使劉法取朔方，法不欲行，貫强遣之曰：『君在京師時，親受命於上前，自言必成功，今乃以難告，何也？』法不得已，乃引兵二萬出。至統安城，遇夏主弟察哥，率步騎爲三陣以當法前軍，而别遣精騎登山出其後。大戰移七時，前軍楊惟忠敗入中軍，後軍焦安節敗入左軍，朱定國力戰，自朝至暮，兵饑馬渴，死者甚衆。法乘夜遁，比明，走七十里，至盍朱峗〔八〕，守兵追之，法墜崖折足，乃斬首而去。是役也，喪師十萬，貫隱其敗而以捷聞。使百官入賀，議者切齒而莫敢言，受賞者數百人，關右爲之擾然。察哥見法首，憫然語其下曰：『劉將軍前敗我於古骨龍、仁多泉，吾嘗避其鋒，謂天生神將，豈今日爲一小卒梟首哉！其失在恃勝輕出，不可不戒。』遂乘勝圍震武。震武在山峽中，熙、秦兩路不能餉，自築城三歲間，知軍李明、孟清皆爲夏所殺。至是，城又將陷，時陜西轉運使劉韐攝帥事，出奇兵敗之，圍乃解。察哥曰：『勿破此城〔九〕，留作南朝病塊。』遂自引去。時諸路所築城砦皆不毛，夏所不争之地，而關輔爲之蕭條矣。夏人來言，國主願納款謝罪，人疑其詐。韐謂：『兵興累年，中國尚不能支，況小邦乎？此實情也，何疑哉？』即受其使，因密疏以聞，朝廷許其自新。

夏四月丙子朔，日有食之。庚寅，童貫以种師道、劉仲武、劉延慶將鄜延、環慶兵入西界，至蕭關大破夏人，取永和砦、割踏砦、嗚沙〔一〇〕，平其三城。又破於震威城〔一一〕。辛丑，進輔臣官一等。

五月丙辰，敗夏人於震武〔一二〕。

六月己亥，夏人遣使納款，詔童貫六路罷兵。初，夏人恃横山諸族帳强勁善戰，故用以抗中國。慶曆間，姚嗣宗首發收横山之議，范仲淹用之，既而元昊納款。元豐間，种諤亦以爲言，故興靈州之師。及王師失利之後，李憲始獻進築之議。神宗厭兵，不克行。童貫本出憲之門，欲成憲志，政和以來，合諸路兵出塞進築，遂得横山地。夏國失所恃，乃因遼人納款請和，且以誓表進，許之。前所未有也。

秋七月甲寅，以童貫爲太傅。夏人之納款也，童貫因關右既困，實諷之使來。及夏遣使來賀天寧節，授以誓詔，夏使辭不取，貫不能屈，但嚴迫館伴强之，使持還，及境，棄之道中而去。延安帥賈炎得而表上之〔一三〕，貫始大沮。尋加太傅，封涇國公。

校勘記

〔一〕環慶蕃將李遇昌及其父環州定遠大首領夏人李訛哆　『定遠』，《宋史》卷三五六《任諒傳》作『定邊』。卷四八六《夏國傳》前三處作『定遠』，後作『定邊』。《薛鑑》卷五二《宋紀》、《續通鑑》卷九一同本書。

〔二〕我居漢二十七年　『二十七年』《宋史》卷四八六《夏國傳》、《薛鑑》卷五二《宋紀》作『二十年』，《續通鑑》卷九一《宋紀》同本書，疑當作『二十年』。

〔三〕方春未秋　原作『方春末秋初』。按，『未秋』指未到收穫季節，符合文義。故據《宋史》卷四八六《夏國傳》、《薛鑑》卷五二《宋紀》改。

〔四〕可坐而飽也　『坐』原作『至』，據江蘇本、《宋史》卷四八六《夏國傳》、《薛鑑》卷五二《宋紀》改。

〔五〕斬首五千級　《宋史》卷三三五《种師道傳》作『五十級』，《東都事略》卷一〇七《种師道傳》、《三朝北盟會編》卷六〇《种師道行狀》同本書。疑『十』乃『千』之缺筆而誤。

〔六〕小校有據胡牀自休者　『小校』，《宋史》卷三三五《种師道傳》作『列校』。

〔七〕即潰去　《宋史》卷三三五《种師道傳》作『城即潰』，疑當從之。

〔八〕至盍朱峗　『朱』原作『米』，據《宋史》卷四八六《夏國傳》、《薛鑑》卷五四《宋紀》改。

〔九〕勿破此城　『此』下原脱『城』字，據《宋史》卷四八六《夏國傳》、《薛鑑》卷五四《宋紀》補。

〔一〇〕取永和呰割踏呰鳴沙　『鳴』下原脱『沙』字，據《東都事略》卷一〇七《种師道傳》、卷一二八《西夏傳》補。又，『割踏』，本卷上文『政和七年春』條作『割沓』，與上書《种師道傳》同；本書卷首下西夏地形圖中有地名『割踏口』，兩存待考。

〔一一〕又破於震威城　『城』原作『軍』。按，《宋史》卷八七《地理志》無『震威軍』，故據卷四八六《夏國傳》改。

〔一二〕敗夏人於震武　原作『靈武』，據《宋史》卷二二《徽宗紀》、《續通鑑》卷九三《宋紀》改。

〔一三〕延安帥賈炎得而表上之　『賈炎』原作『賈琬』，據《宋史》卷二八五《夏炎傳》、卷四八六《夏國傳》改。

卷三十二

武朔來歸

宣和二年，遼天慶十年、金天輔四年也。是歲，夏改元元德。

四年夏六月，夏主使李良輔將兵三萬救遼。金將斡魯、婁室敗之於宜水〔一〕，追至野谷，澗水暴至，夏人漂没者不可勝計。是月，遼主耶律淳殂，遼人立其妻蕭氏爲皇太后〔二〕。

秋七月辛未，夏國遣使如遼，問遼主起居。

八月，金阿骨打追襲天祚於國崖，擒其都統蕭規，天祚脱身去。及夏國引兵數萬襲天德軍，阿骨打遣偏師七千擊破之。

五年夏五月，夏主李乾順遣使請遼主臨其國，遼主從之。中軍都統蕭特烈等切諫，不聽，遂渡河，次於金肅軍北，遣使册乾順爲夏國皇帝。人情惶懼，不知所爲，特烈陰謂耶律元直曰〔三〕：『事勢如此，億兆離心，正我輩效節之秋，不早爲計，奈社稷何？』乃共劫遼主第二子梁王雅里，走西北部，三日遂立爲帝，改元『神曆』。金遣使如夏，時斡离不趨天德，聞夏迎護遼主，遼主已渡河，乃遺書於夏，使執送遼主，且許割地。

六年春正月甲戌，夏遣把里公亮奉誓表請以事遼之禮稱藩於金，且受割賜之地。黏没喝承制割下寨以北、陰山以南、乙室邪剌部吐祿濼西之地與之。自是兩國信使不絶。

三月辛未，夏國王李乾順進誓表於金。

閏月戊寅朔，金賜夏國誓詔。辛巳，命置驛上京春、泰之閒。

秋七月，遼主延禧復渡河居於突呂不部。

八月乙卯，譚稹罷，復以童貫領樞密院事、兩河燕山路宣撫使。初，金人以拓跋故地雲中二千里遺夏，止以武、朔二州來歸。至是，夏人舉兵侵武、朔二州地界，宣撫使譚稹遣李嗣本禦之，兵數交，夏人未退聽。又金人以朝廷納張瑴、不給糧，遂攻蔚州，殺守臣陳翊，陷飛狐、靈邱兩縣，逐應州守臣蘇京等，絶山後交割意。朝廷罪稹措置乖方，詔致仕，以貫代之。貫約遼主延禧來降，自往迎之。

七年春正月癸酉朔，夏遣使如金賀。乙未，夏遣使如金奠幣及賀即位。

冬十月壬子，夏遣使如金賀天清節。己酉，金以宗翰經略西夏。

欽宗靖康元年春，金遣使宗翰如夏〔四〕，許割天德、雲内、金肅、河清四軍及武州等八館之地，約攻麟州，以牽河東之勢。

夏四月戊戌，夏人因金兵克朔州，亦應粘罕之約，遂由金肅、河清軍渡河，乘虛盡取天德、雲内、河東八館之地，因攻震威城。攝知城事兵馬監押府谷朱昭募驍鋭兵卒千餘人，夜縋兵分數隊，身先士卒，驅衆直薄其營，鼓譟乘之。夏酋悟兒思齊介胄持干盾，邀昭〔五〕曰：『大金約我夾攻，自河以北大金得之，自河以西我國得之，京師、太原旦暮且下，麟府諸壘悉已歸我，公何恃而不降？』答曰：『新君即位，聖政日新，汝輩未知耶？』乃宣登極詔書示之，衆皆眙愕，城上鼓譟，賊軍驚亂。震威距府州三百里，最爲孤遠。諸城既先下，賊怒獨不得昭，遂約金人併力來攻。降將有與昭故人者，語之曰：『天下事已矣，忠安所施？』昭曰：『食人之禄，死人之事。汝既背義偷生，不異犬彘，尚敢以言誘我乎？今日我惟有死耳！』因大駡，矢石亂下，賊衆散走。然賊晝夜攻城不止，後二日，城有攻摧處，昭智思出入，禦之皆得法，衆莫不惆懼。已而下城，坐於廳事，召諸軍議曰：『城且破，妻子不可爲賊汙，汝等幸先殺我家，出城血戰，勝則迤邐西圖大功，不勝則暴骨吾境内，大丈夫平生事畢矣。』因盡殺其家人，納之井中。部將賈宗將母過前〔六〕，昭呼曰：『媪，我鄉人也，吾不欲手刃，請自入井。』媪從之。而軍士有家屬在城中者，亦皆自殺之。昭因謂其衆曰：『我與汝輩俱無累矣！儻我先死，汝有得脱者，願馳至府谷，言我今日事。』會部落子有陰與賊通者，告之曰：『朱昭與其衆各殺其妻子，將出戰，人雖少，皆死士也。』賊大恐，以利啗守陴者，果得登城。昭知之，勒軍士於通衢接戰，自暮達旦，尸塡街不能行。遂於城所摧處躍馬出，馬蹶墮城壕中，賊兵四集雷譟曰：『得朱將軍矣！』賊始欲生致昭，昭嗔目仗劍〔七〕，無一人敢向者。既知不可得，矢爭發，昭駡賊而死，年四十六。昭字彦明〔八〕，在震威能與士卒同甘苦，以是士心感奮，凡圍百日而城陷。

〔一〇〕丁未　原作『戊午』，據《金史》卷三《太宗紀》、卷六〇《交聘表》改。

〔一一〕至是招集叛亡雜胡羌十餘萬　『十餘萬』原作『數十萬』，數字過大，不切實際，故據《宋史》卷四四六《楊震傳》改。

〔一二〕長子沂中從征河朔　『沂中』同上書作『存中』，似當從之。又，『河朔』，同上書作『河北』。

〔一三〕金粘罕自草地歸至雲中　『粘罕』，《宋史》卷四八六《夏國傳》作『兀朮』，《大金國志》卷五同本書。

卷三十三

世輔南還

高宗建炎二年春正月丙戌朔，夏遣使如金賀正旦〔一〕。庚子，以主客員外郎謝亮爲陝西撫諭使，持詔書賜西夏主乾順，從事郎何洋爲太學博士偕行。洛索既得長安〔二〕，遂鼓行而西，隴右大震。

夏人諜知關陝無備，遂以宥州監軍司檄至延安府，自言：『大金以鄜延割隸本國，須當理索，若敢違拒，當發兵誅討。』鄜延經略使王庶口占檄詞，報曰：『洛爾貪利之臣，何國蔑有，豈意夏國躬蹈覆轍！比聞金人欲自涇原徑擣興、靈，方切爲之寒心，不圖尚欲乘人之急。幕府雖士卒單寡，然類皆節制之師，左支右梧，尚堪一戰。果能辦此，何用多言。』徑檄興中府，夏人遂不敢復言。

時韓世忠以御營左軍統制升定國軍承宣使、鄜延路副總管，加平寇將軍〔三〕。至銀州，夏人嬰城自固，世忠斬關殺其將，擲首陣外，諸軍乘之，賊大敗。會王庶亦遣諜間其用事臣李遇，夏人竟不出。

夏六月，以王庶權陝西制置使，會主客員外郎、陝西撫諭使謝亮西入關，庶移書言：『夏國爲患至小而緩，金人爲患至大而迫。閤下能仗節督諸路協同義舉，亦可徐圖恢復。夏人秋稼未登，饑餓疲困，何暇興兵？庶可保其無它。』亮不聽，遂自環慶入西夏。夏國主乾順已稱制，倨見之。亮留夏國幾匝月，乃與約和罷兵，更爲鈞敵禮，乾順許之。亮歸，夏人隨之以兵掩取定邊軍〔四〕。明年，亮乃還行在。

秋七月，金人聞宗澤卒，決計用兵。河北諸將欲罷陝西兵，併力南伐。河東諸將不可，曰：『陝西與西夏爲鄰，事重體大，兵不可罷。』左副元帥宗翰曰〔五〕：『初與夏人約夾攻宋而夏人弗應，而耶律大石在西北交通西夏。吾舍陝西而會師河北，彼必謂我有急難，將乘閒竊發，以牽制吾師，非計也。宜先事陝西，略定五路，既弱西夏，然後取宋。』議久不決，奏請於金主。金主曰：『康王當窮其所往。平宋，當立藩輔如張邦昌者。至陝右之地，亦未可置而不取也。』乙巳，命洛索平陝西。

紹興元年春三月〔六〕，金兀朮陷鞏、洮、河、樂、蘭、廓、積石、西寧州。自是，涇原、熙河二路皆爲金有。夏四月，金聞耶律大石在和州之域，恐與夏人合，遣使索之。夏國報以境土不相接，亦不知大石所往。

秋八月壬辰，詔夏國曆日自今更不頒賜。

二年秋八月乙巳，德安圍解。李橫自夏來圍德安，金族誅契丹統軍諸將河東八館五百户，山金司、兀賓王府、南北王府四部族衙諸契丹相温酋首率衆蠭起，亡入夏國。兀朮至雲中〔七〕，余覩微覺，父子以游獵爲名遁入夏國，夏人問以兵幾何，云親兵三二百，遂不納。投韃靼。

四年冬十月庚午朔，宋趙哲將慕洧以環慶附於西夏。

十二月，川陝宣撫副使吴玠奏夏國主數通書，有不忘本朝之意。粘罕既取遼，將謀夏國，夏陰爲備久矣。忽求釁於夏，言欲馬萬匹，夏人從其請。先以所練精兵每一馬以二人禦之，給言於金人曰：『萬馬雖有，然本國乏人牽攏，今以五千人押送，請遣人交之。』粘罕遣人往取，皆善騎射者，其實欲以窺之也。至境，未及交馬，夏人羣起，金國之兵悉斃，夏人復持馬歸國。粘罕氣沮，自是不敢西向發矢矣。

五年春正月己巳，金主殂，熙宗即位。癸酉，金遣使告哀於夏及報即位。

冬十二月癸亥，金始定齊、高麗、西夏朝賀、賜宴、朝辭之儀。是歲，夏國改元大德。

六年春正月己巳朔，夏遣使如金賀正旦〔八〕，自是無歲不然。乙酉，西夏遣使賀金主萬壽節，自是至天德元年〔九〕，凡十四年，無不同。

八年冬十月，鄜延故將李世輔以二十六人奔夏。世輔者，綏德青澗人。唐至五代，世爲蘇尾九族都巡檢〔一〇〕。其父同州觀察使永奇及其家二百口悉爲金人所屠。初，世輔爲鄜延路兵馬都監兼充第六正將，西戎入寇，屢擊敗之，自是無敢犯塞。

九年春三月，夏人乘折可求之喪陷府州。

夏六月，初，夏國主所遣鄜延岐雍經略安撫使李世輔，欲從乾順借兵伐延安以復仇。世輔鄉里鄰於夏境，夏人服其家世久矣。及至，夏人甚喜，遣翰林學士楊某郊勞，禮意良厚。楊推誠，世輔亦無隱，自是無彼我之閒。楊暇日語及金人自得志中原，恃其强盛，每見侵陵，亦有併吞之意。知君雄傑，故深相結納，將倚爲用。適有閒自延安來報，自世輔之西，金人即飭兵分捕世輔家屬二百口，無長幼悉斬之。會大雪，世輔中夜自挈酒壺過楊，楊延之臥内，相與籌酌。世輔因泣數行下，具言父母妻子之亡，切齒疾首，恨不即死，願得二十萬人生擒撒离喝，取陝西五路歸於夏，世輔亦得報不共戴天之仇。楊惻然。翌日，爲世輔請於夏主，夏主曰：『爾能立功，則不靳借兵。』時有酋豪號『青面夜叉』者，有騎射數萬，恃勇桀驁，要索無厭，擾邊十餘年矣，夏國患之。顧國中無能制之者，以是令世輔圖之。世輔欣然自任，問須兵幾何，世輔曰：『當以計取，得精鋭五百足矣！』夏主曰：『此虜未易輕圖，與騎三千。』命裹糧捲甲，晝夜疾驅。既逼其境，遇行者，俘以自隨，奄至其穴，乃伏騎於旁岡阜閒，譟其三面，虜倉卒惶駭。夜叉世者〔一二〕，金冠鐵面具，晝如鬼物，故號『夜叉』。未幾，夜叉持大刀，跨馬名赤駝，指呼布陣。世輔謂之曰：『汝徒恃犬羊衆，實不勇。果勇，能與我挑戰乎？』夜叉問世輔曰：『汝爲誰？』世輔曰：『因汝不臣其主，汝主有請大國，命我伐汝，無多言，速出戰！』夜叉怒，揮刀躍馬而前。世輔豫戒一騎：『我與之交馳，從旁過之。』及鋒未接，一騎出焉，夜叉顧視閒，世輔伺隙投搶，手捽其背，夜叉身偃仆，遂挾以歸。其徒窘迫潰走，伏兵乘之，衆悉降。夏主大悦，將妻以女，世輔辭以父喪。

即益兵出二十萬騎，以文臣王樞、武臣哆訛爲陝西招撫使輔之，以世輔爲延安招撫使，鼓行而東。世輔所至，無不望風迎降，獨延安閉門拒守。世輔謂之曰：『吾之此來，止求捕害親者，若得其人，吾於延安之人何憾焉！』已而兵馬都監薛昭縋城見世輔，曰：『始告捕者蘇常、柳仲二人耳。』俄有捕二人以獻者，世輔詰之，遽服，蓋即其仇也，因剖心以祭。

時金人已還宋河南地。簽書樞密院事樓炤出朝廷赦書以示世輔，未之信。有耿焕者，與世輔有舊，爲言真詔也。世輔取赦文觀之，因與官屬南望列拜大哭。遂説夏人南歸，夏人多懷土，獨與願從者二千人來見王樞、哆訛〔一二〕，諭之曰：『世輔已得延安府，見講和赦書招撫〔一三〕，可以本部軍歸國。』哆訛不從，曰：『初，經略乞兵來取陝西。今既到此，乃令我歸耶？』世輔知勢不可，乃出刀斫哆訛，不及，擒王樞縛之。樞才入境，即望闕遥拜言：『夏國主感聖恩，將遣使入貢。』

既而夏人以『鐵鷂子軍』來，世輔以所部拒之。馳揮雙刀，所向披靡，夏兵大潰，殺死蹂踐無慮萬人，獲馬四萬匹。世輔揭牓招兵，每得一人，予馬一匹，旬日閒得驍勇少壯者萬人。乃復擒害其父母弟姪者，斬於東市，率部下二千人南來。至行在，《南宋書》：五月丙午，鄜延副將李世輔自夏國率所部三十人來歸。賜名顯忠，字君錫，以軍功遷保信、寧國節度使、淮南北京畿河北選鋒招討金吾將軍，加太尉、隴西開國公。卒年六十九。

夏國有靈芝生於後堂〔一四〕，國主乾順作《靈芝歌》，俾中書相王仁宗和之。丁亥，乾順殂，謚曰聖文皇帝，廟號崇宗，子仁孝嗣立。宋以其屬金，廢封册。

秋八月乙亥，樓炤奏以保安軍寇成知環州。帝曰：『陝西沿邊，控制夏國，最爲險要，當擇久在軍中者。』己未，帝又諭大臣曰：『夏人乍臣乍叛，尤難保恃，今日邊防尤不可忽。』

冬十月甲寅，樞密行府準備差遣王晞韓以夏國招撫使王樞至行在，樓炤言：『陝西新復，正與夏國爲鄰，此等留之無益，還之可使知恩。』乃詔閤門引見，令臨安府燕犒，差行在官館伴。秦檜又召樞至都堂，諭以講和意，并還近所獲夏國之俘百九十人歸之，仍命晞韓伴送至境上。晞韓，興化軍人，宣和六年進士，樓炤宣撫關陝，辟爲屬，改京秩。朝廷欲借兵西夏，犄角金人，至是管押生番人口歸夏，道無疏虞。嘗和宣諭陝西方庭實詩云：『誰憐定遠不生還，驛騎翩翩出漢關。未肯西風回馬首，要傳飛檄過千山。』其風趣如此。

冬十月癸酉，夏遣使如金告喪。

十二月，金主以胡盧馬爲招討使，提點夏國市場。《文獻通考》曰：『繼乾順而立者，正史作「天祈」，《建炎以來朝野雜記》作「仁孝」，未知孰是。』鑑案：今諸史均作『仁孝』，當是也。

十年春三月丙申，宋命胡世將與夏人議入貢，夏人不應。

夏五月，夏人侵金，金詔張奕往征，還奏曰：『折可求世守麟府，以抗夏人。我朝有其地，遂以與夏。夏夷折氏墳隴而戮其屍，折氏怨入骨髓而不得報。今復守晉寧，故激怒夏人，欲開邊釁以雪私讎。』金遂移折氏守青州。

校勘記

〔一〕夏遣使如金賀正旦　『正旦』原作『天清節』。按，天清節在十月，春正月朔日應賀正旦，『天清節』乃『正旦』之誤。故據《金史》卷六〇《交聘表》改。又，江蘇本於此下有小注：『自是至天會十二年，凡七年無不同。』

〔二〕洛索既得長安　『洛索』，《宋史》卷四八六《夏國傳》作『婁宿』。《金史》卷一三四《西夏傳》作『婁室』，卷七二《完顔婁室傳》同。疑應作『婁室』。又，本年紀事末處之『洛索』同此。

〔三〕加平寇將軍　『將軍』，《宋史》卷三六四《韓世忠傳》作『左將軍』，似當從《宋史》本傳。

〔四〕夏人隨之以兵掩取定邊軍　『定邊』原作『定遠』，據《宋史》卷八七《地理志》、卷四八六《夏國傳》、《建炎以來繫年要録》卷一六改。

〔五〕左副元帥宗翰曰　『翰』原作『瀚』，據上文及《金史》卷七四《宗翰傳》改。

〔六〕紹興元年春三月　《金史》卷三《太宗紀》載於正月。

〔七〕兀朮至雲中　『朮』原作『寶』，涉上兀寶王府而誤。據上文及《大金國志》卷七改。

〔八〕夏遣使如金賀正旦　『正旦』原作『元旦』，據全書通例及《金史》卷六〇《交聘表》改。

〔九〕自是至天德元年　按，自紹興六年下推十四年，無天德年號，疑『天德』應作『天盛』。

〔一〇〕世爲蘇尾九族都巡檢　『九』下原脱『族』字，據《宋史》卷三六七《李顯忠傳》補。

〔一一〕夜叉者　『夜』原作『野』，音近而訛。此據本條上文『青面夜叉』之號及《宋史》卷三六七《李顯忠傳》改。本條下文六處『野』字均據改，不出校。

〔一二〕獨與願從者二千人來見王樞哆訛　『二千人』，《宋史》卷三六七《李顯忠傳》作『八百餘騎』。

〔一三〕見講和赦書招撫　『講和』下原脱『赦書』，據《宋史》卷三六七《李顯忠傳》補。

〔一四〕夏國有靈芝生於後堂　『芝』前原脱『靈』字，據下文及《宋史》卷四八六《夏國傳》補。

卷三十四

得敬亂邦

紹興十年春正月丁丑朔〔一〕，夏遣使如金賀正旦。癸巳，夏遣使如金賀萬壽節，自是無歲不然。是時，夏主仁孝初立，改元大慶。夏五月，金復取河南、陝西地。己卯，金詔册夏李仁孝爲夏國王。夏人復侵金，金命右監軍撒离合出河中趨陝西。六月，金平陝西。秋九月庚申，夏遣使如金謝賻贈。戊辰，夏遣使如金謝封册。

十一年春正月己未，西夏遣使如金請置榷場，金主許之。夏四月，金慕容洧破新泉寨，又攻會州，將官朱勇卻之。勇在會州嘗與夏人戰，擒其驍將，由是知名。冬十二月癸巳，夏遣使如金賀受尊號。

十二年春三月〔二〕，夏國地震，逾月不止，地裂泉湧，出黑沙。歲大饑，乃立井里以分賑之。

十三年春正月己丑朔，夏使如金。金以皇太子喪，不御正殿，使詣皇極殿遥賀。乙巳，夏使賀金萬壽節，如正旦儀。時夏人始立學校於國中，又立小學於禁中，夏主親爲訓導。冬十二月，以明年改元人慶。

十五年秋八月，時夏人重建太學，親釋奠，設弟子員，賜予有差。

十六年春正月庚寅，金以邊地與夏國。是歲，夏尊孔子爲文宣帝。

十七年，是歲，夏改元天盛。鑑按：陳氏《紀元要略》：當在十九年中。俟再攷。策舉人，始立唱名法。鑄天盛元寶錢。

十八年春二月壬子，金以哥魯葛波古等爲横賜夏國使。是歲，夏復建内學，選名儒主之。增脩律成，賜名曰《新律》。

十九年冬，夏使如金賀明年正旦，使中道遣還。

二十年春正月乙巳，金以廢立事報諭西夏。金除胡盧馬鎮夏國、韃靼沿邊招討，提點兩國市場。秋七月戊戌，夏遣使如金賀即位及受尊號。

二十一年春正月戊子，金主生辰，夏遣賀，自是至大定元年，無歲不然。秋九月，金以脩起居注蕭彭哥爲夏國生日使。冬十月丁未，宋傳檄出師討金。

二十二年秋九月丙午，金以吏部郎中蕭中立爲夏國生日使。

二十三年，金改元貞元。春正月辛卯朔〔三〕，金主不視朝，詔有司受夏貢獻。秋九月丁亥，金以翰林待制謀良虎爲夏國生日使。

二十四年春正月甲寅朔，金主不豫，不視朝。夏使至金者賜館燕。三月，夏遣使賀金遷都。

二十七年夏四月戊戌，金以宿直將軍温敦斡喝爲横賜夏國使。秋九月乙丑，金以宿直將軍僕散烏里黑爲夏國生日使。

二十八年秋九月庚午，金以宿直將軍阿魯保爲夏國生日使。是歲，夏始立通濟監鑄錢。

二十九年春三月丙辰朔〔四〕，金遣兵部尚書蕭恭經畫夏國邊界。夏四月，南宋歸朝官李宗閔上書言〔五〕：『西夏亦與金人爲讎，而金人亦素畏之。金人嘗割天德、雲中、金肅、河清四軍及八館之地，以賂夏人矣。丁未之歲，伊實郎領萬騎陽爲出獵，而直犯天德，逼逐夏人，悉奪其地。夏人請和，金人執其使者。臣是時久留雲中，人情稔熟，因得出入雲中。副使李屈移謂臣曰：「昔年大金賂我四軍八館，俾我出軍牽制關中，合從以攻南宋。及其得志，首叛盟約。某昔年兩使南朝，其禮義文法，非它國之比。」自是觀之，則西夏惡金人、喜中國可知。壬子之歲，粘罕聞蜀地富饒〔六〕，欲提兵親取，令雲中副留守劉思恭條陳書傳所載下蜀故事及圖畫江山形勝，鋭然欲往。夏人聞雲中聚兵，以爲攻己，舉國屯境上以備其來，而粘罕亦不敢出兵，止遣薩里干等以兵攻饒風。今莫若遣辯士諭以盟約，俾以重兵出境上爲吾聲援。』秋九月，金以宿直將軍加古撻懶爲夏國生日使。

三十年冬十二月，西夏王仁孝之嗣位也，國中多亂。其臣任得敬抗禦有功，遂以爲相，封楚王。

三十一年秋八月癸亥，金以太常博士蕭誼忠爲夏國生日使。冬十月，宋傳檄遼、夏、高麗、渤海諸國，出師共討金人。先是，於紹興元年，吴玠爲鎮西軍節度，亦嘗遣人通信夏國，四年亦如之。至是，四川宣撫使吴璘因以檄告契丹、西夏。

三十二年春三月癸亥，夏兵二千餘騎至菜園川俘掠，又二百餘騎寇馬家巉。夏四月乙亥，夏遣使如金賀即位，及進方物，及賀萬春節。辛巳，金宴夏使貞元殿。故事：外國使三節人從皆坐廡下賜食，金主察其食不精腆，曰：『何以服遠人之心！』掌食官皆杖六十。癸未，夏使朝辭，乞互市，從之。秋八月癸酉，夏遣使如金賀尊號。九月庚子，金以尚書左司員外郎完顏正臣爲夏國生日使。

隆興元年春正月壬辰朔，夏遣使如金賀。二月庚寅，夏又遣使如金賀萬春節，自是以至大定之末，歲兩使，率以爲常。夏六月甲申，金以宿直將軍阿勒根和衍爲横賜夏國使〔七〕。秋九月癸巳〔八〕，金以宿直將軍僕散習尼列爲夏國生日使。

二年秋九月己亥，金以宿直將軍烏里雅爲夏國生日使。

孝宗乾道元年秋八月，夏遣使如金賀尊號。九月庚戌，以宿直將軍朮虎蒲查爲夏國生日使。

二年夏四月戊戌，金以宿直將軍斜卯攟剌爲横賜夏國使。秋九月辛亥，金以翰林待制移剌熙載爲夏國生日使。

三年秋九月乙亥，金以宿直將軍唐括鶻魯爲夏國生日使。

四年夏五月，夏國相任得敬專政，欲謀亂。是月，遣閒使至四川宣撫司，約發兵攻西蕃，虞允文報以蠟書。秋九月，金以引進使高希甫爲夏國生日使。冬，夏以明年改元乾祐〔九〕。

五年夏五月，金以宿直將軍完顔賽也爲横賜夏國使。秋九月甲寅朔，金以宿直將軍僕散守中爲夏國生日使。

六年夏閏五月庚辰〔一〇〕月日據《金史》，夏國相任得敬脅其主李仁孝中分其國，請命於金，金主不許。初，仁孝之嗣位也，國多内亂，任得敬乃仁孝之外王父，抗禦有功，遂相夏國。專政二十餘年，陰蓄異志，欲圖夏國，誣殺宗親大臣，其勢漸偪，仁孝不能制。得敬嘗遣使至蜀，既而知宋不足恃。閏五月庚辰，脅仁孝上表於金，請分西南路及靈州囉龐嶺地與得敬，自爲國。金主以問宰相，尚書令李石等曰：『事係彼國，我何預焉，不如因而許之。』金主曰：『有國之主，豈肯無故分國與人，此必權臣偪奪，非夏王本意〔一一〕。況夏國稱藩歲久，一旦偪於賊臣，朕爲四海主，寧容此耶？若彼不能自正，則當以兵誅之，不可許也。』乃卻其貢物，賜仁孝詔曰：『先業所傳，亦當固守。今兹請命，事頗乖常，未知措意之由來，續當遣使以詢爾。』得敬始有懼心，仁孝乃謀誅之。秋八月，夏任得敬以謀篡伏誅。九月庚寅，金以户部郎中夾谷阿里補爲夏國生日使。冬十一月癸巳，夏以誅任得敬使金謝，金詔慰諭之。

七年秋八月，金以近侍局使劉珫爲夏國生日使。

八年春三月壬午，帝謂虞允文曰：『西夏小邦，當時亦白枝梧不及，所以馴致丙午之恥。』

夏四月癸亥，金以宿直將軍唐括阿忽里爲橫賜夏國使。秋七月，金罷保安、蘭州榷場〔一二〕。金主謂宰臣曰：『夏國以珠玉易我絲帛，是以無用易我有用也。』命罷之。九月辛巳〔一三〕，金以右衛將軍粘割斡特剌爲夏國生日使。戊寅，以虞允文爲四川宣撫使，封雍國公。壬辰〔一四〕，允文入辭，帝諭以進取之方，刻日會師河南。允文言：『異時或内外不甚應。』帝曰：『若西師出而朕遲回，即朕負卿，若朕已動而卿遲回，即卿負朕。』

九年秋閏九月辛卯朔〔一五〕，金以宿直將軍胡什賚爲夏國生日使〔一六〕。

淳熙元年秋九月乙未，金以宿直將軍崇肅爲夏國生日使。

二年秋九月，金以符寶郎斜卯和尚爲夏國生日使。

三年春三月丙午朔，日有食之。夏遣使賀金萬春節，改用次日。秋九月，金以宿直將軍完顔覿古速爲夏國生日使。

四年秋九月癸卯，金以兵部郎中石抹忽土爲夏國生日使。冬十月己巳，夏國進百頭帳於金，金主詔卻之境上。十一月戊戌〔一七〕，有司復奏，夏國進御帳使因邊臣懇求進入，乃許之。

八年春正月壬子，金以夏國請互市，復綏德軍榷場。

校勘記

〔一〕紹興十年春正月丁丑朔　『丁丑』下原脱『朔』字，據《金史》卷四《熙宗紀》、卷六〇《交聘表》補。

〔二〕十二年春三月　《宋史》卷四八六《夏國傳》、《西夏書事》卷三五、《西夏紀》卷二四均載地震於十三年，疑當從之。
〔三〕春正月辛卯朔　『朔』上原脱『辛卯』二字，據《金史》卷五《海陵紀》、卷六〇《交聘表》補。
〔四〕二十九年春三月丙辰朔　『春』下原脱『三月』，據《金史》卷五《海陵紀》、卷六〇《交聘表》補。
〔五〕南宋歸朝官李宗閔上書言　『言』原作『有』，文義不通，故據《宋史》卷四八六《夏國傳》改。又，『李宗閔』，《宋史·夏國傳》作『李宗閏』。
〔六〕粘罕聞蜀地富饒　『粘罕』原作『尼堪』，爲求全書人名統一，據《宋史》卷四八六《夏國傳》改。下同。
〔七〕金以宿直將軍阿勒根和衍爲横賜夏國使　『和』下原脱『衍』字，據《金史》卷六《世宗紀》、卷六一《交聘表》補。
〔八〕秋九月癸巳　『九月癸巳』原作『八月戊子』，考《金史》卷六《世宗紀》、卷六一《交聘表》載爲九月癸巳事，故據改。
〔九〕夏以明年改元乾祐　據《宋史》卷四八六《夏國傳》、《金史》卷六《世宗紀》、卷一三四《西夏傳》，改元乾祐當在宋乾道六年、金大定十年。
〔一〇〕六年夏閏五月庚辰　按，此日乃閏五月朔，據《金史》卷六一《交聘表》記任得敬事在乙未日，則『庚辰』下當有闕文，並脱『乙未』二字。參見中華書局版《金史》卷六校勘記〔六〕。
〔一一〕非夏王本意　『王』原作『主』，據全書通例及《金史》卷一三四《西夏傳》改。
〔一二〕金罷保安蘭州榷場　『蘭州』原作『蘭安』，據《金史》卷二六《地理志》、卷五〇《食貨志》、卷六一《交聘表》改。

〔一三〕九月辛巳　『辛巳』原作『丙子』，據《金史》卷七《世宗紀》、卷六一《交聘表》改。

〔一四〕壬辰　原作『己丑』，涉所引書上文誤。今據《宋史》卷三四《孝宗紀》改。

〔一五〕九年秋閏九月辛卯朔　『九月』前原脱『閏』字，據《宋史》卷三四《孝宗紀》補。

〔一六〕金以宿直將軍胡什賚爲夏國生日使　『賚』原作『麥』，據《金史》卷七《世宗紀》、卷六一《交聘表》改。

〔一七〕十一月戊戌　『戊戌』《金史》卷七《世宗紀》作『庚戌』。

卷三十五

安全廢立

淳熙五年、金大定十八年秋九月辛未，金以侍御史完顏蒲魯虎爲夏國生日使。西夏遣將蒲魯合野攻金麟州，至宕遵源，有邛都部之酋名禄東賀者，密與之通，使番僧諦剌者約日爲應。兵與戰，禄東賀從中而叛，與西夏兵首尾夾擊之，師熸。戊子，麟州城陷，夏人擄金帛、子女數萬，毁城而去。

六年秋九月，金以太子左衛率府率裴滿胡剌爲夏國生日使。

七年秋九月壬戌，金以少府少監賽補爲夏國生日使。

八年春正月壬子，金以夏國請復綏德軍榷場，詔仍許就館市易。秋八月乙丑，金以吏部郎中奚胡失海爲夏國生日使。

九年秋九月戊寅，金以尚輦局使僕散曷速罕爲夏國生日使。

十年秋九月己巳，金以宿直將軍完顏斜里虎爲夏國生日使。

十一年春二月丙戌，金以器物局使亩爲横賜夏國使。秋八月癸亥，金以侍御史遥里特末哥爲夏國生日使。

十二年夏四月丙子，邊諜言故遼大石林牙假道夏人以伐金。

十三年夏四月辛亥，詔吴挺結約夏人。秋八月，金以宿直將軍李達可爲夏國生日使〔一〕。

十四年秋九月己酉〔二〕，金以武器署令斜卯阿土爲夏國生日使。

十五年秋九月甲午朔，金以鷹房使崇夔爲夏國生日使。

十六年春正月壬辰朔，金主大漸，夏國賀正旦使未至遣還。癸巳，金世宗殂。甲辰，報哀於夏。三月癸丑，夏遣使如金弔。夏四月，夏遣使如金祭。五月壬寅，夏遣使賀金即位。六月乙卯，金勅有司移夏天壽節於九月一日來賀。秋九月戊辰，金以隆慶宫衛尉把思忠爲夏國生日使。冬十二月甲寅，夏遣使如金賀正旦。

光宗紹熙元年、金明昌元年夏五月丙辰〔三〕，金以鷹坊使移剌寧爲横賜夏國使〔四〕。夏兵寇金嵐州，又寇石州。秋八月己酉，夏遣使如金賀天壽節。九月〔五〕，金主以喪次，不受朝。己未，以武衛軍副都指揮使烏林荅謀爲夏國生日使〔六〕。冬十二月丁未，夏遣使之金賀正旦。

二年春正月庚戌朔〔七〕，金諭夏國使，可令館内貿易一日。尚書省言，故事許貿易三日，從之。辛酉，金皇太后殂。丙寅，金以左副都點檢亶等報哀於夏。三月丁巳，夏遣使如金弔。丁卯，夏遣使如金祭。夏五月，西夏陷金鄜、坊州，又攻金保安軍。秋八月乙巳，夏遣使之金賀天壽節。九月丁巳〔八〕，金以西上閤門使白琬爲夏生日使。冬十一月，夏人肆牧於鎮戎之境，邏卒逐之，夏人執邏卒而去。金邊將阿魯帶率兵詰之，夏廂官吴明契、信陵都、卜祥、徐餘立等伏兵三千於澗中〔九〕。戊午，阿魯帶中流矢死〔一〇〕，金詔夏索殺阿魯帶者，夏人處以徒刑，索之不已，乃殺明契等。十二月癸卯，夏遣使之金賀正旦。

三年秋八月丁卯，夏遣使之金賀天壽節。九月甲戌，金以郊社署令唐括合達爲夏國生日使。冬十二月，夏遣使之金賀正旦。

四年夏五月丙寅，金以尚廐局使石抹貞爲横賜夏國使。秋九月甲子朔，金主以天壽節御大安殿，受夏及親王、百官朝賀。戊辰，以西上閤門使大磐爲夏國生日使。癸未，夏國主仁孝殂，年七十。在位五十五年，國人謚爲聖德皇帝，廟號仁宗，陵號壽陵。仁孝重文學，然權臣擅國，兵政衰弱。子純佑立，改元天慶。冬十一月庚寅，夏嗣子李純佑遣使訃告於金。十二月甲午朔，夏李純佑遣使奉故王仁孝遺表進金。甲辰，金以西上閤門使大磐等爲夏國勅祭慰問使。是歲，有亦剌哈走西邊，日剽掠以自資。既而亦爲西夏所攻，走至龜兹國，爲其國人所殺。

五年春正月癸亥朔，夏遣使如金賀。辛巳，金遣國子祭酒劉璣册李純佑爲夏國王。秋九月戊午朔〔一一〕，夏遣使之金賀天壽節。冬十月〔一二〕，金以引進使完顔衷爲夏國生日使。

寧宗慶元元年春正月丁亥朔，夏遣使如金賀。秋九月壬午朔，夏遣使之金賀天壽節。辛卯，金以尚書左司郎中粘割胡上爲夏國生日使。

二年春正月辛巳朔，夏遣使如金賀。夏五月壬辰，金以尚藥局副使粘割忠爲横賜夏國使。

秋九月丁丑朔，夏遣使如金賀天壽節。乙巳，金以國子監丞烏古論達吉不爲夏國生日使。

三年春正月乙亥朔，夏遣使之金賀。秋九月辛丑朔，夏遣使之金賀天壽節。乙巳，金以夏使朝辭，詔荅許保安、蘭州榷場。冬十月丙申，金以禮部員外郎蒙括仁本爲夏國生日使。

四年春正月己亥朔，日有食之。辛丑，夏遣使如金賀。夏五月戊申，金以客省使移剌都爲夏國生日使〔一三〕。秋九月丙申朔，夏遣使如金賀天壽節。

五年春正月癸巳朔，夏遣使如金賀。夏五月壬寅，金以兵部郎中完顏撒里合爲夏國生日使。庚申，金以宿直將軍徒單仲華爲横賜夏國使。秋九月庚寅朔〔一四〕，夏遣使之金賀天壽節。

六年春正月戊子朔，夏遣使之金賀。秋九月甲寅朔，夏遣使之金賀天壽節。冬十月丁未，金以宿直將軍完顏觀音奴爲夏國生日使。

嘉泰元年春正月壬子，夏遣使如金賀。三月乙丑，夏國遣使如金謝。秋九月戊申朔，夏遣使之金賀天壽節。冬十月甲辰，金以刑部員外郎完顏綱爲夏國生日使〔一五〕。

二年春正月丁未，夏遣使之金賀。秋九月壬寅，夏遣使之金賀天壽節。冬十月壬辰，金以宿直將軍紇石烈毅爲夏國生日使，瀛王府司馬獨吉温爲横賜使。

三年春正月辛未，夏遣使之金賀。秋九月丙寅朔，夏遣使如金賀天壽節。冬十月壬戌，金以薊州刺史完顏太爲夏國生日使〔一六〕。

四年春正月乙丑，夏遣使如金賀。秋九月庚申朔，夏遣使之金賀天壽節。冬十月甲寅，金以提點尚衣局完顏燮爲夏國生日使。

開禧元年春正月己未朔，夏遣使之金賀。秋九月甲申朔，夏遣使之金賀天壽節。冬十一月，蒙古軍聞西夏之警，乃回師。十二月，是歲蒙古奇渥温鐵木真伐西夏，拔力吉里寨，經落思城，大掠人民及其橐駞而還〔一七〕。

二年春正月癸未朔，夏遣使如金賀。夏鎮夷郡王安全廢其主純佑而自立，純佑殂於廢所，年三十。謚昭簡皇帝，廟號桓宗，墓曰莊陵。安全，崇宗之孫〔一八〕，越王仁友之子，純佑兄之子也。秋七月丙申，夏鎮夷郡王安全使桓宗母羅氏上表於金，言純佑不能嗣守〔一九〕，與大臣定議立安全爲王。金主賜羅氏詔詢其意。九月辛丑，夏人復以羅氏表來。金始命，遣尚書左司郎中温迪罕思敬册安全爲夏國王。冬十二月，是歲蒙古奇渥温鐵木真稱帝於斡難河，號成吉思皇帝。西夏改元應天。

三年春正月丁丑朔，夏遣使如金賀。秋七月乙未，金詔覈西夏人口，盡贖放還，敢有藏匿者以違制論。九月甲戌朔，夏遣使之金賀天壽節。是月，蒙古伐西夏，克斡羅孩城。冬十二月丙午，金以符寶郎烏古論福齡爲夏國生日使。

嘉定元年春正月辛未朔，夏遣使如金賀。夏五月，西夏遣使求援於金。先是，金泰和六年，大發兵侵西北諸乣，生蕃也，鄰接比號曰驍騎，有衆三萬，盡數起發侵江南。次年，罷兵和好如初。諸乣還歸，因賞不均皆叛北歸。又李藻及午逢辰、白綸、田廣明皆以上書言事，杖一百，四人挈其家亡之北地，相與獻謀。又有諸糺輸其力，於是元軍益鋭。恐西夏議其後，乃大舉兵攻之。至是，西夏遣使求援，金主不應，其臣僚諫曰：『西夏既亡，必來加我，不如與西夏首尾夾攻，可以進取而退守。』金主曰：『敵人相攻，中國之福，吾何患焉？』不聽。冬十月辛巳，夏遣使賀金天壽節。先是，金詔移天壽節於十月，故至是始行。是時，夏國有兵，復遣使告金。

二年春三月，蒙古主入河西，夏主安全遣其世子率師拒戰，敗之，獲其副元帥高令公。克兀剌海城，俘其太傅西壁氏。進至克夷門復敗夏師〔二〇〕，獲其將嵬名令公。薄其中興府，引河水灌之。隄決，水外潰，遂撤圍還〔二一〕。遣太傅訛答入中興，招諭夏主，安全納女請降於蒙古，夏自是益衰。秋七月，西夏及北方稻麥皆熟。

三年，是春，西夏始爲元軍所攻，遣使求援，金國主新立，不能救。元軍至興、靈而反，夏人恨之。時金國亦爲所擾，勢益衰，夏人因此遂叛。乃改元皇建。秋八月，夏侵金葭州。夏自天會初，與金議和，八十餘年未嘗交兵。至是，爲蒙古所攻，求救於金。金主永濟新立，不能出師，夏人怨之，遂侵葭州，金慶山奴擊敗之而去。九月，金納哈買佳曰：『近見蒙古諸部附從，西夏獻女，而造箭制楯，非圖我而何？』

四年春正月乙酉朔，夏遣使如金賀。西域哈剌魯部主阿昔降於蒙古〔二二〕。秋八月，夏國主安全殂，年四十二。謚爲敬穆皇帝，廟號襄宗，墓曰康陵。族子大都督府主遵頊立，改元光定。

校勘記

〔一〕金以宿直將軍李達可爲夏國生日使　『李達可』原作『李逵可』，『逵』乃『達』之形訛。今據《金史》卷八《世宗紀》、卷六一《交聘表》改。

〔二〕十四年秋九月己酉　『己酉』原作『己亥』，據《金史》卷八《世宗紀》、卷六一《交聘表》改。

〔三〕金明昌元年夏五月丙辰　『五月』原作『四月』。按，考陳垣《二十史朔閏表》，光宗紹熙元年四月無丙辰日，而五月有丙辰日，故據《金史》卷九《章宗紀》改。

〔四〕金以鷹坊使移剌寧爲横賜夏國使　『寧』上原衍『爲』字，涉下而誤。今據《金史》卷九《章宗紀》删。

〔五〕九月　原脱此二字。按，從本卷内容可知金天壽節和遣夏國生日使均爲九月，原文則承上誤爲八月。《金史》卷九《章宗紀》作『九月壬子朔，天壽節，以世宗喪，不受朝』，據補。

〔六〕以武衛軍副都指揮使烏林荅謀爲夏國生日使　『烏林荅謀』，《金史》卷九《章宗紀》作『烏林荅謀甲』，疑此處有脱文，當據《金史》卷九《章宗紀》補『甲』字。

〔七〕二年春正月庚戌朔　『庚戌朔』，《金史》卷九《章宗紀》作『癸丑』。按，考陳垣《二十史朔閏表》，紹熙二年正月朔日爲庚戌，《金史》誤。

〔八〕九月丁巳　『丁巳』上原脱『九月』，據《金史》卷九《章宗紀》補，参見本卷校勘記〔五〕。

〔九〕夏廂宫吴明契信陵都卜祥徐餘立等伏兵三千於澗中　原於四人姓名下脱『等』字，據《金史》卷一三四《西夏傳》補。

〔一〇〕阿魯帶中流矢死　《金史》卷九《章宗紀》『中』上有『口』字，疑當從補。

〔一一〕秋九月戊午朔　『戊午』原作『壬午』。按，陳垣《二十史朔閏表》載，南宋紹熙五年九月朔日爲戊午，而非壬午，故據《金史》卷一〇《章宗紀》改。

〔一二〕冬十月　《金史》卷一〇《章宗紀》作「閏十月」。

〔一三〕金以客省使移剌都爲夏國生日使　「移剌都」，《金史》卷一一《章宗紀》作「移剌郁」，疑「都」乃「郁」之形訛。又，對照上下文，疑此條四年與下條五年金遣夏國生日使在五月有誤，待考。

〔一四〕秋九月庚寅朔　「庚寅」原作「庚申」，按，陳垣《二十史朔閏表》載，南宋慶元五年九月朔日爲庚寅，而非庚申，故據《金史》卷一一《章宗紀》改。

〔一五〕金以刑部員外郎完顏綱爲夏國生日使　「郎」字原脱，據歷朝本及《金史》卷一一《章宗紀》補。

〔一六〕金以薊州刺史完顏太爲夏國生日使　「完顏太」《金史》卷一一《章宗紀》作「完顏太平」。疑「太」下脱「平」字，當補。

〔一七〕大掠人民及其橐駞而還　原作「大掠及其橐駞而還」，語句不通，「大掠」後無疑有脱文，故據《元史》卷一《太祖紀》補。

〔一八〕崇宗之孫　「崇」下原脱「宗」字，人稱不明，故據《宋史》卷四八六《夏國傳》補。

〔一九〕言純佑不能嗣守　「嗣」原作「自」，「自守」不符文義，故據《金史》卷一三四《西夏傳》改。

〔二〇〕進至克夷門復敗夏師　「夏師」原作「夏帥」，「帥」乃「師」之形訛。今據江蘇本、歷朝本及《元史》卷一《太祖紀》改。

〔二一〕遂撤圍還　「撤圍」原作「撒圍」，「撒」乃「撤」之形訛。「撒圍」之説不通，故據《元史》卷一《太祖紀》改。

〔二二〕西域哈剌魯部主阿昔降於蒙古　「阿昔」同上書作「阿昔蘭罕」，疑此處人名脱「蘭罕」，當據《元史》補。

卷三十六

夾攻覆亡

嘉定四年冬十一月，金都城受圍，夏人連陷邠、涇。金陜西安撫使檄同知轉運使燕人韓玉以鳳翔總管判官爲都統府募軍[一]，旬日得萬人，籍秦州場買馬、官香及鳳翔冒買馬七百，寶雞埋没官鐵、他州郡弓弩數千以給軍，出屯華亭，與夏人戰，敗之，獲牛馬千餘。玉毅然有勤王志，因傳檄州郡有云：『事推其本，禍有所基，始自賊臣貪容姦賂，繼緣二帥貪錮威權。既止夏臺之師，旋致會河之敗。』又云：『齊魏以高壘爲能堅，蒲絳以穿空爲得計。裹糧坐甲[二]，盡膏血於生民；棄甲復來，竭資儲於國計。要權力而望形勢，連歲月而守妻孥。』又云：『命令不至，京師奈何？盻盻四集之師，懸懸半載之上。人誰無死，有臣子之當然；事至於今，忍君親之弗顧。勿謂百年身後，虚名一聽史臣；只如今日目前，何顔以居人世。王侯將相，寧有種乎？富貴功名，當自致耳！』時夏兵五萬方圍平涼，又戰於北原，夏人疑元軍至，是夜解去。當路者忌其功，或誣玉有異志，驛奏玉與夏人通謀。金人疑之，囚玉，鞫死郡學獄中。

有白厮波者益强，起兵攻河西，不數年，河西州郡悉爲所破。又獲夏國公主而去，夏人反臣事之。

五年春正月，夏遣使如金賀正旦。三月，金册李遵頊爲夏國王〔三〕。夏人旋攻金葭州，金延安路兵馬總管完顔奴婢禦之。時金人方有蒙古之難，夏人乘其兵敗侵掠邊境，而通聘如故。冬十二月，遵頊遣使如金謝封册。

六年夏六月，夏破金之保安州及慶陽府。冬十一月戊辰，夏人攻金會州，金徒單醜兒出兵擊之。十二月，夏取金鞏州〔四〕。

七年秋七月，夏左樞密使萬慶義勇遣二僧齎蠟書來四川，議夾攻金，以恢復故疆。時制置使董居誼初入蜀〔五〕，不之報，由是虜訊中絶。八月丁未，夏人侵金，金移文責之。冬十一月辛未，金詔有司答夏國諜。丙子，金蘭州譯人程陳僧叛，西結夏人爲援。

八年春正月乙亥，夏人攻金環州。二月辛卯，金環州刺史烏古論延壽及斜卯毛良虎等擊卻之於州境，詔進官有差。夏五月戊子〔六〕，金謀伐夏。秋七月，蒙古主駐軍魚兒濼，遣三哥拔都帥萬騎自西夏趨京兆以攻金。九月庚辰，金陝西宣撫司來上第五將城萬户楊再興擊走夏人之捷。壬午，以空名宣勅付陝西宣撫司，凡夏人入寇，有能臨陳立功者，五品以下並聽遷授。冬十月丁亥，夏人攻金保安，金都統完顔國家奴破之。攻延安〔七〕，戍將又敗之。是日，捷至。丙午，夏陷臨洮，金陝西宣撫副使完顔胡失利被執〔八〕。庚戌，金詔尚書左丞相僕散端兼都元帥，行尚書省於陝西。十一月，夏人攻金綏德之克戎寨，金人敗之。犯綏平，又敗之。金賞有功將士及來告捷者。甲戌，金移剌塔不也以軍萬人破夏人數萬於熟羊寨。丙子，金知臨洮府陁滿胡土門破夏人八萬於城下〔九〕。

九年夏四月己亥，夏人葩俄族都官汪三郎率其蕃户歸於金，以千羊進，金詔納之，優給其直。五月己巳，金來遠鎮獲夏諜者陳岊等，知夏人將圖臨洮、鞏州，窺長安，命陝西行省嚴爲之備。丙子，夏人脩來羌城界河橋。金元帥右都監完顔賽不遣兵焚之，俘馘甚衆。秋八月甲寅〔一〇〕，夏人入金安塞堡，元帥左監軍烏古論慶壽遣軍敗之。己卯，夏人入金結耶觜川，守將擊走之。九月壬辰，蒙古攻金代州。蒙古纖格巴圖魯率師由西夏趨關下。冬十一月乙酉，金元帥右都監完顔賽不奏提控石盞合喜、楊斡烈等大敗夏人於定西〔一一〕，金命行省視其功賞之。十二月丙寅，金皇太子議伐西夏。

十年夏四月，金主以南北用兵，西夏復擾，財匱兵弱爲憂，集百官議守禦之策。五月戊寅，陝西行省破夏人於大北岔，是日捷至。秋七月甲辰，夏人犯金黄鶴岔，守將敗之。乙巳，夏人圍金羊狼寨，帥府發諸鎮兵擊走之。九月戊寅，夏人犯綏德之克戎寨，金都統羅世暉逆擊，卻之。冬十二月，蒙古圍夏王城〔一二〕，夏主遵頊出奔西涼，命其子居守。

十一年春二月丙午〔一三〕，金人破阜郊堡，死者五萬人。先是，安丙嘗納夏人合從之請，會師攻秦、鞏，而夏人不至，遂有皁郊之敗。夏五月丙子，夏人自葭州入鄜延，金元帥承立遣兵敗之馬吉峰，是日捷至。秋七月辛未，夏人攻龕谷，金提控夾谷瑞及其副趙防擊走之。甲午，夏人復犯龕谷，夾谷瑞大破之。冬十一月戊子，金龕谷提控夾谷瑞敗夏人於質孤堡。

十二年春二月庚戌〔一四〕，金元帥右都監承立以綏德、保安之境各獲夏人統軍司文移來上，其詞雖涉不遜，而皆有保境息民之言，詔尚書省議之。宰臣言：『鎮戎、靈平等鎮近秏，夏人數犯疆場。此文正緩我爾，宜嚴備禦，以破姦計。』上然其言。又曰：『朕惜生靈，惟和議早成爲佳爾。』乙丑〔一五〕，夏人復以書來四川，議夾攻金人。是時西夏以金兵不應援，已折而歸北，益懷二心。始遣使使於南宋，往議夾攻，宋安撫丁焴許之。

閏三月戊午，夏人破金葭州之通秦砦，金刺史紇石烈王家奴戰没。

夏四月乙酉，夏人據通秦寨，提控納合買住擊敗之。辛卯，夏人犯金通秦砦，元帥完顔合達出兵安塞堡以擣其巢。至隆州，夏人逆戰，守軍擊之，衆潰，進薄城，俄陷其西南隅，會日暮還。

六月癸巳，宋利州路安撫丁焴復以書約夏人伐金。

冬十一月癸巳朔，金前嵐州倉使張祐自夏國歸金。

十三年春正月戊午，夏人復以書來四川，議夾攻金人。

夏四月癸亥，夏人侵金，金元帥石盞合喜破之。

秋八月庚午，夏人陷會州，金刺史烏古論世顯降。壬申，四川宣撫使安丙遺夏人書，定議夾攻金人，以夏兵野戰，我師攻城。癸未，遂命利州統制王仕信帥師赴熙、秦、鞏、鳳翔，委丁焴